Mapa dibujado por un espía

GUILLERMO CABRERA INFANTE

Mapa dibujado
por un espía

Galaxia Gutenberg

Círculo de Lectores

Nota a esta edición

Entre los numerosos papeles encontrados por Miriam Gómez después del fallecimiento de Guillermo Cabrera Infante, además de los muchos que habían sido publicados en diarios y revistas, apareció una cantidad relevante de textos inéditos. Había varios libros acabados, dos de los cuales, *La ninfa inconstante* y *Cuerpos divinos*, ya vieron la luz en esta misma editorial. Sin embargo, el libro que el lector tiene en las manos posee una particularidad que lo diferencia de aquellos. De hecho, *Mapa dibujado por un espía* podría no haber existido nunca: su autor lo escribió y lo depositó en un sobre que no se volvería a abrir hasta muchos años después de su muerte. En más de una entrevista de las que concedió a lo largo de su vida, Cabrera confesó seguir trabajando intermitentemente en él, del mismo modo que lo hacía con *Cuerpos divinos*, aunque sin duda con menor constancia que en este último.

El lector tiene la última palabra para valorar la oportunidad de su publicación, pero los editores hemos considerado que, más allá de lo esencialmente literario, el libro constituye un testimonio de primera magnitud a la hora de conocer en qué medida la convulsión política cubana afectó a Guillermo Cabrera Infante, y como, por extensión, influyó en sus posteriores opiniones sobre la realidad de Cuba.

Es difícil fechar el momento preciso de la escritura de *Mapa dibujado por un espía*. Si nos atenemos a su biógrafo

Raymond L. Souza en *Guillermo Cabrera Infante. Two island: many worlds* (1996), según testimonio del propio Cabrera, fue escrito en 1973, tras el colapso mental que había padecido el año anterior: «Escrito en 1973, cuando volvió a trabajar después de una grave depresión, el libro le ayudó a reconstruir y a exorcizar recuerdos del pasado». Es, sin duda, una hipótesis razonable si, como Souza revela, la fecha fue mencionada por el propio autor, pero algunos datos que se desprenden del texto podrían arrojar alguna sombra sobre tal afirmación. Los hechos que se narran en *Mapa...* ocurren en 1965. Desde entonces hasta lo que puede considerarse su ruptura pública con el régimen, ocasionada a raíz de la entrevista que concediera en julio de 1968 a Tomás Eloy Martínez para el semanario argentino *Primera Plana*, y que fue, a su vez, consecuencia de la explosión del llamado «caso Padilla», la vida de los Cabrera Infante transcurrió dentro de una aparente normalidad. Tras su paso por la embajada cubana en Bélgica, vivieron una temporada en Madrid –ciudad en la que a él se le denegó el permiso de residencia a causa de ciertos reportajes antifranquistas publicados en *Lunes*– y en el *swinging London*, donde se establecerían definitivamente, a pesar de las dificultades económicas que los acompañaron.

Si realmente situamos este exorcismo de la memoria en el año 1973, parece poco verosímil el trato que reciben algunas personas que aparecen en el texto, las mismas que, a partir del caso Padilla, pasaron a convertirse en enemigos acérrimos de Cabrera Infante, que tacharon de «gusano» o de «contrarrevolucionario» al autor. Gentes que, en definitiva, optaron por apoyar al régimen que Cabrera criticaba. Entre los más notorios, Lisandro Otero, Edmundo Desnoes, Harold Gramatges o Roberto Fernández Retamar, cuya presencia en el libro no denota la fuerte enemistad política que trascendió en lo personal y que acabó separándoles. Nuestra modesta hipótesis es pues que el libro probablemente fue escrito, casi de un tirón, con anterioridad al año 1968.

A menudo Cabrera se refería al manuscrito como «Ítaca vuelta a visitar», una clara reminiscencia del viaje de Ulises. Pero en algún lugar ya habló de *Mapa dibujado por un espía*. Según sabemos por Miriam Gómez, su viuda, su cómplice y su compañera inseparable, este último título le fue sugerido por un mapa de La Habana que vio en el despacho de Alejo Carpentier, quien le aseguró que había sido hecho por un espía inglés en el siglo XVIII.

Probablemente los dos títulos se alternaron en su pensamiento a lo largo de los años. En todo caso, lo que parece a todas luces evidente es que Cabrera Infante redactó una primera versión que podríamos llamar instrumental, y luego, sucesivamente, fue redactando fragmentos y más fragmentos con el propósito de otorgarle una nueva dimensión literaria. Algunas de estas páginas van encabezadas por el rótulo «Mapa» y otras por el de «Ítaca». La mayoría son reelaboraciones de episodios aparecidos en el texto que hoy presentamos, además de escenas de nuevo cuño que el autor quizá pretendía incluir repartidas a lo largo del libro.

No hay duda de que el texto que ahora se publica jamás habría visto la luz exactamente así, que el libro finalmente perpetrado por Cabrera Infante hubiera sido otro, quién sabe si «Ítaca...» o «Mapa...», en cualquier caso el resultado de haber podido completar un trabajo que hoy nos ha llegado aún deslavazado y con desordenada fragmentación, y de cuyo detalle documental el lector podrá tener cumplida cuenta en un volumen futuro de sus *Obras completas*.

De lo dicho hasta ahora, el lector puede entender que este *Mapa dibujado por un espía* es la versión de un texto, lo que se suele denominar un *urtext*, sobre el cual el autor prefirió ir trabajando, aunque de forma discontinua, para darle una nueva redacción y no para volver sobre el mismo tal como estaba. En la mencionada biografía de Raymond L. Souza se alude a este deseo del autor: «pero Cabrera Infante siente que el estilo es demasiado directo y tal vez demasiado denso. Dice: "No estoy contento con la narración del libro. Quiero cambiarla. Pero la pregunta es cuándo. ¿Cómo comprar tiempo?"»...

Esta es la razón por la que hemos decidido publicar el texto manteniendo su carácter «imperfecto». Ese estilo directo del que habla Cabrera más bien es una ausencia de estilo, un borrador escrito con el afán de narrar los hechos, de conservarlos en la memoria. Es evidente que no estamos ante un texto «literario», en el sentido que el mismo Cabrera Infante otorgaba a su literatura de creación, impregnada de humor y de ingenio verbal. Más bien se acerca al tono de una crónica, que también cultivó brillantemente en algunos escritos periodísticos, con una clara voluntad de construcción novelada. El manuscrito va introducido por un «Prólogo», con numeración romana. Quizá se podría conjeturar que este prólogo fue escrito en un momento distinto, puesto que su estilo contrasta mucho con el del resto de la obra, y además introduce la historia de un personaje que luego no tendrá un papel demasiado relevante en el curso de los hechos narrados. Y a continuación, ya con números arábigos, las 314 páginas del manuscrito, que se cierra, contundentemente, con la palabra «Fin».

El trabajo editorial se ha limitado a transcribir el manuscrito respetando al máximo su literalidad, a pulirlo en lo que se refiere a la ortotipografía y a ponerlo en condiciones de ser llevado a imprenta. Por ello, no se ha intervenido en absoluto en cuestiones estilísticas, ni siquiera sintácticas, aun cuando ello supusiera reproducir escrupulosamente repeticiones, construcciones forzadas e incluso incorrecciones, fruto de la escritura apresurada y conscientemente provisional. Además de las tildes, que en el manuscrito son casi inexistentes, y de alguna que otra coma añadida, más para evitar anfibologías que para modificar el estilo del autor –sabedores de la poca estima que Cabrera Infante sentía por ellas–, el texto actual reproduce fielmente lo que fue escrito, y pretende dejar para futuras ediciones críticas las interpretaciones que pudiera suscitar.

Mapa dibujado por un espía es un libro triste, melancólico. La historia de una gran desengaño, el espectáculo de la delación permanente. Tras el cierre de *Lunes de Revolución*, un grupo de intelectuales problemáticos para el régimen es «alejado» de La Habana. A Cabrera Infante se le nombra agregado cultural en la embajada de Cuba en Bélgica y en ese periodo, además de su actividad diplomática, escribe la novela que ganará el premio Biblioteca Breve (que gracias a la censura franquista no sería ya la *Vista del amanecer en el Trópico* que se había presentado al certamen sino *Tres tristes tigres*, toda una celebración de La Habana anterior a la Revolución). Desde Bruselas, tras la llamada de Carlos Franqui que le anuncia que su madre, Zoila, está grave, vuela a La Habana. Al llegar, Zoila ya ha fallecido, asiste a su entierro y al cabo de una semana piensa regresar a Europa llevándose consigo a sus dos hijas. En el momento de partir, estando en el aeropuerto, una llamada le conmina a no subirse al avión y a regresar a La Habana para entrevistarse, al día siguiente, con el ministro de Relaciones Exteriores.

Ahí empieza una pesadilla kafkiana que le retendrá en la isla por más de cuatro meses, en el transcurso de los cuales asistirá a la confirmación de sus premoniciones más terribles: la decadencia de La Habana y la destrucción de todo un país bajo el peso del totalitarismo.

En la célebre entrevista, antes mencionada, que concediera a Tomás Eloy Martínez en julio de 1968 (actualmente recogida en su libro *Mea Cuba*) y que, a la postre, sería el origen de sus posteriores vicisitudes del exilio, Cabrera Infante escribía: «Sé de otros riesgos. Sé que acabo de apretar el timbre que hace funcionar la Extraordinaria y Eficaz Máquina de Fabricar Calumnias; conozco algunos de los que en el pasado sufrieron sus efectos: Trotski, Gide, Koestler, Orwell, Silone, Richard Wright, Milosz y una enorme lista de nombres que, si se hacen cada vez menos importantes, puede terminar en Valeri Tarsis». Premonición de la disidencia, testimonio demoledor del desengaño y la decepción, *Mapa dibujado por un espía* se configura como la cartografía íntima de una despedida.

ANTONI MUNNÉ

Tú no eres realmente uno de ellos sino un espía en su país.

ERNEST HEMINGWAY

He aquí un mapa hecho pocos días antes del ataque a la capital de la isla. Como se puede ver, el mapa es más bien grosero, pero llena muy bien su cometido... Se puede observar cómo distorsionan el mapa las características de la ciudad y sus alredededores. Se cree que dicho mapa fue hecho por un espía inglés.

GUILLERMO CABRERA INFANTE

Although an old, consistent exile, the editor of the following pages revisits now and again the city of which he exults to be a native.

ROBERT LOUIS STEVENSON

The reader will perceive how awkward it would appear to speak of myself in the third person.

PAT F. GARRETT

You may well ask why I write. And yet my reasons are quite many. For it is not unusual in human beings who have witnessed the sack of a city or the falling to pieces of a people to set down what they have witnessed for the benefit of unknown heirs or of generations infinitely remote; or, if you please, just to get the sight out of their heads.

FORD MADOX FORD

Ici encore, il faut se garder d'exagérer: beaucoup d'entre nous ont aimé la tranquillité bourgeoise, le charme suranné que cette capital exsangue prenait au clair de lune; mais leur plaisir même était teinté d'amertume: quoi de plus amer que de se promener dans sa rue, autour de son église, de sa mairie, et d'y goûter la même joie mélancolique qu'à visiter le Colisée ou le Parthénon sous la lune. Tout était ruine: maisons inhabitées [...], aux volets clos, hôtels et cinémas réquisitionnés, signalés par des barrières blanches contre lesquelles on venait buter tout à coup, bars et magasins fermés pour la durée de la guerre et dont le propriétaire était déporté, mort ou disparu, socles sans statues, jardins coupés en deux par des chicanes ou défigurés par des casemates en béton armé, et toutes ces grosses lettres poussiéreuses au sommet des maisons, réclames électriques qui ne s'allumaient plus.

Jean-Paul Sartre

Prólogo

Ciertas criaturas parecen haber sido creadas por la Divina Providencia, por la Naturaleza o por el Azar con el solo propósito de encarnar una metáfora –a la que precedieron en eones geológicos o por toda una eternidad. Tal la serpiente, por ejemplo, o la paloma, utilizadas hasta la deformación física, hasta su monstruosa recreación mítica, por diversos poetas hebreos ocultos tras el anónimo bíblico. Otros animales, como el perezoso o el chacal, personifican desde su mismo nombre actitudes morales a las que son, está de más decirlo, ajenos. Igualmente, algunos hombres son poco más que una presencia metafórica, como esa figura de la metafísica del mal histórico en los tiempos modernos, el Hombre de la Máscara de Hierro, que inaugura la tradición y encarna la leyenda del preso político desconocido. Otros hombres son más presciencia que presencia y llegan a anteceder por años aquel momento histórico al que resultan imprescindibles como metáfora.

Un siglo antes su nombre habría tenido en Cuba una significación distinta. Los Aldama no sólo pertenecían a la aristocracia criolla: ellos eran la aristocracia de la aristocracia criolla: es decir que encarnaban la idea de la aristocracia en Cuba. Uno de los Aldama, Miguel, se mandó a hacer un palacio a la medida, como si lo encargara a un sastre, construido sin escatimar en piedra de cantería, mármoles y maderas preciosas. Adorno central, estaba al co-

II

mienzo de uno de los más hermosos paseos de La Habana y, aunque el paseo fue luego una calle comercial y es ahora una calle fea, allí está todavía, convertido en museo colonial, su antiguo frontis multicolor raspado hasta la piedra desnuda y vuelto a cubrir por el hollín del siglo veinte, que lo ennegreció como si se tratara no del original en tres dimensiones sino de su reproducción litográfica. Sus largas columnas exteriores muestran, ya desde la suntuosa entrada neoclásica –la fachada es el espejo del alma del amo–, que su dueño había importado no sólo sus ideas políticas sino su estilo de vida de la Francia apodada Revolucionaria. Pero en su fuero interno Miguel Aldama aspiraba a ser lo contrario de un francés, es decir, un inglés oculto por una puerta íntima.

Había en su palacio una joya inaugural –el primer *toilet* inodoro que se instalaba en América. Este Aldama era un noble patricio que protegía las artes y las letras y abría las puertas de su palacio cada viernes para convertirlo en un salón literario. Era también un patriota noble y sus doblemente francas opiniones políticas le atrajeron la atención de las autoridades españolas primero y luego le trajeron el exilio. Como toda la aristocracia criolla, los Aldama eran esclavistas. Sus ingenios azucareros, sus plantaciones de caña y tabaco y sus mansiones, haciendas y personas, eran atendidos por miles de esclavos importados de África. Según la costumbre de la época, los esclavos de los Aldama también se llamaban Aldama. Por ironías de la historia o de la biología los Aldama blancos y aristócratas desaparecieron con el siglo de su apogeo y hoy el apellido ilustre de ayer lo llevan solamente los descendientes de sus esclavos negros. Pablo, alias Agustín, Aldama está vivo y es, por supuesto, nieto o bisnieto de esclavos. Aunque es posible que por sus venas corra alguna de la sangre de los Aldama originales, ya que más que negro es mulato oscuro.

La vida privada de Aldama no es muy conocida por mí, entre otras cosas porque él hablaba poco y cuando hablaba no hablaba de su vida privada. Además, no debe de haber sido una vida muy venturosa, excepto porque atesoraba una foto de su sobrina como si se tratara de una hija. (O tal vez se tratara de su hija, porque una de las cosas que descubrí estudiando a Aldama es que el hombre parco puede ser un mentiroso parco). Cuando hablaba, Aldama hablaba de su vida pública y sobre todo de sus méritos revolucionarios. A juzgar por la pasión locuaz que este hombre taciturno ponía en enumerar sus virtudes cívicas, sus credenciales no debían ser legítimas. Pero en todo caso es cierto que antes había sido, como se dice, un hombre de acción y conservaba celosamente las cicatrices testimoniales de aquella época. Había militado en uno o varios de los llamados en Cuba «grupos de acción» de los años cuarenta, y algunas lagunas, ciertas reticencias, parecían indicar que había cambiado de bando a menudo. No que hubiera sido un traidor sino, como dijo el Argentino, «hombre de sucesivas y encontradas lealtades».

En uno de estos grupos siempre escudados en siglas, la UIR, Aldama conoció o decía que conoció a Fidel Castro, entonces un matón *amateur*. La Unión Insurreccional Revolucionaria contrariaba en sus actos la fácil tentación de hacer de sus siglas un verbo –huir–, pues estaba compuesta por hombres de una valentía puesta a prueba demasiadas veces. Singularmente sus miembros compartían con su vesánico jefe, Emilio Tro, el gusto por un humor que no podía ser más que negro. Se daban mutuamente apodos risibles –así un cojo de guerra era conocido como Patachula, otro a quien un tiro le desbarató la boca se llamó desde entonces Comebalas, dos asesinos gemelos eran conocidos como los Jiamgua, uno de los jefes, J. Jesús Jinjauma, tenía un segundo llamado Lázaro de Betania y cuando liquidaba a un antiguo deudor de venganzas colgaban de su cuello un letrero que invariablemente decía: *La Justicia tarda pero llega.* En una ocasión lograron reunir en un solo golpe audaz el humor negro, la valentía bravucona, la perfección técnica del asesinato, ciertas aficiones literarias y el nombre de Castro.

Otro de los grupos de acción, la ARG, capitaneado por otro Jesús G. Cartas, más conocido por el seudónimo de El Extraño, que hacía honor a su cara, había puesto a punto una técnica de matar importada de la «época caliente» de Chicago. Consistía simplemente en utilizar dos autos para un solo atentado criminal cuando se trataba de saldar cuentas con una pandilla rival. Uno de los autos pasaba frente al objetivo o blanco para –como decían los periódicos de entonces, usando términos de jardinería– rociar de plomo la entrada de la casa marcada. Cuando, pasada la alarma y para comprobar que no había heridos, salían a la calle los matones airados, a veces impelidos a tirar tiros inútiles al auto que huía, aparecía en el horizonte trasero otro auto alevoso que disparaba a mansalva sobre el grupo expuesto. De esta forma atacaron la casa de la madre de Jesús Jinjauma en el momento en que la UIR celebraba allí una reunión. La organización decidió responder al ataque, asumir los riesgos y devolver la técnica de asalto a sus orígenes –con un toque original.

La revancha tuvo lugar en el Chicago de Hollywood. Manolo Castro –Director nacional de Deportes, antiguo líder universitario y miembro del MSR, organización aliada a la ARG– conversaba con un amigo empresario en el vestíbulo de su cine «para familias» llamado, afectuosamente, Cinecito. Súbitamente una máquina pasó a toda velocidad y ametralló la fachada del teatro. Castro y su amigo se refugiaron tras la taquilla y resultaron ilesos. Pasado un tiempo, y viendo que el segundo carro fatal no aparecía, salieron a la calle. Fue entonces que dos pistoleros a pie y apostados en la acera de enfrente tiraron sobre ellos. El empresario fue herido gravemente y sobrevivió, pero Manolo Castro cayó muerto bajo la marquesina luminosa.

La ARG, el MSR y un solitario fiscal acusaron al otro Castro, a Fidel, sin parentesco, de ser el tirador certero, aunque no se probó su culpa entonces tanto como su inocencia ahora. Pero Emilio Tro en su tumba –había muerto, poco antes, atacado alevosamente estando desarmado, como Manolo Castro, enfrentado con fuerzas coaligadas del MSR y la ARG, al final de una batalla campal en plena ciudad de Marianao, durante la cual se usaron ametralladoras, rifles y tanques, muerte que fue, irónicamente, filmada por un noticiario local–, Emilio Tro en el más allá de los violentos debió sonreír descarnadamente último: estaba en la mejor tradición de la UIR que hubiera dos Castros en el campo de batalla. Era sobre todo cómico esto de que Castro matara a Castro.

Fue allí, repito, en que Aldama decía que conoció a Fidel Castro. Es posible. Lo que sí era cierto es que Aldama guardaba de estos tiempos una huella indeleble: había recibido un tiro en la cabeza que le salió por un ojo. Ahora era tuerto y a su ojo único añadía unas terribles neuralgias en el lado de la cara por donde le entró o salió la bala. Esto lo supe después. En un principio ni siquiera noté que no tenía más que un ojo: usaba unos sempiternos espejuelos negros que no le dejaban ver no ya el ojo ausente, ni siquiera el presente.

El día que lo conocí acababa de llegar a la embajada. Había estado durmiendo para recuperarse del viaje y luego se apareció a media tarde en la cancillería. Apenas si cabía por la puerta: era un gigante que medía seis pies seis pulgadas. Nunca había visto yo un cubano tan alto. Tenía los brazos y los pies desmesuradamente largos y sus manos eran gigantescas garras de hueso: era extremadamente flaco. Hablaba además con una voz grave y profunda y cuando lo hacía hablaba poco. Sus grandes gafas oscuras, su quijada prominente y su pelo pasudo cortado muy corto, destacaban su cráneo apenas cubierto de carne. La impresión general era de un hermetismo muy eficaz: Aldama era ahora un policía de seguridad, empleado por el ministerio de Relaciones Exteriores. Al menos eso era lo que él se complacía en aparentar que era. Pero eso fue al final.

Al principio llegó supuestamente enviado por un viceministro amigable para resolver amigablemente las diferencias entre el embajador, Gustavo Arcos, y su primer secretario, Juan José Díaz del Real. El viceministro, Arnold Rodríguez, había oído rumores precisos: hasta él había llegado la noticia de que el embajador y su primer secretario se pedían la cabeza ahora, después de haber llegado a la embajada como los mejores amigos (el embajador había pedido el envío de su primer secretario como un favor personal), y hasta se temía que la situación degenerara en violencia. Díaz del Real ya había matado a un exilado cubano en Santo Domingo, cuando era Ciudad Trujillo, y él el embajador en República Dominicana. Su acción por poco le cuesta la vida y el incendio de la embajada cubana. Arcos, por su lado, había tomado parte en el asalto al cuartel Moncada en 1953 y, aunque era un hombre pacífico, era capaz de ponerse violento. Los dos andaban siempre armados con sendas pistolas. Aldama era supuestamente amigo de los dos –es más, cuando llegó parecía ser más amigo de Gustavo Arcos que de Díaz del Real, pero eso fue cuando llegó.

Pronto cambió de bando –o mejor se afilió a uno de los bandos y se puso de parte de Díaz del Real y en contra de Gustavo Arcos. Al principio de soslayo, hablando en la cancillería cuando estábamos solos, luego esto fue siempre porque estábamos siempre solos, ya que Pipo Carbonell (el otro funcionario cubano, tercer secretario de la embajada) había hecho causa común con Arcos y al mismo tiempo se había peleado con Díaz del Real, que había sido su padrino y quien pidió a Arcos que lo trajeran a Bélgica. En este crucero de lealtades y deslealtades diferentes y encontradas estaba yo tratando de sobrevivir como agregado cultural, sin liarme a un grupo o al otro, por mi cuenta, usando la astucia para sobrevivir y en un principio lográndolo por mis conocimientos de francés solamente, pues en un determinado momento era el único en la embajada (Arcos ahora en sanatorio checo, tratando de que le curaran la herida incurable que le produjeron cuando el asalto al Moncada) que hablaba francés. El equilibrio era precario y en un momento difícil, ya que una intriga de Carbonell me distanció de Arcos por un tiempo –hasta que este se dio cuenta de que tenía demasiados enemigos en la embajada y de que mi labor era imprescindible para su supervivencia. Por este tiempo Aldama ya casi no hablaba con Arcos, pero no había olvidado las sucesivas confidencias que Arcos le había hecho (como le hacía a cualquiera que considerara ser su amigo), muchas de ellas de índole política muy seria, de confidencias acerca del carácter nefasto de Fidel Castro que llegaban a ser casi escandalosas. Todo esto Aldama (y por su parte también Díaz del Real) lo atesoraba para usarlo en un futuro contra Arcos.

Aldama vivía en el último piso de la embajada, en un cuarto pequeño, que había convertido casi en una guarida, al que entraba directamente por el elevador desde el garage. Allí lo fui a ver una vez que desapareció durante días y estaba aparentemente enfermo, tirado sobre la cama grande a la que hacía minúscula su enorme cuerpo tumbado. Estaba sufriendo una de sus neuralgias faciales de a menudo. La criada, una gallega amable, ignorante y buena, lo oyó quejarse una noche y se levantó para preguntarle si algo le hacía daño y él había respondido que nadie le hacía daño. Me lo contó al día siguiente y así fue como subí a su cueva. Había en ella un olor indescriptible, ya que estaba herméticamente cerrada la ventana única y el cuarto estaba a oscuras. Fue la única vez que lo vi sin sus espejuelos negros y pude observar su ojo tuerto, alargado y muerto, como de vidrio, tal vez de vidrio. Con el otro miraba cada uno de mis movimientos nerviosos por el cuarto –y confieso que sentí miedo entonces: no sé a qué, no se a quién, tal vez recordara el pasado terrible que había producido este cíclope, tal vez tuviera entonces una intimación del futuro y del papel que este aparente inválido jugaría en él. Sé que me fui del cuarto con suficientes elementos como para tenerle pena –pero no sentía ninguna.

Con el tiempo la situación se hizo insostenible en la embajada. Hubo un momento en que Díaz del Real sacó su pistola del buró y subió a ver a Gustavo Arcos, que lo había llamado, mientras decía, rastrillando el arma: –¡A ese hijoeputa lo mato yo hoy! Recuerdo que me quedé sentado a mi escritorio, inmóvil, esperando oír las detonaciones. Pasó un rato demasiado largo y al cabo reapareció Díaz del Real, se sacó la pistola de la cintura, la descargó y la volvió a poner en la gaveta –todo esto sin decir palabra. Más nunca volvió a mencionar el incidente ni dio explicaciones de por qué no había matado al embajador ese día. Fue así que yo tuve la impresión definitiva de que en realidad pensaba matarlo y su acto de cargar el arma significaba mucho más que una simple bravata.

La intolerable situación se disipó un tanto cuando Díaz del Real fue trasladado a Finlandia, de encargado de negocios. Esto fue a principios del verano de 1964. Poco después las relaciones entre Gustavo y yo eran inmejorables. Por su parte, Aldama no manifestaba ninguna enemistad hacia mí y había heredado el antiguo buró de Díaz del Real, aunque, al contrario que este, aquel se pasaba el día sin hacer nada. Ese verano ocurrieron muchas cosas. Mi madre estaba de visita en Bélgica desde principio del invierno y se preparaba para regresar a Cuba vía Madrid, donde ya estaba mi hermano trabajando como agregado comercial. Me operé de la garganta. Recuerdo que la última crisis de amigdalitis la apresuró o la provocó una salida con Aldama, que se empeñaba en visitar un bar belga asombrosamente llamado New York –digo asombrosamente porque estaba regenteado por una belleza marroquí. Fue al regreso, esa noche, que vomité todo lo que había tomado y comido (Aldama había vomitado en la calle: vino y restos no digeridos de la comida) y la fiebre me subió a cuarenta y medio. Al otro día el médico recomendó una operación de urgencia, y quince días después estaba sin amígdalas y despidiendo a mi madre y a mis hijas, a las que esperaba ver en Cuba, cuando una euforia postoperatoria me hizo ver que las podía ver todavía en Madrid. Así inicié mi viaje en mi viejo (por querido no por tiempo) Fiat 600 desde Bruselas hasta Málaga, pasando por Madrid, para recoger a mi madre y a mis hijas y llevarlas a todas, junto con mi mujer, a recorrer el sur de España.

A mi regreso, quince días más tarde, encontré que Arcos (era ya mediados de agosto) planeaba un nuevo viaje de vacaciones a Cuba. No vendría nadie de La Habana a sustituirlo y por jerarquía diplomática yo debía ocupar el cargo de encargado de negocios ad ínterim. Fue entonces que Aldama comenzó a cambiar, aunque yo no lo noté al principio. Pocos días antes, al contrario, él se había comprado una cámara de cine de 8 mm y había usado todo un rollo de película para retratar a mi madre. Esto fue antes de que ella y yo fuéramos a España. A la vuelta todavía conversábamos en el sótano, donde estaba la cancillería, y él se refería a allá arriba (el primer piso, donde estaban las oficinas del embajador, la casa, el segundo piso, donde vivían sus enemigos predilectos, Arcos y Pipo Carbonell) como el lugar donde habitan los malos. Yo, en cambio, pertenecía a aquí abajo. Pero pronto en su conversación había pullas referentes a mis buenas relaciones con el embajador –Arcos no tenía entonces otro nombre para él, aunque pocos meses antes se llamaba «mi hermano Gustavo». Luego, la parca conversación se hizo casi toda pullas, hasta que finalmente cayó en su mutismo de siempre, aunque seguía bajando al sótano y todavía se sentaba a mirar papeles en blanco con su ojo único. Pronto dejaría de hacer siquiera esto.

Finalmente Arcos regresó a Cuba y la mujer de Pipo Carbonell regresó con él, quedándose Pipo en la embajada por un tiempo más. Yo pasé al primer piso a trabajar como encargado de negocios y me mudé al segundo piso con mi mujer. En ese piso, al otro extremo de la casa, vivía también Pipo Carbonell. Aldama seguía habitando su cueva del último piso. Entonces su trato hacia mí se hizo más hermético, si esto era posible, al tiempo que dejó de aparecer por la embajada. Se levantaba tarde y almorzábamos todos casi en silencio, no sólo porque Aldama no dijera nada, sino porque Pipo Carbonell temía hablar delante de él. En esos alegres almuerzos Aldama se sentaba frente a un aparador que quedaba detrás de la mesa del comedor y, reflejado en los cristales del mueble, veía todo lo que pasaba detrás de él. A veces yo sorprendía su ojo ubicuo por un costado de los espejuelos negros y había en él un brillo único. En ocasiones se sonreía para sí. Siempre sin decir palabra. Su presencia en los almuerzos era tan torva que Pipo Carbonell lo apodó el Tontón Macute. Pronto yo lo llamaría Jambon primo hermano de James Bond, de acuerdo con sus ocupaciones favoritas.

Si Aldama había venido, como dijo a su llegada, a echar aceite diplomático sobre las encrespadas aguas cubanas en Bélgica, su misión había terminado con la salida de Díaz del Real para Finlandia y ahora quedaba sin tener su segundo objetivo cerca, ya que también Gustavo Arcos estaba fuera de la embajada en Cuba. Pero ahora comenzó a salir en misteriosas misiones en Bruselas. Aunque estaba mal equipado para ellas (no hablaba ni francés ni inglés y mucho menos flamenco y no había colonia cubana en Bélgica) a veces se pasaba dos días en estas salidas sin regresar a la embajada. Es cierto que una vez, hacía ya tiempo, había sido contactado por un cubano exilado, alguien que cojeaba porque era apodado el Cojo Kaysés o cosa parecida. Yo recuerdo verlo al crepúsculo belga saliendo de la embajada al tiempo que Díaz del Real le preguntaba si no iba armado, la pregunta hecha casi en clave pero lo suficientemente alto para oírla yo y oír también su respuesta estoica: «No, compañero, no hace falta», junto con la transformación de sus manos en puños. Nunca supe cuál fue el resultado de la supuesta entrevista con el susodicho cojo, pero aparentemente no salió nada de ella: Aldama siguió en la embajada y ningún cojo vino a engrosar las bien flacas filas de los exilados que hacían el viaje de vuelta a Cuba.

Ahora las misiones parecían tener otra naturaleza y Aldama se mostraba cada vez más misterioso, sin apenas hablar con nadie. Este silencio vino a interrumpirlo, aparatosamente, el incendio de su automóvil. Aldama había traído consigo (es un decir, ya que él vino en avión y el auto en barco) un viejo Buick negro y enorme, que debía ser de por lo menos diez años atrás. Como no tenía lugar en el garage de la embajada lo guardaba afuera, junto a la acera. Llegado el frío, el Buick, evidentemente acostumbrado al calor de Cuba, se negó a arrancar y allí se vio durante buena parte del invierno, parado y cubierto de nieve, soturno, siniestro casi en su composición de un oxímoron: un automo inmóvil, antediluviano, gangsteril y por siempre inútil. Se quedó parqueado allí hasta la primavera cuando aparentemente le arreglaron su desperfecto. Entonces me pidió –y yo se lo concedí– buscarle un puesto en el garage. Y en el garage se pasaba las horas Aldama cuando estaba en la casa. De allí partieron un día unos gritos estentóreos llamándome urgentes: todos –Pipo, mi mujer y yo– corrimos escaleras abajo para encontrarnos el automóvil en llamas y a Aldama paralizado por el terror al fuego. Fue Pipo quien se lanzó sobre el motor y casi con sus manos desnudas apagó el incendio, surgido, justo lugar, en el encendido. Aldama había estado toqueteando el mecanismo y había provocado el fuego. Ese día, más tarde, cuando se hubo ido –cosa que hizo inmediatamente después que Pipo controló el incendio– nos reímos como locos, no tanto de la desgracia provocada por su autor, sino de la cara de Aldama en pánico. El automóvil, ahora definitivamente fuera de combate, quedó paralizado dentro del garage: mejor así: ya no producía la lamentable impresión que daba parqueado eternamente en la calle, para asombro de los vecinos *bien* que teníamos y deleite de los muchachos que cogían el carro como paradero de sus patinajes calle abajo.

En la embajada hubo una secretaria sustituta que era una belga jovencita, bastante feúcha de cara, pero alta y entrada en carnes, con las suficientes masas en las caderas y en las nalgas y en las tetas como para gustarle a un cubano. Ella por su parte estaba buscando quien le hiciera la corte. Primero lo ensayó conmigo y no tuvo, por supuesto, mucha suerte: aunque yo no hubiera estado casado nunca le habría puesto un dedo encima, no tanto por prurito diplomático como por motivos estéticos: detestaba su boca de pescado y para mí las bocas femeninas son muy importantes. Luego ella ensayó con Pipo y tuvo menos suerte. Finalmente parece que le tocó el turno a Aldama: lo cierto fue que los vimos paseando por un parque, cogidos de las manos, tiempo después de haber dejado la muchacha su trabajo en la embajada. Esto no tiene la menor importancia si no se dice que, después de la partida de Aldama, llamaba a la embajada una belga con voz nada joven, para maldecir a los que habían hecho ir a su Agustín para Cuba. Es evidente que nuestro Jambón era tan eficaz con los espías como con las damas, honrando así a su primo inglés.

Hablando de espías. Aldama, que no trabajaba en la embajada, que no trabajó nunca ya que no había nada que él supiera o pudiera hacer, dejó de hacer sus extrañas salidas para concentrarse en la embajada. Había hecho liga con el consejero comercial (que pertenecía a otro ministerio, que tenía oficinas en otra parte de Bruselas, que no vivía en la embajada) para, según murmuró un día, «poner aquí las cosas en claro». «Aquí» era evidente que era la embajada –¿o tal vez se refiriera a toda Bélgica? En otra ocasión, como mi mujer hiciera una limpieza cabal de la cocina de la embajada, en la que ella iba a cocinar y la que encontró muy descuidada, dijo entre dientes: «Parece mentira, los contrarrevolucionarios hacen más por Cuba que los revolucionarios». Yo le dejé pasar el comentario, como otros muchos, porque creía que sus días estaban contados –Gustavo Arcos me había prometido, al decidirme a hacerme cargo de la misión, que Aldama estaría de regreso a Cuba en pocos días. Estos pocos días, hay que decirlo, se volvieron semanas primero, luego meses y más tarde una eternidad. Ahora la atención de Aldama se había vuelto hacia los asuntos personales de Arcos. Estaba interesado, sobre todo, en echar mano al estado de cuentas de su cuenta bancaria, sabe Dios con qué propósito: tal vez para remitirlo a Cuba, aunque Arcos no había cometido otro delito que poner en el banco sus ahorros personales. Como otras veces, fue tan eficaz como discreto. «El señor embajador está envuelto en llamas», dijo un día al sentarse a la mesa a almorzar y no dijo más. Pero esto fue suficiente para que mi mujer y yo le cuidáramos la espalda a Arcos. Llamé al banco y dejé dicho que no se mandaran más estados de cuentas al embajador hasta que él regresara. Al mismo tiempo mi mujer tenía el trabajo de levantarse todos los días muy temprano para esperar el primer correos que llegaba a las ocho. Aldama se levantaba siempre tarde, pero una o dos veces mi mujer lo vio rondando por la casa, tal vez esperando al correos, tal vez en busca de otra cosa. ¿Pero qué? ¿Qué más había en la embajada que pudiera perjudicar a Arcos en Cuba? ¿Qué hacer para librarnos de Aldama?

En diciembre tuve que dejar dos veces la embajada. El día 24 mi mujer y yo nos fuimos a Ruan, en Francia, en cuyos alrededores estaba viviendo temporalmente Carlos Franqui. Pasamos allí dos días, preocupados con lo que podía ocurrir entre Aldama y Pipo, y regresamos el día 26. No había pasado nada, afortunadamente. El día 28 me fui a Barcelona, a recibir el premio Joan Petit Biblioteca Breve, concedido por la editorial Seix Barral a una novela mía, la primera. Estuve dos días nada más en Barcelona, yo solo, y en ese tiempo me preocupaba mucho qué podía hacer Aldama contra mi mujer en la embajada. A mi regreso me encontré que Aldama y el encargado comercial (cuyo nombre no vale siquiera la pena mencionar) habían estado rondando la casa todo el tiempo y que hicieron una llamada misteriosa a Madrid, aparentemente a la embajada de Cuba allá. Como otras veces, Aldama repetía su técnica de misteriosa indiscreción o de indiscreto misterio. En realidad el objetivo de sus actos era aterrorizar –¿pero qué miedo podía inspirar este pobre aprendiz de agente secreto? ¿Qué misterios podía revelar? ¿Qué conspiraciones descubrir? En la embajada, como en nuestras vidas, todo era diáfano y transparente: yo no era más que un funcionario que trataba de cumplir con su deber y mi mujer y Carbonell, mientras estuvo allí, me ayudaban en esta comisión. No había que temer a Aldama, lo que había era que deshacerse de él, este peso muerto sin función. Y sin embargo su técnica de miedo tenía su eficacia.

Consistía en deambular por el edificio a las horas más inesperadas. A veces se le sentía caminar por los pasillos a las tres de la mañana. Otras desaparecía y aparecía cuando menos se le esperaba. No era raro verlo reaparecer después de días de ausencia y entrar en la embajada como si acabara de dejarla. Al principio murmuraba alguna excusa que hacía aparecer sus salidas como importantes comisiones, pero después ni siquiera se molestaba en justificar su extraño comportamiento. En una ocasión se apareció en mi oficina para pedirme que le cambiara en moneda belga un billete americano de cincuenta dólares. Cómo llegó este billete a su posesión es todavía un misterio espeso, pero creo que su objetivo al pedirme que se lo cambiara –podía haberlo hecho en cualquier banco o agencia de cambio– fue picarme la curiosidad y hacerme preguntarle de dónde había sacado aquel dinero. (Hubo en su actitud una nota vaga que parecía inducirme a precisar aquel dinero como obtenido de agentes americanos, pero este gesto fue tan borroso que no pude asegurar jamás que esto fue lo que él pretendía). Así las cosas, llamé a Gustavo Arcos varias veces a La Habana pidiéndole que me librara de la presencia ominosa de Aldama. Pero sin resultado positivo. En una ocasión que pedí la llamada cuando no estaba en la embajada –siempre aprovechaba sus ausencias para comunicarme con Arcos–, esta llegó en el momento que Aldama volvía sorpresivamente. Fue digno de una película de suspenso, verme esperando en el sótano la llamada, mientras oía arriba cómo Aldama se paseaba por el primer piso de la cancillería. Finalmente conseguí descolgar el teléfono al primer timbrazo y hablar con Arcos en La Habana sin que Aldama se diera cuenta de nada.

Por aquellos días vino a visitarnos Luis Ricardo Alonso, embajador cubano en Londres, y su esposa. Como viejo amigo que era, le expliqué a Luis Ricardo lo que pasaba con Aldama y él mismo tuvo ocasión de verlo con sus propios ojos en el poco tiempo que permaneció en la embajada. También vino de visita Juan Arcocha, que era *attaché* de prensa en París, y juntos, Arcocha y Alonso, planearon cómo librarme de Aldama: Arcocha se lo diría a su embajador en París y Alonso se comunicaría con alguien importante en el ministerio, presumiblemente el propio ministro. También ocurrió una reunión de jefes de misión de Europa Occidental y allí Alonso y Carrillo, el embajador en París, parece que plantearon el caso al viceministro Arnold Rodríguez porque en una de las sesiones Alonso me dijo, hablando desde el otro lado de la mesa, «Ya te libramos de tu pesadilla». Luego, en un viaje por separado que hice a París para reunirme de nuevo con el viceministro, este me dijo, expresamente: «Comunícale a Aldama que tiene que regresar enseguida a La Habana», y luego añadió: «Díselo con cuidado no se nos vaya a asilar». Era la primera vez que yo oía hablar de tal posibilidad, pero aquella advertencia conectaba las salidas misteriosas y el billete de cincuenta dólares y su hermética misión con una posible defección.

Tan pronto como regresé a Bruselas, mandé a llamar a Aldama por medio de la secretaria. Yo había observado que mis salidas a Madrid y a París, las que le había comunicado ex profeso, lo habían puesto ligeramente nervioso, nerviosismo apreciable por encima de su hermetismo habitual. Ahora, cuando entró en mi despacho, juro que casi lo vi temblar, temblor que se hacía más perceptible por su gigantesca estatura. Yo temía que él tuviera una reacción inesperada al conocer la noticia de su traslado a La Habana y no en las mejores condiciones y había dejado abierta la gaveta en que Gustavo Arcos guardaba su pequeña pistola de bolsillo. Suena a melodrama barato, pero yo estaba dispuesto a usar el arma si Aldama hacía el menor gesto amenazador –que no era tan extraño en él como pueda parecer. Pero él aceptó la noticia de su regreso a Cuba sin muestras de violencia. Solamente pidió que le dieran más tiempo «para embarcar su auto en Amberes y arreglar sus asuntos en Bruselas». Claro que esto era una medida dilatoria. Para disuadirlo, le dije lo que había añadido Arnold, aclarándole que las sospechas de que él pudiera pedir asilo venían de la alta jerarquía del ministerio. Esta revelación pareció cegar su ojo único y se revolvió molesto. Enseguida dejó de tutearme: «Bueno, compañero –dijo y era cómico verlo usar esta forma de apelación–, yo le pido que envíe usted un cable al ministerio comunicando mi petición de embarcarme no ahora sino dentro de quince días».

Él tenía derecho a hacer aquella petición y cursé el cable. Cuando vino la respuesta afirmativa a su demanda, pareció engallarse y dijo: «Bueno, parece que en el ministerio sí saben lo que hacen». Aquella fue una de las últimas veces que hablé con él y había en su voz y en sus gestos una clara declaración de guerra: era visible que desde entonces se había propuesto destruirme y que para lograrlo no sólo iba a conseguir la ayuda de su hermano, sino conjuntar su vieja influencia con los organismos de seguridad del Estado. Aquella frase fue la primera piedra o el primer proyectil que él me lanzó para hundirme: ahora era obvio que no descansaría hasta conseguirlo. Su puntería era mala pero contaba además con la ayuda de sus padrinos, ayuda que yo alegremente –en la euforia del triunfo del bien sobre el mal– deseché como deleznable, pero que en fin de cuentas mostró que había triunfado el bien sobre el mal sólo momentáneamente. El futuro inmediato (y todavía más: el futuro mediato) se encargaría de mostrarme que mi seguridad aparente de entonces no fue más que una forma velada del *hybris*.

Mapa dibujado por un espía

******* ******* acostumbraba a sentarse, por un falso sentido democrático, al lado del chofer. Pero esa tarde del primero de junio de 1965 Jacqueline Lewy le pidió que si la podían dejar cerca de su casa y él decidió sentarse detrás, junto a la secretaria. Eso le salvó la vida.

El Mercedes subió por la empinada rue Roberts-Jones hasta el *rond point* de la avenida Winston Churchill, anduvo un rato a la sombra de los plátanos, luego se internó por una de las calles laterales y finalmente dejó a Jacqueline Lewy no lejos de su casa. Ella dio las gracias y las buenas noches en francés y él decidió seguir sentado en el asiento trasero. El auto regresó a la calzada y enfiló hacia la embajada del Chad.

Él iba tal vez pensando en la recepción cuando el auto se detuvo un instante frente a una luz roja, echó a andar de nuevo y él miró hacia delante. Venía un camión atravesando la calle en diagonal, pero el Mercedes seguía avanzando por la calzada. Él le gritó al chofer que parara pero este siguió andando como si no viera al camión, entonces le gritó que acelerara para irse por delante pero el auto continuó a la misma velocidad. De pronto hubo un sacudión, el estruendo de la colisión y un ruido de cristales rotos. Se sintió impelido hacia delante pero dio contra el asiento delantero sin hacerse daño. Los dos vehículos estaban detenidos en medio del cruce de las calles, el camión empotrado al automóvil, cuya parte delantera derecha estaba injertada en dirección del asiento de ese lado. Había visto venir al camión y estaba seguro de que chocarían contra él y en todo este tiempo solamente pensó en las veces que había pensado que esto mismo pasaría tarde o temprano. El chofer, José, no era verdaderamente un chofer sino el marido de la cocinera, ambos recomendados por el club comunista García Lorca como «gente en la que podía confiar». Ya desde el primer día se dio cuenta de que José no sabía conducir pero la embajada tenía que tener un chofer y quizás este aprendería con el tiempo, pese a su inteligencia tan limitada. Pero José no aprendió, evidentemente, y ahora había chocado yendo rumbo a una recepción. Él se bajó del auto y entre la mirada de los curiosos inspeccionó el automóvil por unos instantes: la parte delantera derecha estaba toda destrozada y ahora que el camión daba marcha atrás pudo ver que el daño sería irreparable. Fue en ese momento que pensó que de haber viajado junto al chofer a estas horas estaría mal herido o tal vez muerto: una parte del motor se había incrustado en el asiento derecho pero tanto él como el chofer estaban ilesos. No quería mirar al chofer porque quería que la ira que sentía se le pasara antes de llegar a la recepción. Se limitó a decirle que esperara ahí y cruzó la calle en dirección al café de la esquina, donde entró preguntando por el teléfono y alguien le dijo que *Au fond*. Llamó a la embajada y le dijo a su mujer, Miriam Gómez, lo que había pasado. No, él no estaba herido y ahora solamente quería el teléfono de Jacqueline Lewy para llamarla y pedirle que avisara a un servicio de reparaciones. Lo hizo y luego salió del café para decirle a José que esperara junto al auto destrozado hasta que viniera el remolque del servicio de reparaciones. Luego llamó a un taxi que pasaba y le dio la dirección de la embajada del Chad. Cuando llegó a la embajada vio que sus manos temblaban imperceptiblemente.

Lo primero que hizo después de saludar al embajador y a la embajadora, de pie junto a la puerta, vestidos con sus trajes nacionales, fue echar mano a un vaso de whiskey que pasaba sobre una bandeja llevada por un camarero lento. Luego se dirigió a un rincón donde estaban varios diplomáticos de los países árabes con los que siempre se reunía, evitando con un saludo de la mano tener que verse enseguida con los representantes de los países socialistas, con los que inevitablemente tendría que formar grupo más tarde o más temprano. Bebió otro whiskey y se sintió mejor. Hizo uno o dos chistes hablando en inglés con el embajador de Iraq y dejó pasar el tiempo. Todavía pensaba en el accidente.

Cuando regresó a la embajada eran casi las nueve de la noche y comentó con Miriam Gómez el accidente, la torpeza de José, y al hacerlo sintió que todavía estaba alegremente mareado. No, no quería comer nada, se había llenado con los bocaditos de la recepción. Lo que quería era acostarse y a las nueve y media estaba ya en la cama, leyendo. Siguió leyendo hasta tarde, mucho después que se durmiera su mujer, y supo que esa noche tendría insomnio y continuó con la lectura hasta bien entrada la madrugada. A las cuatro sonó el teléfono. No tuvo ninguna premonición pero sí lo sobresaltó el sonido del timbre y pensó que de no estar desvelado no habría oído el teléfono sonando debajo en la oficina de la cancillería. Corrió, descalzo, escaleras abajo y descolgó el teléfono. Era una llamada de larga distancia. De Cuba. Reconoció después del saludo y un poco antes de la identificación la voz de Carlos Franqui.

–Oye, que Zoila se enfermó. Está muy grave. Más vale que prepares todo para venir.

–Pero ¿qué es lo que tiene?

–No se sabe. Solamente que está muy grave. Coge el primer avión que salga.

–Pero yo no puedo salir así. Estoy solo en la embajada. Tengo que pedir permiso al ministerio.

–Coge el primer avión que el resto se arregla acá.

Colgó y subió a vestirse. En el reloj sobre la mesita de noche vio que eran las cuatro y media. Le contó lo de la llamada a Miriam Gómez y ella decidió levantarse. Desayunaron, como siempre, en la cocina pero él no comió nada, solamente bebió café negro. Le pidió a Miriam Gómez que le ayudara a poner al día la embajada y a esa hora se sentó a esperar que amaneciera redactando informes de último momento. Pero antes de hacerlo decidió llamar al ministro de Relaciones Exteriores. En La Habana serían las doce de la noche cuando más. Pidió el número a larga distancia y pudo, después de una espera que le pareció interminable, conseguir al ministro Raúl Roa. Le dijo quién llamaba.

–¿Quiay, chico?

–Ministro, me ha llamado Carlos Franqui que mi madre está muy grave y que yo debo regresar a La Habana.

–Pues hazlo, chico.

–Gracias, Ministro, pero ¿cómo hago aquí? Usted sabe que yo estoy solo en la embajada.

–¿No puedes dejar a nadie en tu lugar?

–No hay nadie. Aquí en Bruselas está solamente el agente del ministerio de Comercio Exterior y ese no sabe nada de embajadas. Por otra parte, está el cónsul de Amberes, Guillot…

–Deja a Guillot en tu lugar entonces.

–Pero es que él no tiene estatus diplomático.

–Ah, chico, no te preocupes por esas boberías ahora. Deja a Guillot en tu lugar.

–Muy bien, muchas gracias.

– De nada. Hasta luego.

Le pareció, al colgar, que el ministro Roa estaba durmiendo pero había hablado con él bien despierto. En cuanto amaneciera llamaría a Guillot al consulado de Amberes y a Jacqueline. Siguió redactando informes hasta cerca de las siete, cuando llamó a Jacqueline Lewy, explicándole lo que pasaba y pidiéndole que viniera cuanto antes, que necesitaba hacer las reservaciones de avión. Jacqueline llegó al poco rato y comenzó a pasar los informes no confidenciales en limpio. Él siguió redactando y copiando informes y tratando de que el trabajo le disipara la congoja que sentía en el pecho.

Jacqueline llamó a las líneas de aviación. Las únicas rutas posibles a La Habana eran vía Madrid o vía Praga. El avión de Madrid no saldría hasta dentro de dos días, mientras que el avión de Cubana saldría desde Praga al día siguiente, permitiéndole estar en La Habana el viernes. Había un inconveniente que era el vuelo a Praga. No se podía hacer directamente hoy pero había una conexión en Holanda. Tendría que volar de Bruselas a Amsterdam y de Amsterdam a Praga. Decidió hacerlo así y luego pidió una llamada a Madrid para hablar con su hermano Sabá.

Sabá Cabrera se había asustado más que él con la llamada temprano en la mañana y, aun antes de decirle para qué llamaba, aquel tuvo la premonición de que algo grave ocurría. Le dijo lo de la llamada de La Habana y su decisión de viajar a Cuba cuanto antes y luego colgó. Siguió redactando informes.

Jacqueline le informó que el avión rumbo a Schiphol saldría a las nueve de la mañana y el avión de Holanda a Checoslovaquia saldría a las doce del día. Decidió terminar con los informes y prepararse para salir. Pero antes llamo al cónsul Guillot a Amberes y le explicó lo que pasaba. El cónsul Guillot, siempre afable, le dijo que él se mudaría enseguida para la embajada en Bruselas y se encargaría de todo. Ahora él estaba más tranquilo pues temía la injerencia del enviado comercial en los asuntos de la embajada, cosa que este había intentado más de una vez. Pero decidió dejar detrás todas las luchas de facciones y prepararse para salir, y a las ocho estaba en un taxi rumbo al aeropuerto. No llevaba más equipaje que su *attaché case* donde tenía una camisa y un pantalón de sport, ya que no pensaba quedarse en La Habana más tiempo del necesario.

En el aeropuerto, al entrar al salón de viajeros, vio una cara conocida que estaba tratando de salir por la puerta de entrada. Parecía una aparición pero era Jaime Sarusky acompañado por Suardíaz. No podía haber otra pareja igual. Entró finalmente y Sarusky le habló brevemente, ya que estaba retrasado. Le pedía dinero para llegar hasta París y él le comunicó que se lo pidiera a Miriam Gómez en la embajada. Ya Sarusky había llamado a la embajada y le habían dicho que él estaba en camino. Extraño encuentro. Se despidieron malamente.

En Holanda, Schiphol pasó de ser el nombre del aeropuerto de Ámsterdam a convertirse en una de las estaciones del infierno, con su nombre señalando algo malo. Allí tuvo que esperar tres horas y esperando oyó que decían algo parecido a su nombre. Parecía que lo reclamaban por teléfono. Fue hasta la cabina y oyó la voz de Miriam Gómez. Supo, antes de que se lo dijeran, que su madre había muerto. Anduvo por la sala de espera, sin sentarse, con los ojos casi velados por lágrimas hasta que llamaron a la salida para Praga. Todo el tiempo sostenía su *attaché case* en una mano y en la otra el cartucho en que tenía un queso de bola y una caja de galletas compradas para su abuela. Finalmente, estaba en el avión volando hacia Praga que era como volar hacia Cuba por la vía más indirecta.

En Praga lo esperaba un auto de la embajada, a la que Jacqueline Lewy había comunicado su llegada. Lo llevaron hasta el Hotel Internacional, donde se hospedó. Luego, por la tarde, fue a la embajada. El encargado de negocios se empeñó en mostrarle la embajada y él se sorprendió de lo bien instalada que estaba. Esto era obra del anterior embajador, que había sido llamado a La Habana para ser destituido de su cargo. El encargado de negocios le dijo que esa clase de gente, refiriéndose a la vida privada del embajador, siempre tenía muy buen gusto. Él no dijo ni que sí ni que no, simplemente escuchaba, pero se sintió tentado de preguntar que qué clase de gente.

Regresó al hotel. A noche temprana recibió una llamada de larga distancia de La Habana. Era su ex mujer que lo llamaba para darle la noticia de la muerte de su madre. Con voz velada dijo que ya lo sabía y anunció su llegada para el día siguiente en el vuelo de Cubana. Durmió mal esa noche y volvió a repetirse el sueño recurrente que tenía, en el que estaba en Cuba y, al tratar de salir, estando ya en el aeropuerto, comprobaba que no tenía pasaporte o que en su visita se había olvidado de ir al ministerio y ahora le era imposible salir. Se despertó muy temprano y salió a recorrer los alrededores del hotel. Siempre había detestado a Praga y ahora le parecía más lóbrega que nunca, a pesar del verano temprano y de la hermosa vegetación controlada que rodeaba al hotel.

A las once salió el avión, ya él estaba en el aeropuerto mucho antes de la salida. Durante el viaje no pudo dormir como siempre lo hacía y se dedicó a mirar a los pasajeros, adivinando quiénes eran y qué eran. Se preguntó dónde estarían los agentes de seguridad que vigilaban cada viaje. Finalmente, se reconcentró en sí mismo y pensó en la maldición de los pájaros. Cuando niño, que era él un candor entusiasta pero inexperto, solía cazar pájaros en un solar no lejos de la casa, en el campo, dondequiera. Siempre eran mayores las intenciones que los logros y mataba muy pocos pájaros a pesar de sus excelentes tiraflechas. Un día en que había ido con su abuela a una finca lejana, se quedó fuera de la casa tratando de cazar y vio a un totí que viajaba hacia un cactus tupido y supo que ahí tenía su nido. Se acercó y comprobó que había varios pichones en el nido y con su tiraflechas nuevo comenzó a tirar a los pajaritos sin hacer caso del piar de la madre que revoloteaba inconsolable alrededor del nido. Mató a todos los pichones o creyó que los había matado a todos. Lo cierto es que cuando pasó la fiebre cazadora se sintió terriblemente culpable y se escondió detrás de la casa vivienda hasta que su abuela terminó la visita. Regresaron al pueblo y él todavía se sentía mal. A los pocos días su hermana recién nacida murió de una infección umbilical y él creyó que esta muerte era un castigo por su matanza de pájaros. Desde ese día dejó de cazar. Pero ahora, en el patio de la embajada, había hecho nido una urraca, y Jacqueline Lewy se lo vino a decir. Fue él a ver el nido y Jacqueline le advirtió que no lo moviera pues la urraca abandonaría a sus hijos si sabía que alguien había andado cerca. Pero él, por ver los pichones, dobló el arbusto en que estaban, inclinando el nido hacia un lado. A los pocos días vino la criada a informarle que todos los pichones habían muerto, abandonados. Se sintió realmente culpable por ello y durante días esperó el castigo adecuado a su culpa.

Vio las innumerables palmeras clavadas a la tierra roja y supo que volaban ya sobre Cuba. El avión siguió bajando y pronto volaban sobre Rancho Boyeros. Aterrizaron. Antes de salir se cambió los espejuelos claros por unos ahumados y descendió del avión. Vio al grupo de gente que lo esperaban y adelantándose a darle la mano en silencio vino, el primero de todos, Lisandro Otero. Le dio la mano. Pronto otras caras, otras gentes lo rodearon y alguien le tomaba el pasaporte y el maletín que luego, misteriosamente, reaparecieron en su mano. Vino Marta Calvo a darle un beso. También Sara Calvo. Después distinguió a Carlos Franqui y a Harold Gramatges, que lo llevaban hacia un lado. De pronto estaba fuera del edificio del aeropuerto y entrando en un automóvil, que Harold conducía. Delante iba Carlos Franqui y a su lado se sentaban Marta y Sara Calvo. Franqui preguntó por Sabá y él le dijo que estaba en Madrid listo para venir.

—Mejor sería que no viniera —dijo Franqui.

—¿Por qué?

—Bueno, aquí ha comenzado una etapa de persecución y de dogmatismo y sería mejor que se quedara en España.

—Pero ya tú sabes cómo es él —dijo Harold Gramatges—. Si no viene se va a sentir culpable y él tiene que estar en todo, si no ya tú sabes.

Suspendió la frase, como hacía a menudo, en ese ya tú sabes. Él dijo que no comprendía cómo podían afectar a Sabá las persecuciones y luego se calló, mirando hacia afuera, al paisaje soleado, al cielo blanco por el sol, a la avenida rápida flanqueada a veces por palmeras. El auto siguió por la calzada de Rancho Boyeros y entró en La Habana por la Avenida de los Presidentes, pasando al lado de la casa de sus padres, de la que vio el balcón desierto y las ventanas cerradas. Siguieron avenida abajo hacia el mar y supo a qué funeraria lo llevaban: a la Rivero, cerca del mar. El auto dobló a la derecha y enfiló por Calzada, pasando frente por frente al ministerio de Relaciones Exteriores. Finalmente estaba en la funeraria.

Subió las escaleras y en el vestíbulo lo sorprendió el letrero:

CAPILLA C

Zoila Infante

Era su primer encuentro con la realidad de la muerte de su madre al verla en la fría objetividad de la letra impresa. Siguió subiendo las escaleras hasta la capilla C y de pronto dio con el salón anterior a la capilla, lleno de amigos y conocidos. Saliendo de la capilla ardiente vio a su padre, más pequeño y apocado y asombrosamente envejecido, que vino hacia él.

–Ven para que la veas, a la pobrecita.

–No, no.

–Ven, sí, ven. Ahí está tendida.

–No, no. No quiero, no quiero verla.

Su padre le tiraba del brazo y él casi se aferró al marco de la puerta para no entrar en la capilla. La situación era tragicómica con su padre empeñado en que viera el cadáver de su madre y él decidido a no verla así, muerta, en el ataúd, sino a recordarla como era viva. Al fin su padre desistió y él fue a sentarse junto a su ex mujer y a su ex cuñada, en un sillón pegado a la pared del salón de espera.

–¿Cómo fue? –le preguntó a su ex mujer.

–Nada, le dio un dolor de oído, del que apenas se quejó, y cuando el viejo Guillermo la llevó al hospital ya era tarde.

–¿Sucedió realmente así?

–Bueno… –dijo Sara Calvo y se calló.

–Bueno –dijo Marta Calvo–, nadie pensaba que fuera una cosa seria. No se muere uno de un dolor de oídos.

–Parece que sí.

–Bueno, el caso es que ella estaba en el hospital desde por la mañana y cuando yo salí del trabajo decidí irla a ver, pensando que era una cosa sin importancia, y me la encontré sola en su cuarto sin nadie que la atendiera. Estaba inconsciente y yo me asusté y salí para llamar a Carlos Franqui y a Alberto Mora a ver si hacían algo por la pobre Zoila y a esa hora fue que vino el primer médico.

–Se creían que era una intoxicación –dijo Sara Calvo.

–Sí –dijo Marta Calvo–, al principio pensaron eso, pero después se dieron cuenta que la cosa era más grave y llamaron a un especialista en cuestiones cerebrales pero parece que ya era muy tarde.

—Con todo, no hicieron todo lo que debieron –dijo Sara Calvo.

—Yo volví al hospital –dijo Marta Calvo– tarde por la noche y era casi por la madrugada cuando empezó a hacer unos ruidos muy raros como en el pecho y yo me asusté mucho y llamé a una enfermera y parece que ya estaba en coma porque al poco rato, cuando yo apenas había bajado las escaleras, vinieron a decirnos que se había muerto. Yo no entendía nada.

Vinieron a saludarlo una y varias personas, dándole el pésame apresurado y absurdo como siempre. Apenas si reconoció a Norma Martínez, envejecida y usando espejuelos ahora. Luego vinieron otras gentes, entre ellas una vieja a la que no reconoció. Era una vecina de su madre que repetía una santa, una verdadera santa.

Se sentía algo más y algo menos que cansado y en el olor a flores de muerto y el rumor del velorio sintió una punzante sensación de absurdo: no podía ser que su madre estuviera ahí al lado, muerta. Todo era mentira. Nada era verdad. Él no estaba allí. Para despertarse decidió hablar con su ex mujer.

—Me llevo a las niñas conmigo.

—Bueno –dijo su ex mujer–, eso hay que verlo.

—¿Cómo que hay que verlo?

—Sí –dijo Sara Calvo–, las niñas están mejor con su madre.

—¡Pero si nunca han estado con su madre!

Era verdad. Las niñas habían sido criadas, hasta ahora, por su abuela, su madre muerta. Una de ellas había vivido dos años y medio con él en Bélgica pero la otra había vivido, desde que naciera, con su abuela.

—Bueno –dijo Marta Calvo–, ahora deben estarlo...

—Pero ¿no te das cuenta de que estarían mejor conmigo, en Bélgica, que aquí?

–Sí, me doy cuenta –dijo Marta Calvo–, pero ellas deben estar ahora con su madre.

–Su verdadera madre –dijo Sara Calvo.

–Sí –dijo Marta Calvo–, ¡con su verdadera madre!

Sintió que se acaloraba y habló demasiado alto:

–Pero eso es estúpido. Venir ahora con semejantes prejuicios.

–No son prejuicios. Es la verdad. Yo soy su madre.

–Y yo soy su padre…

En ese momento se acercó Harold Gramatges, diplomático como siempre, y dijo por lo bajo:

–Señores, *por favor*, no discutan eso ahora. ¿No hay otro lugar mejor donde hacerlo?

Él se dio cuenta de que Harold Gramatges tenía razón y se calló. Marta Calvo comenzó a mecerse en su sillón, mirando hacia al frente, los pequeños y hundidos ojos mirando a un punto fijo, casi cristalizada la mirada, que él conocía tan bien. Sara Calvo intentó hablar con Harold Gramatges, pero este daba media vuelta y se dirigía a su sillón, al otro lado del salón. Él se quedó callado, luego dijo:

–Voy a tomar un poco de café.

En la ancha escalera que iba del vestíbulo a la calle encontró a Carlos Franqui hablando con Gustavo Arcos, quien le estrecho la mano, dándole el pésame, y después dijo:

–Ah, Franqui, tú siempre con tus cosas –y volviéndose de nuevo hacia él–, acá, Franqui, que me advierte que acaba de ver a Aldama rondándome.

–Sí señor –dijo Franqui–, iba vestido de chofer y manejaba una máquina de alquiler y le dio dos veces la vuelta a la manzana. La primera vez que lo vi no le presté mucha atención, aunque se me pareció a él, pero al dar la segunda vuelta lo vi bien bien.

–Bueno –dijo Arcos–, y aunque así sea, ¿qué nos puede hacer?

–¿Hacer? –dijo Franqui–. No nos puede hacer nada pero es muy extraño. Muy raro...

–Vamos a tomar algo –propuso él y bajaron hasta el bar. No había café ni cerveza nada más que Coca-Cola blanca. Bebieron Coca-Cola blanca. Cuando regresaban al velorio se encontró a Marta Frayde y a Beba Sifonte en el vestíbulo. Las dos le dieron el pésame, luego Marta Frayde lo haló por un brazo y acercó su boca al oído de él.

–Tu madre murió por falta de asistencia médica –le susurró y no dijo más. Él asintió con la cabeza, demasiado dolido para responder con palabras–. Así mismo es –añadió ella soltándole el brazo. Subieron todos hasta el velorio.

Arriba se encontró con Olga Andreu, que acercó su cara a la de él, abrazándolo sin decir nada. Vio como ella hacía más finos todavía sus finos labios, apretando la boca en una semisonrisa. Siguieron todos de pie, en el centro del salón, conversando trivialidades, como se hace siempre en los velorios. Él seguía callado, extrañado de estar en Cuba, en La Habana, en la funeraria Rivero, entre sus amigos, en el velorio de su madre. En eso vio que se acercaba un anciano de cabellos blancos y ojos pálidos sin luz y reconoció a Eloy Santos, quien casi sin aliento por la subida de la escalera le dijo:

–Yo no sabía. Me mandaron a avisar a casa y me dijeron que había una novedad pero no me dijeron quién. Y ahora, al subir aquí la escalera, me encuentro con el nombre. No me dijeron nada, nada más que viniera a la funeraria Rivero y yo me mandé para acá. Pero te juro que no me dijeron nada –y siguió disculpándose como si hubiera cometido un crimen, como si él fuera el culpable de haber puesto el nombre de Zoila Infante en aquel aviso terrible. Se acercaron otras gentes a darle el pésame, entre ellas Raulito Roa, que le dijo:

–Te acompaño en el sentimiento. Nada más que me puedo quedar un momento.

49

–Gracias. Está bien. Allá dentro está mi padre.

–Ya voy a saludarlo.

–Gracias.

–No hay por qué, mi viejo.

Luego volvió a ver a Norma Martínez y volvió a sorprenderse de encontrarla tan vieja. Estaba sentada todavía en el sillón, sus largas piernas trenzadas y las manos sobre el regazo y se veía cansada. No pudo evitar imaginársela desnuda.

De pronto hubo una movilización en la sala adjunta y supo que ya era hora del entierro. Esa misma frase le sonó distante y ajena como si fuera la hora del entierro de otra persona y no de su madre. Luego hubo un movimiento general en todo el velorio y se vio arrastrado, llevado por su padre primero, luego por otra persona que no reconoció, bajando las escaleras, caminando por la acera, doblando la esquina y entrando en un automóvil grande y negro y de pronto estuvo sentado en el auto, junto al chofer, y entre este y una muchacha rubia y gorda que le cogía las manos y lloraba. No podía decir quién era. A lo mejor era una vecina. Pero esta plañidera se le encimaba y, al partir el auto, le pegó uno de los grandes senos al brazo, al tiempo que se lamentaba de la pérdida y ahora le pasaba una de las manos gordas por el muslo, llorando y al mismo tiempo consolándolo, abrazándolo en su dolor, y él se sintió tan ajeno a aquel dolor como a aquellas caricias y se dijo que era lo único que faltaba.

El cortejo subió por la Avenida de los Presidentes y temió por un momento que pasara frente a la casa y que lo vieran las niñas. Pero el carro fúnebre dobló por la calle 23 y no vio a nadie conocido. Ahora seguirían por todo 23 a marcha fúnebre.

Dentro del auto primero seguía su padre arrumbado en el asiento de atrás entre dos personas que no pudo ver bien y él cada vez arrinconado por la plañidera rubia que ahora le acariciaba el muslo demasiado arriba. Se dijo que era increíble, que esta tipa iba a producirle una erección –y no quiso creer que aquello estuviera ocurriendo en realidad en el entierro de su madre. Era tan trivial y extraordinario como estar en un sueño. La rubia seguía llorando y diciéndole que tuviera valor, que afrontara –sí, afrontara, usando esa misma palabra–, que afrontara todo con valor, y su mano seguía sobándole de la rodilla hasta casi el final del muslo.

Pasaron la calle Paseo y la mujer rubia –que no era rubia, porque era evidente que estaba teñida de rubio– siguió sobándolo. Ahora le apretaba el brazo y repetía su nombre, varias veces, sin dejar de acariciarle el muslo con la otra mano. Finalmente el carro fúnebre entraba por 12 hacia el cementerio y se alegró, por un momento, de que hubieran llegado. Luego recordó que estaba en el entierro de su madre y se sintió culpable de aquella alegría momentánea.

El carro fúnebre entró por el gran portón del cementerio seguido por los otros vehículos y se detuvieron en la explanada junto a la entrada. Allí se bajaría todo el mundo de los automóviles para seguir el cortejo a pie hasta la tumba. Cuando comenzó a caminar, él sintió vagamente que le hacían fotos.

El cortejo llegó a la tumba abierta: era una bóveda. Él había dicho que no quería despedida del duelo pero temía ahora que alguien se pusiese a hablar. Afortunadamente nadie lo hizo. La caja descendió hasta la tumba y luego una losa grande bajó sobre el hueco. Colocaron las coronas y las flores sobre la tumba. Todo había terminado. Harold Gramatges cogió a su padre por un brazo y él por otro y los dispuso a que se despidieran de los concurrentes. Uno por uno vinieron a darles la mano.

Regresó a su casa en el auto de Harold Gramatges, quien decidió subir con él y su padre hasta el apartamento. Cuando entró vio a su abuela sentada frente a la ventana mirando al vacío.

–¡Ay mi hijito! –dijo ella–. ¡Lo que hemos perdido! Más valía que me hubieran llevado a mí, que no sirvo para nada, y no a ella, mi hijito.

Él se acercó y puso una mano sobre el flaco hombro de su abuela. Vio que Marta Calvo también estaba en la casa y también vio a Hildelisa, la cocinera, criada y dama de compañía, la que conocía por sus regocijantes cartas a su madre cuando estuvo en Bélgica. Había más gente en la sala pero él apenas reconoció a nadie. Se sentó en el balcón y miró al parque. Vio el día de junio todavía espléndido en la tarde, vio los niños y niñas jugando en el parque de la avenida y las niñeras o las madres sentadas en los bancos: vio el parque eternamente hermoso y se echó a llorar por primera vez. Lloró desconsoladamente, y Marta Calvo vino a su lado y llorando le tocó un hombro.

–Ella se ha muerto –dijo él entre sollozos– y todo sigue igual: el parque es el mismo, la misma gente viene a jugar y a sentarse en él: todo sigue igual, solamente que ella está muerta.

Su ex mujer lloraba, también lloraba su abuela. Harold Gramatges dijo algo consolador, pero él no lo oyó. Siguió llorando un rato y de pronto se sintió más calmado. Preguntó por sus hijas.

–Las niñas están abajo –dijo su abuela.

–Desde que supimos que Zoila había pasado a mejor vida se las llevó Dulce, la vecina de los bajos.

Él se volvió y vio la sala casi vacía. Solamente Marta Calvo estaba allí y también Hildelisa, pero Harold Gramatges y los otros se habían ido. Del fondo vio venir a su padre secándose los ojos con su pañuelo. Debía haber pasado algún tiempo pero él no lo supo.

–Yo no quiero que las niñas sepan nada –dijo él–. No por ahora. Cuando pregunten por su abuela hay que decirles que está todavía en el hospital.

–¿Por qué es eso? –preguntó su padre.

–Yo quiero que sea así: así sentirán menos el golpe cuando se enteren, que no será tan de repente.

–Está bien, hijo –dijo su abuela–. Se hará como tú dices. ¿Hildelisa? –llamó hacia la cocina.

Apareció Hildelisa. Ahora vio que llevaba un vestido rosado y que era atractiva de una manera cubana: gorda y con sus ojos pícaros, ahora mustios por el llanto. Pensó por un momento en sus cartas tan cómicas mientras su abuela le decía que él no quería que las niñas supieran nada de la muerte de su madre hasta que él decidiera decírselo. Allí dijo que estaba bien, al tiempo que asentía con la cabeza y se enjugaba las manos en su delantal.

–¿Quién era esa mujer que se sentó al lado mío? –le preguntó a su padre.

–Ah, esa –dijo su padre–. Esa es Rosalba Liendo, una muchacha que vive al fondo, en la otra cuadra. Ella quiere, quería mucho a tu madre. ¿Por qué?

–Por nada. Un poco exagerada ella. Parecía una plañidera.

–Oh, no. Es una pobre muchacha. Muy servicial y muy buena.

Miró hacia el parque y luego se dio vuelta para mirar al balcón de al lado.

–¿Y Héctor? No estaba en el entierro ni el velorio.

–Vea, eso –dijo su abuela.

–Estuvo anoche y antenoche en el hospital. Ahora debe de estar trabajando.

–Ah –dijo él asintiendo–. Me extrañaba no haberlo visto.

–Pero su mujer seguro que estaba –dijo su abuela.

–Sí –dijo su padre–, ella estaba.

–Yo no la vi –dijo él.

–Cómo no –dijo su padre–. Yo la veía cuando te saludaba.

–Había tanta gente –dijo él.

53

Él miró a su abuela, recogida sentada en su taburete, junto a la ventana, y pensó que no la recordaba tan esmirriada. Vio sus manos y sus pies, dentro de las zapatillas que le había traído su hija, su madre, Zoila, de Bélgica, y vio sus manos igualmente deformadas por la artritis y pensó en la capacidad para aguantar el dolor que tenía aquella anciana.

–Roa, el ministro –dijo su padre de pronto–, mandó una corona.

–Ah sí –dijo él, que miraba de nuevo al parque, ahora con ojos más serenos, aunque pensaba lo mismo: ella se había muerto pero la vida seguía–. Guillermo –se volvió a su padre– por qué no vas a buscar a las niñas, tengo ganas de verlas.

–Deja, que voy yo –dijo Hildelisa y salió.

Llegaron el Niño, su tío, y su mujer Fina. Se habían retrasado de regreso del cementerio porque el Niño se sintió mal. Todos se sentaron en la sala y en la terraza. Regresó Hildelisa con las niñas.

–¡Papi, Papi! –dijeron las dos a un tiempo, Ana, de once años, y Carola, de siete. Vinieron a besar a su padre.

–¿Dónde está abuela? –preguntó Carolita–. ¿Sigue en el hospital?

Él miró a su abuela y la vio a punto de llorar.

–Sí, sigue en el hospital.

–¿Y cuándo va a venir?

–Todavía no se sabe.

Él miró hacia el televisor y arriba del mueble vio su *attache case* y su cartucho con la comida de Holanda. No supo cómo encontraron su destino.

–Hildelisa, arregla a las niñas que me las voy a llevar de paseo.

–¿Vas a sacarlas? –preguntó como en un reproche su abuela.

–Sí.

–No debieran salir un día como hoy –dijo su padre.

–¿Y qué tiene eso de importancia? –dijo él, tratando de que sonara lo menos posible a del muerto al hoyo y el vivo al pollo.

– No, importancia ninguna –dijo su abuela.

–Pero creo que no debieran –dijo su padre.

–Sí, sí, nosotras queremos ir –dijo Anita–. ¿No es verdad, Carolita?

–Sí. ¿A dónde vamos?

–A Coney Island, Papi –dijo Anita.

–Bueno, vamos. A cambiarse –dijo Hildelisa y se las llevó para su cuarto.

–¿En qué piensas ir? –preguntó Fina.

–En guagua. ¿En qué va a ser?

–No, te lo digo porque las guaguas están insoportables.

–No pasan nunca –dijo su tío– y cuando pasan vienen de bote en bote.

–Si quieres –dijo Fina–, nosotros los podemos llevar. Si no regresan muy tarde.

–Yo pienso –dijo él– estar un rato con ellas allá, para que se diviertan un poco.

–¿Y a qué hora van a comer? –preguntó su abuela.

–Cuando vengamos –dijo él–. Yo no tengo ningún hambre.

–Pero tú no debes haber comido nada en todo el santo día –dijo su abuela.

–Sí, comí en el avión –mintió él.

Se hizo un silencio que afortunadamente duró poco porque regresaban las niñas vestidas de domingo. Él se levantó de su balance en la terraza y todos salieron.

Cogieron por el Malecón rumbo a Marianao. La tarde terminaba en una espléndida puesta de sol que teñía todo de ámbar, rosa y rojo: hasta el mar estaba rosado. Siguieron viajando en silencio. Dentro del auto hubo una quietud que le hizo bien.

Pasaron bajo el túnel y el auto rodó por entre los jardines de Miramar. Las calles comenzaban a ponerse a oscuras pero con todo pudo gozar la belleza de los jardines tropicales: palmas, arecas, ficus, buganvilias y flamboyanes en flor. Nadie dijo nada hasta que el automóvil llegó al parque de diversiones, cuando las niñas se pusieron a saltar de contento. Salieron del auto y se dirigieron a la portería. Fue al pagar la entrada que se dio cuenta de que no tenía dinero cubano, solamente algunos miles de francos belgas y unos pocos billetes checos. Se lo dijo a su tío, quien dijo no hay problema y sacó los tickets. Entraron todos.

Las niñas querían, como siempre, montar en todos los aparatos a la vez y comer algodón de azúcar al mismo tiempo. Decidieron qué hacer primero de todo y compraron algodón de azúcar. Luego se dirigieron a los caballitos, en los que quería montar Carolita, pero Anita prefería la montaña rusa. Esa la dejarían para después. Fue mientras Anita y Carolita montaban en una versión infantil del avión del amor que sintió que todo el peso del día le caía encima. Se puso a hablar con Fina, mientras su tío Niño oía en silencio. Decidió hablar inanidades. Se hacía rápidamente de noche y comenzaba a soplar una brisa ligera. Se asombró de no haber sentido calor en todo el día, aunque estuviera vestido siempre con su traje de verano belga. Finalmente salieron del parque de diversiones.

Al entrar en el auto, Carolita lo detuvo un momento.

–¿Qué te pasa, Papi?

–¿A mí? Nada, ¿por qué?

–Te estaba mirando –era verdad, ella lo estuvo mirando fijamente mientras montaban en el avión del amor– y tenías una cara tan triste.

Sus dos tíos lo miraron y después miraron a la niña, asombrados.

—No es nada, es que estoy cansado, cuando me acueste se me quita.

Regresaron a La Habana. Mejor dicho, al Vedado.

Se sentó a la mesa a comer. Hildelisa trajo un plato con arroz amarillo con unas papas dentro.

—Lo siento. Arroz con papas. Eso es todo lo que hay.

—Hay que acomodarse, mi hijo —dijo su abuela desde la sala.

—Yo no he dicho nada, Mamá.

—No has dicho nada, pero sé que estás acostumbrado a comer bien.

—¿Y las niñas?

—Ya ellas comieron —dijo Hildelisa— allá abajo, en casa de Dulce.

Se sentó a comer y comprobó, como sabía, que no podía tragar. Hizo lo imposible por comerse el arroz y las papas, pero se le hacían un mascón en la boca.

Por la noche vinieron Carlos Franqui y su mujer Margot y Héctor Pedreira y su mujer Teresa y estuvieron conversando hasta tarde en la noche. Cuando se fueron sintió el vacío de la casa sin su madre y se quedó sentado en la terraza un rato más. Luego fue a acostarse y encontró a sus hijas dormidas las dos en la cama grande, que fue de su madre y de su padre. Se desvistió en silencio y se acostó entre ellas dos pasando los brazos alrededor de cada niña. Dejó la puerta abierta.

Por la mañana fue al ministerio bien temprano. Se encontró con el viceministro Arnold Rodríguez, quien le dio el pésame. Arnold trabajaba en una oficina cerca de la gran puerta del ministerio, que era el antiguo palacio de los Gómez-Mena. Arnold era partidario del Che Guevara y como este en un discurso no lejano había echado pestes del burocratismo había tomado la diatriba en su sentido recto y había prescindido de su buró. Ahora trabajaba sentado en un sofá y las carpetas y papeles que debían estar encima del escritorio estaban regados por el suelo o hechos montoncitos en los rincones. Como se habían visto a principios de año en Madrid, en una reunión de jefes de misión de Europa Occidental, y más tarde en París, tenían poco que hablar y solamente intercambiaron algunos comentarios sin mayor consecuencia. Luego pasó a la oficina del ministro Roa. Este lo recibió sentado en su buró. Él se sentó en un sofá a la izquierda y luego Roa vino a hacerle compañía en el mueble. Le dio el pésame y le dijo que él no había podido ir al entierro por su mucho trabajo pero que había mandado a su hijo. Él le dijo que lo sabía y le dio las gracias.

–Bueno, hablando en plata –dijo Roa–, nosotros estamos muy satisfechos con tu trabajo en Bruselas y pensamos enviarte para allá con el rango de ministro encargado de negocios.

–Ah, muchas gracias.

–¿Cuándo tú crees que puedas regresar? –le preguntó el ministro mientras se daba brillo en el zapato izquierdo con la pierna derecha del pantalón.

–En una semana, a más tardar.

–Está bien, me parece bien. Ahora hay una cosa que quiero preguntarte. No es más que un rumor, pero ¿es verdad que este hombre, Arcos, bebe, que le ha dado por la bebida?

Había hablado, como siempre, demasiado rápido, atropellando las palabras, y por un momento él no entendió bien. Pero enseguida comprendió de qué se trataba: era seguro uno de los informes de Aldama.

–No, ministro. Que yo sepa, no. Yo nunca lo he visto borracho. Él bebe vino con las comidas y cosas así, pero nunca lo he visto ni siquiera bebido.

—No —dijo Roa—, si yo me di cuenta de que era un chisme sin mayor importancia.

Pero por debajo de sus palabras estaba mortificado. Él sintió que Roa hubiera querido que el chisme fuera cierto. Había, desde hacía tiempo, una vieja enemistad entre la familia de Roa por parte de su mujer, los Kourí, quienes echaban la culpa a Arcos de la toma de asilo de un hermano de ella que había sido consejero comercial en Bruselas en los primeros tiempos de la Revolución. Según este agravio, Kourí había pedido asilo en Estados Unidos llevado por la persecución sistemática de Arcos. Como él conocía lo suficiente a Arcos para saber que era incapaz de llevar a cabo nada sistemáticamente, dudaba de que la historia fuera cierta. Roa, por supuesto, no quería a Arcos de embajador, pero tenía que tragárselo no sólo por su historia revolucionaria, desde los días del asalto al cuartel Moncada, sino también por la amistad que había entre Arcos y Raúl Castro. Ahora, se rumoreaba desde hacía unos meses que Arcos no regresaría a Bruselas sino que se haría cargo de la embajada cubana en Italia. Al menos esto le había dicho por teléfono una vez que él lo llamó desde Bruselas, y además le había prometido llevárselo de encargado de asuntos culturales en Roma.

—Bueno, ministro —dijo él—, no le ocupo más de su tiempo. Ya volveré la semana que viene antes de irme a recibir sus instrucciones.

—Sí, sí, por supuesto —dijo Roa y se despidieron. Él volvió al despacho de Arnold Rodríguez, quien le dijo que debía llegarse a ver a Rogelio Montenegro, que era el jefe del buró de Europa VI o Europa Occidental, para cambiar impresiones. Él dijo que lo haría el lunes, que ahora estaba muy cansado, y se fue.

Caminó hasta la casa de sus padres, que estaba en la misma avenida, sólo que al otro extremo. A pesar del calor del mediodía, cuyo sol lo dejaba sin sombra, gozó el placer de caminar bajo aquel cielo profundo y blanco. Se quitó el saco y lo llevo colgado sobre un hombro, también se soltó un poco la corbata. Recorrió la Avenida de los Presidentes por la acera bajo los árboles, no por los soleados jardines del medio. Al llegar a la calle 17 se sintió tentado de llegarse hasta la Unión de Escritores, una cuadra hacia el este, pero decidió seguir rumbo a su casa. Aunque no tenía hambre ya era la hora del almuerzo.

Llegó a la casa sudando y subió en el elevador hasta el tercer piso. En el elevador lo saludó una hermosa mujer rubia que siguió en el elevador hasta más arriba. Él le devolvió el saludo pero no tenía la menor idea de quién podría ser. Cuando llegó a la casa preguntó por ella y por la descripción le dijeron que esa era Leonora Coll, que vivía en el quinto piso.

El almuerzo era un poco de frijoles blancos, arroz y unas papas. Apenas si comió. No era tanto la falta de apetito como lo poco apetitosa que era la comida.

Después del almuerzo su hija Ana quería comerse un tocinillo del cielo en el Carmelo y caminaron la escasa media cuadra hasta el restorán. El dulce costaba un peso y pensó que un dólar era demasiado pedir por un postre revolucionario. Mientras su hija se comía el tocinillo del cielo, él pidió un café pero el camarero le dijo que no podía servírselo, ya que el café era solamente para los que comieran en el restorán. Regresó a la casa donde tampoco había café ya que no le tocaba en la cuota todavía. ¿Y el café con leche de por la mañana?, preguntó. Eso no era café con leche. Era un ersatz preparado con leche, de la cuota que tocaba a la hija menor por no tener todavía siete años, y azúcar quemada. Sintió una repugnancia retrospectiva.

Se sentó en la terraza. Viendo pasar la gente por la acera del frente y por los jardines del medio les vio una identidad extraña. Fue a buscar sus anteojos, preguntándole a Hildelisa si sabía dónde estaban –sí sabía–, para ver a los caminantes de más cerca. Cuando los encontró, regresó a la terraza. Vio venir más gente y se ajustó los anteojos. Observó el paso regular pero cansado, los brazos fláccidos a un lado, el aire lacio, y todos le parecieron como agobiados por un pesar profundo. Podía ser el sol de las tres de la tarde, pero siempre había habido sol en Cuba y esta gente eran de todo: cubanos viejos, de mediana edad y jóvenes. Y todos caminaban igual. Ya supo qué parecían: ¡los zombies de Santa Mira en la *Invasión de los muertos vivientes*!

Dejó la terraza y se fue al cuarto a dormir una siesta. Antes de dormirse tuvo una visión de su madre, subiendo la escalera de la casa de Kraainem, en Bélgica, dirigiéndose de la sala del primer piso a los dormitorios del segundo piso. Se preguntó por qué lo asaltaba esta visión tan precisa y a la vez tan perturbadora como una estantigua.

Se levantó como a las cinco de la tarde y fue al baño. Sin saber por qué, abrió el botiquín y vio allí los dientes postizos de su madre, dejados olvidados. Sintió una pena profunda ante aquel objeto inútil, muerto, y llamó a Hildelisa para que se deshiciera de ellos.

Como a las seis de la tarde llegó de Oriente su tío Pepe Castro que había hecho el viaje por la novedad, recorriendo como pudo los mil kilómetros que lo separaban de La Habana. Con su cabeza rapada, Pepe parecía ahora más flaco y más alto que de costumbre. Vio que llevaba puestas unas sandalias. Pepe conversó con su hermana Ángela, la abuela llamada Mamá por todos en la casa, hijos y nietos, encerrados los dos en la cocina. Después salió Pepe comentando en alta voz, como hacía siempre. «Una heroína –decía–, una verdadera heroína!» Hablaba de su sobrina Zoila, la muerta, la desaparecida, *para siempre*, porque Pepe Castro, un vegetariano materialista desde incontables años, no creía en el más

61

allá ni en los espíritus ni en la vida inmortal. «Una heroína –repetía–, eso es lo que fue: ¡una verdadera heroína, caray!»

Vino a donde estaba él en la terraza, pero no se sentó: Pepe Castro rara vez se sentaba y estuvo mirando al cielo frunciendo la boca y empujando los carrillos con la lengua, como siempre hacía cuando estaba pensando. Él lo miró de arriba abajo y se sintió bien de ver a su tío, a quien siempre había querido, desde niño, con un cariño especial. Miró sus sandalias y las reconoció. Pepe se dio cuenta al mismo tiempo que él y dijo: «Son las tuyas. Zoila me las regaló cuando te fuiste y han dado muy buen resultado. Son magníficas». Él se alegró de que sus viejas sandalias suizas hubieran servido a su tío Pepe.

Al poco rato llegaron Niño y Fina, venían a ver cómo estaba la vieja Ángela y se encontraron con Pepe. Este comenzó a repetir lo que decía antes sobre su madre, que era una heroína, y al poco rato desapareció hacia el cuarto de su hermana. Niño y Fina venían a invitarlos a él y a las niñas –que supo que estaban jugando en el apartamento de abajo– para que fueran a su casa en la playa al día siguiente. Fina vendría a buscarlos. Él dijo que sí, más que nada por llevar las niñas a la playa, que sería una de las pocas ocasiones de hacerlo que tendría ahora.

Por la noche vino Franqui con su mujer Margot y después se apareció Héctor Pedreira con su mujer Teresa. Las niñas ya estaban durmiendo cuando él intentó saber cómo murió su madre.

–Me dijo Marta Frayde –le dijo a Franqui– que Zoila había muerto sin atención médica.

Franqui comenzó a mover la cabeza de un lado al otro, como siempre hacía cuando estaba molesto.

–Eso es una mentira de Marta Frayde –dijo–. Zoila tuvo toda la atención que debió tener. Alberto Mora y yo nos ocupamos de eso. No hubo nada que hacer.

—Lo que pasó es que el viejo Guillermo –dijo Héctor Pedreira bajando la voz para que no lo oyera su padre, que leía en el cuarto– se demoró mucho en llevarla al hospital. Cuando fueron ya era demasiado tarde.

—Pero no sólo Marta Frayde sino Marta Calvo me dijo que ella estuvo mucho tiempo con Zoila en el hospital y cuando llegó, a las cuatro de la tarde, no le habían hecho ni siquiera un examen. Fue cuando ella llamó a Carlos y a Alberto.

—Fíjate si tuvo buena atención que hasta Ramírez Corría, que es el mejor especialista del cerebro que tenemos nosotros, vino a examinarla. Pero ya era demasiado tarde.

—Yo no comprendo –dijo él– que alguien se muera de un dolor de oídos.

—Fue más que un dolor de oídos –dijo Héctor Pedreira–, fue una infección del oído medio, que pueden ser muy peligrosas.

—¿Zoila no estaba siempre tomando aspirinas? –preguntó Carlos, aunque la pregunta tenía un carácter retórico–. Eso impidió que sintiera los síntomas.

—Exactamente –dijo Héctor Pedreira–. Es más: ella sintió el dolor pero no le dio más importancia que a sus dolores de cabeza de siempre.

—Yo no sé a quién creer –dijo él.

—Tú crees a quien quieras –dijo Franqui–, pero te estamos diciendo la verdad.

—En ninguna parte del mundo –dijo él– se mueren ya gentes por una infección de oídos.

—Estaba de Dios, mi hijo –oyó que su abuela decía desde su cuartico detrás de la cocina, atenta, como siempre, a todas las conversaciones.

—Bueno –dijo Franqui–, creo que es hora de irnos.

—Sí –dijo Margot–, ya va siendo hora.

Se despidieron y se fueron. Se quedaron Héctor Pedreira y su mujer. Héctor aprovechó para cambiar el tema y hablar de su asunto preferido: el cine. Hablaron de películas hasta tarde. Luego ellos se fueron y él se fue a acostar, entre sus hijas como siempre.

Al otro día sus hijas lo despertaron temprano. Estaban locas con la idea de ir a la playa. Como a las nueve llegó Fina en su máquina. Él dijo que tenía que visitar a Carmela, la madre de Miriam, como se lo había prometido. Fina se ofreció a llevarlo. De allá irían directos a la playa de Tarará.

Carmela le ofreció café: ella lo conseguía en el mercado negro. Él aceptó encantado: no podía pasarse sin el café. Las niñas estaban impacientes y Fina esperaba abajo en la máquina, para señalar la brevedad de la visita. Entonces sonó el teléfono. Extrañamente era para él, una llamada de larga distancia desde Bruselas. Miriam Gómez que lo llamaba.

–¿Cómo estás, mi vida? –preguntó Miriam Gómez.

–Bien, ¿Y tú?

–Extrañándote mucho. ¿Cuándo vuelves?

–El fin de semana que viene, el sábado o el domingo, creo.

–Traes a las niñas, ¿no?

–Por supuesto.

–Espérate, que aquí hay alguien que quiere hablarte.

Oyó una voz familiar al otro lado del hilo, en Europa, pero tan pedantemente clara como si hablara desde La Habana.

–Guillermo, te habla Heberto.

Era Padilla. Lo saludó. Él le dio el pésame de una manera diferente.

–Te hablo –dijo Padilla– porque Miriam me ha dejado leer la novela y me parece maravillosa. Creo que es lo mejor que se ha escrito en Cuba nunca.

–Gracias.

–No, no tienes por qué darme las gracias. Si no lo creyera así, no te lo diría. Ya habíamos hablado mucho cuando te llevaste el premio. Pero ahora pienso que hay que publicarla enseguida.

–Seix Barral lo va a hacer.

–No, yo digo allá en La Habana.

–Ah, no sé. Yo tengo un contrato exclusivo con Seix Barral.

–Eso es lo de menos. Yo hablo con Carlos y él seguro que da el permiso. Es im-por-tan-te que este libro se publique en Cuba.

–Bueno, ya hablaremos de eso.

–Está bien. Te paso a Miriam. Chao.

–Hasta luego.

–¿Mi amor? Apúrate en volver que estoy muy sola sin ti.

–Sí, la semana que viene, sin falta.

–Bueno, hasta luego. Te doy un beso. Déjame hablar con mamá.

–Yo también. Hasta luego. Te paso a Carmela. Carmela, Miriam quiere hablar con usted.

Carmela se sonrió con su sonrisa candorosa de siempre y se secó las manos en su delantal antes de coger el teléfono. Cuando terminaron de hablar, él se despidió de Carmela y él y las niñas bajaron a la calle.

Hacía una mañana radiante, con el sol de las diez brillando como si fuera el mediodía. Él miraba las calles familiares y a la vez ajenas, vacías de automóviles, por donde pasaban a buena velocidad. Iba sentado delante, y detrás charlaban entre ellas las niñas. Se sentía bien por primera vez desde que llegó y en el momento en que lo pensó se sintió culpable. Había mirado para otra calle cuando el auto cruzó cerca del cementerio y ahora la idea de la muerte de su madre vino tan claramente como por las noches, con un dolor intenso. Decidió conversar con Fina y hablaron de ella y de su carrera como maestra de educación física. Después, cuando el automóvil salió de La Habana y después de pasar el túnel entró en la carretera de Guanabo, volvió a prestar interés a la naturaleza, a la vegetación tropical que inundaba la carretera hasta entroncar con la vía de Guanabo, tan descuidada ahora y antes, que era como un jardín junto al mar. La yerba crecía en los canteros y desbordaba hacia el camino. La decoración tan geométricamente trazada estaba destruida por la vegetación. Todo el barrio creado desde detrás de la fortaleza de La Cabaña hasta la carretera de Guanabo era un inmenso terreno baldío. Pensó que era una lástima. Aquel antiguo vergel no tenía la culpa de haber sido planeado por Batista. Habría que hacer algo para devolver a la zona su antiguo esplendor.

El automóvil rodó un rato por la carretera de Guanabo y frente al auto-cine dobló a la izquierda y entró en Tarará. La playa, antiguamente privada, se veía tan linda como siempre. Viajaron por entre grupos de becadas que hacían ejercicios de marcha en las calles aledañas. El auto descendió casi hasta el mar y se detuvo en la última casa de la calle. Habían llegado.

Niño salió a recibirlos. Las niñas bajaron primeras en su embullo de estar en la playa. Él se bajó y se llegó a saludar a Venancia, la madre de Fina y por tanto suegra del Niño. La conocía desde hace años y la encontró igual, sólo que un poco sorda.

Fue al cuarto a cambiarse, mientras las niñas se cambiaban en otro cuarto. Salió vestido con una trusa vieja que había encontrado en la casa y su camisa deportiva que había traído de Bélgica. Se sentó en el portal, en un balance de hierro pintado de blanco, a esperar a las niñas. Salió Anita primero y decidió llegarse a la playa con ella. Fina también salió en trusa y los tres se dirigieron a la playa cercana. La calle hervía al sol y quemaba los pies, por lo que tuvieron que caminar en puntillas hasta la arena. Se sentaron a la sombra de una palmeras, él y Fina, porque Anita corrió a meterse en el agua.

Al poco rato llegó Niño vestido con un short viejo y una camisa tan vieja como el short, y se sentó a fumar junto a ellos.

–¿Y Carolita? –preguntó él.

–Viene ahora –dijo el Niño.

Hablaron de cosas sin consecuencia como eran la calma del mar y el azul del cielo y la arena blanca que se extendía hasta perderse en el horizonte a la izquierda y entre unas palmeras distantes a la derecha. Él recordó a su mujer Miriam Gómez y deseó tenerla allí caminando hacia el mar con su cuerpo largo y perfecto.

–¿Qué le pasa a Carolita que no viene? –preguntó él de nuevo.

–Por ahí debe de venir –dijo Fina.

Esta excesiva preocupación con sus hijas era una cosa nueva en él, pero era tan fuerte sentimiento que lo obligó a levantarse y caminar hasta la calle para ver si venía Carolita. Cuando llegó a la calle la vio desierta un momento y luego Carolita que corría hacia él como si corriera sobre ascuas: detrás de ella venían dos o tres perros, corriendo. Cuando llegó, Carolita estaba lívida y al mismo tiempo rabiosa:

–¡Esos malditos perros!

–¿Qué te hicieron?

–Nada, que me cayeron atrás.

Él se rio, viéndola cómo recobraba la respiración y recordando la aparición lívida que venía calle abajo. Los perros nunca llegaron a la costa. Ellos dos se acercaron a Niño y Fina.

–Eh, Fina –preguntó él–, qué ha sido del bóxer aquel de los Prío.

Se refería a un perro magnífico, propiedad del antiguo presidente Carlos Prío, y dejado detrás por este, que recorría las calles de Tarará y otras playas como buscando algo perdido. Lo vio hacía cosa de tres años y lo recordaba todavía como una aparición patética.

–Ah, ese –dijo Fina–. Lo mató una máquina en la carretera hace cosa de dos años.

–Qué lástima.

–Sí, es una lástima.

–¿Era lindo, Papi? –preguntó Carolita.

–Sí, era un perrazo enorme...

–Pero de lo más bueno, el pobre –completó su frase Fina.

–Le pasó igual que al otro Ready –dijo Carolita.

–¿Y tú te acuerdas de eso? –preguntó él.

–Sí –dijo Carolita–, de lo más bien.

–Qué memoria tiene esta niña –dijo Fina.

–¡Muchacho! –dijo Niño.

–Bueno –dijo él, dirigiéndose a Carolita–, vamos a bañarnos.

–Tengo miedo, Papi.

–¿A qué le vas a tener miedo?–dijo Niño.

–Al mar, ¿a qué va a ser?

–Ve, no seas boba, niña –dijo Fina.

–Vamos, ven conmigo –dijo él.

–No, tengo miedo.

–Vamos nada más hasta la orilla.

–¿Seguro?

–Seguro.

Ella pareció pensarlo un momento.

–Bueno, pero hasta la orilla nada más.

–Está bien. Dame la mano.

Caminó con su hija hasta el mar y al llegar a la orilla ella se soltó de su mano, reculando ante cada ola.

–Ven, siéntate aquí –dijo él sentándose en la orilla.

–No, así estoy bien.

–Ven, no seas boba.

–No, que no.

Anita vino hacia ellos, metida en el agua hasta la cintura.

–¿Por qué esa niña le tiene tanto miedo al agua?

–Porque sí –dijo Carolita.

–No, pero a ella se le va a quitar el miedo sola, ¿no es verdad Carolita?

–Yo al agua no me meto.

–Pero ven y mójate aunque sean los pies.

Carolita pareció pensarlo de nuevo.

–Bueno, los pies nada más –y caminó hasta donde él estaba sentado.

–Siéntate aquí.

–¿No me vas a meter en el agua?

–Te prometo que no te voy a meter en el agua.

–Bueno, está bien.

Carolita se sentó junto a él. Desde el agua Anita llamaba la atención de su padre, diciéndole antes de meter la cabeza en el agua:

–Papi, mira cómo yo zambullo –y esa frase iba a sonar en su cabeza, como un *ritornello* fatídico, durante los próximos días, como iba a ser una imagen recurrente ver a su hija metiendo la cabeza en el agua y sacándola, una o dos veces.

Después de almorzar –arroz y frijoles blancos, casi incomibles: la aparente dieta nacional ahora– se sentó en el portal a conversar con Niño y Fina, mientras las niñas dormían la siesta. Pero a las tres de la tarde se apareció Anita diciendo que le dolía un oído. Él le miró el oído y no vio ninguna inflamación y simplemente le pidió a Fina una aspirina. No había. «Están muy escasas», fue lo que Fina dijo. Tampoco había aceite para echarle un poco, tibio, en el oído. Él le dijo a su hija: «Recuéstate un rato que ahorita se te pasa». Ella obedeció pero ahorita no se le pasó. Al poco rato estaba en el portal, llorando. Él le dijo que pronto se irían y la cargó para que se le pasara el dolor, acariciándole la cara. Entonces comenzó a llover, inesperadamente. Primero fueron unas nubes gordas que ocultaron el sol, cosa que él agradeció. Después fueron unos goterones inmensos que caían con ruido de granizo. Ahora era un aguacero tropical con toneladas de agua cayendo sobre todas las cosas.

A la media hora no escampaba pero decidieron regresar a La Habana porque a Anita le dolía más fuerte el oído ahora. Entraron al auto rápidamente sin evitar mojarse. El carro arrancó calle arriba, enfrentando dos arroyos que bajaban por cada lado de la calle hacia el mar. Salieron a la carretera. Toda el agua del mundo parecía caer sobre el viejo auto cuyos limpiaparabrisas no funcionaban. Dentro Anita lloraba de dolor de oído y el Niño, al tiempo que manejaba, lo miraba con miradas significativas. Los dos pensaban lo mismo: un dolor de oído había matado a Zoila, su madre, y aunque estaba descontada la meningitis infecciosa que se pensó al principio, sabe Dios qué cosa era ese dolor de oídos tan repentino. Él recordó la frase de Anita –«Papi, mira cómo yo zambullo»– y la vio meter la cabeza dentro del agua. Pero se dijo que no, que no podía ser, que semejante tragedia no se repetiría. Al menos él confiaba que no se repetiría.

El auto avanzaba cegado bajo la lluvia: no se podía ver nada y Niño abría la ventanilla de su lado para ver para afuera, pero era más el agua que entraba que lo que podía ver. Decidió pegarse bien a la derecha, pero al llegar a la carretera de Guanabo eso presentaba sus riesgos con los terraplenes de la carretera. Afortunadamente, quedaban pocos autos en Cuba.

Cuando llegaron a La Habana dejó de llover. El auto siguió hasta El Vedado y más allá de la casa, buscando la fundación Marfán, la clínica a que pertenecían las niñas. La encontraron enseguida y bajaron todos con Anita todavía rabiando de dolor. Esperaron unos minutos en el salón de espera mientras se desocupaba el médico de guardia. Por fin apareció –era muy joven– y le dijeron lo que pasaba y lo que temían, sin explicar delante de la niña que su abuela había muerto de una enfermedad similar. Él le hizo pasar a un gabinete próximo y entraron todos con la niña, que todavía se quejaba de mucho dolor. El médico saco un otoscopio y alumbró el interior del oído de la niña, que se quejó aún más. Al poco rato el médico dejo de mirar dentro del oído, apagó su otoscopio y dijo: «No es nada. Solamente una otitis externa. Unas goticas que les voy a dar, unas aspirinas –¿tienen ustedes?– y mañana estará como nueva». Ellos dijeron que no tenían aspirinas y él prometía dárselas también.

Cuando llegaron a la casa Anita se quejaba todavía pero menos. Él decidió llamar a la madre de las niñas y decirle lo que pasaba. En la casa se reunió toda la familia en la sala, mientras Anita era acostada por Hildelisa. Niño y Fina se quedaron también. Él estaba dudoso y preguntó si sería bueno llamar a otro médico, un especialista, «Quedan muy pocos», le dijeron. Alguien dijo de consultar la guía de teléfonos. «Eso no sirve –dijo él–. Tiene por lo menos seis años». Fina decidió preguntarle a una doctora amiga de ella y la llamó por teléfono, la amiga le dijo un nombre y ella misma llamó. No, el doctor no estaba, vendría más tarde en la noche.

Al poco rato llegó la madre de las niñas con su marido y les dijo lo que él creía, sus temores y lo último que había pasado. Marta fue al cuarto a ver a Anita y la encontró despierta, oyendo un cuento que le hacía Hildelisa. Todavía se quejaba, sin embargo, a pesar de la aspirina y a pesar de la resistencia al dolor que todos reconocían en la niña.

–¿A qué hora viene el médico ese? –preguntó él.

–Más tarde dijeron –dijo Fina.

–Pero más tarde ¿cuándo? –preguntó el Niño.

–Más tarde, a las diez o las once, supongo.

–Más vale que nos quedemos para llevarla, Fina –dijo el Niño.

–Sí, está bien –dijo Fina.

Su abuela se acercó a él.

–¿Quieres comer algo, mi hijo?

–No, gracias, Mamá.

–Pero algo tienes que comer.

–No tengo ganas.

–Tienes que alimentarte.

–Sí, ya sé. Pero no tengo ganas.

La abuela se retiró a su cuartico detrás de la cocina.

El tiempo pasaba pero no su tensión.

–¿Por qué no llamas otra vez? –le dijo a Fina.

–Bueno. Son las diez pero voy a ver.

El médico no estaba todavía y Anita se quejaba del dolor de nuevo.

–Hay que darle otra aspirina –propuso Fina .

–No le den aspirinas –dijo la abuela desde su cuarto–. Recuerden lo que pasó con Zoila.

–Sí –dijo él–, no le den más aspirinas. Vamos a esperar a que venga el médico.

Entretanto, Marta y él acordaron que Anita se iría a dormir al apartamento del Retiro Médico –su antiguo apartamento, ahora rentado por Marta Calvo y su marido–, que no quedaba lejos, y que Marta y su marido dormirían en la casa de los padres de él. Este cambio de domicilio para Anita era previniendo que la otitis fuera contagiosa y la cogiera también Carolita, que dormía con ella.

Cerca de las once, Fina localizó al médico. Podrían ir a verlo a su consulta (que estaba en su casa) esa misma noche. Salieron todos para casa del médico. Cuando llegaron, el médico no estaba de muy buen humor y se veía por su mera actitud que era un contrarrevolucionario. Pero examinó enseguida a la niña y dijo:

–Es una otitis media.

Era el mismo diagnóstico que habían hecho a su madre, aunque demasiado tarde. Él y el Niño se miraron y él vio que su tío estaba a punto de desmayarse.

–El médico de la fundación Marfán dijo que era una otitis externa –dijo él.

–Pues díganle a ese médico –dijo el médico– que vuelva a estudiar sus libritos.

–¿Es peligroso, doctor? –preguntó Fina.

–Todas las otalgias internas son peligrosas –dijo el médico en su mismo acento cortante–. Hay que perforarle el tímpano.

El médico comenzó a preparar sus instrumentos, entre los que estaba una larga aguja hipodérmica. Verla y echarse a dar gritos fue una sola cosa para Anita. El médico trató de calmarla con las mismas maneras frías con que hablaba.

–Vamos, vamos, que no te va a doler nada. Esto es una inyección para dormirte el tímpano.

Él y su tío cogieron a Anita por los brazos, manteniéndola firme en su asiento.

–Estate quieta, Ana –dijo él–, y verás que no te duela nada.

Pero el médico tuvo que proceder con Anita llorando y mirando temerosa a la jeringuilla. El médico procedió con una gran habilidad y pudo inyectar a Anita con rapidez. Después extrajo otra aparente jeringuilla también con una aguja larga y comenzó a perforar el tímpano. Lo hizo con un movimiento rápido y diestro.

–Y ahora a sacar el pus de adentro– dijo, y cogió un sifón que introdujo en el oído, lavándolo. Terminó todo con la misma eficiente rapidez con que lo empezara.

–Bueno, mi hijita –dijo, usando por primera vez una palabra amable–, ya está todo terminado.

–Gracias, doctor –dijo Fina.

–No hay por qué –dijo el médico.

–¿Cuánto es, doctor? –preguntó él.

–Son veinte pesos –dijo el doctor.

Él procedió a pagarle. Luego ya se iban, dando las gracias al médico, que recomendó una cura con penicilina, escribiendo una receta para ello. Salieron de la calle 19, donde vivía el doctor, y fueron hasta 23 y N, donde está el Retiro Médico. Cuando llegaron, Sara y Luis, su marido, estaban esperándolos junto a Marta y su marido. Acostaron a Anita en el cuarto y Marta y su marido y Sara se fueron, quedándose un rato con él Luis Agüero. Hablaron de cosas sin importancia, dejando pasar las horas, y a cada rato él iba al cuarto a ver cómo estaba Anita, que dormía profundamente.

–¿Qué libros has leído últimamente? –preguntó él a Luis Agüero, haciendo conversación ya tarde en la madrugada.

–*Los Buddenbrooks* –dijo Luis Agüero–, de Thomas Mann. Es la historia de una familia alemana en el siglo pasado.

–Lo conozco –dijo él–. No es tan bueno como *La montaña mágica* pero es un buen libro.

–A mí me impresionó el personaje del niño que muere al final.

–¿El de la boca podrida?

–Sí, ese. También es muy bueno el personaje de la hermana de Thomas, que ahora no puedo acordarme como se llama.

–Tony –dijo él.

–Sí, Tony. Es muy bueno cómo Mann –Luis Agüero bostezó largamente después de decir Mann– muestra su vida inútil y la rebeldía de ella ante su inutilidad.

Luis Agüero volvió a bostezar. Se estaba cayendo de sueño. Pero él no se atrevía a decirle que se fuera a dormir ya que temía quedarse solo. Toda la noche había estado pensando que desde el más allá su madre estaba reclamando a su nieta favorita y que él no debía dormir para impedirlo. Era un pensamiento recurrente que se infiltraba por los intersticios de la conversación. Finalmente, fue el propio Luis Agüero quien propuso irse, que mañana se tenía que levantar temprano, ya que era lunes. Él no se atrevió a pedirle que se quedara hasta el amanecer, que era lo que más deseaba en el mundo. Se despidieron y Luis Agüero se fue. Cuando cerró la puerta se dio cuenta de su inmensa soledad y fue al cuarto a echarle un vistazo a Anita. Todavía dormía. Silenciosamente cerró la puerta y luego volvió a la sala para colocar su silla de manera que cubriera todo el pasillo hacia los cuartos, así le bloquearía el paso a su madre, quien, sospechaba, debía entrar por la puerta cerrada. Se acomodó lo mejor que pudo y cuando amanecía pudo dormir un poco.

Se despertó y ya era de mañana. Fue al cuarto a ver cómo seguía Anita. La niña dormía todavía pero no tenía señales de fiebre. La única apariencia de enfermedad se la daba el algodón insertado en el oído. Regresó a la sala y se fue hasta la ventana del balcón mirando el paisaje que tantas veces había visto cuando vivía en ese apartamento. El mar, veteado de azul y de morado, llegaba casi verde hasta el lazo de asfalto del malecón. De ahí hacia el sur y hacia el este se extendía la ciudad, veintitrés pisos más abajo. El castillo pseudoespañol del Hotel Nacional se destacaba en su promontorio, y al fondo, casi debajo del sol naciente, los verdaderos castillos del Morro y La Cabaña ponían límite a La Habana desde el otro lado del canal de la bahía.

Volvió a sentarse en la silla, cansado. Luego extendió el brazo y tomó el teléfono, llamando a su casa para decir que Anita estaba bien.

Como a las ocho regresó Marta Calvo. Ella había hablado con un médico para que pusiera a Anita las inyecciones que ella había conseguido. Esperaron por el médico, que era un hombre alto y amable, decidido partidario de la Revolución en su conversación, alabando lo que la Revolución había hecho por la salud infantil y desmintiendo una supuesta epidemia de gastroenteritis muy comentada en todas partes de la ciudad. Anita soportó muy bien la inyección y el médico dijo que volvería a la tarde por la otra. No quiso cobrar nada.

Él se fue a dormir a su casa y le dijo a Marta Calvo que llevara a Anita para aquella casa después de la inyección de la tarde, que era la última.

Se despertó como a las cuatro de la tarde al sentir un ruido inusitado en la casa. Era su hermano Sabá que acababa de llegar de Madrid. Hablaron, como siempre, muy poco. Estaba relatando todos los detalles de la enfermedad de Zoila pero evitando toda referencia al entierro y a la muerte en sí misma. Sabá siempre –como él al llegar– quería saber más, saber qué había causado aquella muerte repentina y la súbita desaparición de su madre del mundo de los vivos. Al rato se fue Sabá a ver a su mujer y a sus hijos, que todavía vivían en la esquina de 23 y 26.

Él decidió darse un baño pero no había agua. Vendría, tal vez, más tarde. Entonces se sentó en el balcón a mirar pasar la gente por la calle. Una o dos veces acudió a sus anteojos para ver bien a una muchacha bonita que pasaba de largo.

A las cinco regresó Anita. No le faltaba más que una inyección que se la pondría el médico al día siguiente. Se la veía despierta y animosa y él la cargó en sus piernas, pensando que tal vez la había rescatado de entre los muertos. Marta Calvo se fue y él decidió organizar una pequeña reunión con sus dos hijas, inventándoles un cuento maravilloso que él mismo fabricaba mientras lo contaba.

A las seis volvió su padre del trabajo y se encerró en un cuarto, aparentemente a leer, pero tal vez a llorar. Él preguntó a su abuela por su tío Pepe y supo que se había vuelto a marchar para Oriente. Le hubiera gustado hablar más con él. Pepe Castro era su personaje favorito y aunque evidentemente estaba loco tenía una extraña lucidez para comentar la vida cotidiana con su teoría de vegetariano total.

A las siete comieron todos, menos Sabá que aun no había regresado. Fue la misma comida insulsa pero milagrosamente compuesta de carne. Era posible que Hildelisa, que la había cocinado con mucha menos arte que componía sus cartas y hacía sus chistes, hubiera también comprado la carne en bolsa negra. O tal vez fuera la escasa cuota del mes. Comió sin ganas, mal y poco.

A él le fascinaba La Habana de noche y a pesar de que vio desde la torre del Retiro Médico que los anuncios lumínicos habían desaparecido por completo, todavía la suave noche tropical de verano convidaba a salir a caminar por las calles de El Vedado. Pero no lo hizo, sintiéndose sin ganas de salir. Al poco rato lo llamó Oscar Hurtado para ver si estaría en casa esa noche. Le dijo que sí.

Oscar Hurtado, con su enorme corpachón y su cuidadosa pronunciación, hablaba sobre los temas más disímiles pero siempre la conversación venía a caer en ese más allá contemporáneo: el espacio exterior y los visitantes extraterrenales. Sentado en el balcón, esa noche Oscar Hurtado no habló de platillos voladores ni de marcianos sino de los problemas cotidianos. El más reciente tema de conversación era la ocupación estatal del Teatro Estudio. Esta era una institución teatral muy revolucionaria aun antes de la Revolución, todos de inclinación comunista y partidarios de Bertolt Brecht. La ocupación había sido determinada por motivos estrictamente morales o al menos ese era el pretexto de los organismos oficiales: Teatro Estudio estaba, como todos los grupos teatrales del mundo, lleno de homosexuales. Ahora habían relevado a Vicente Revuelta, su director, y aparecía dirigido por un funcionario del Consejo de Cultura. A él le pareció un grave síntoma. Pero Oscar Hurtado se alegraba.

–Estos fueron los tipejos –dijo Oscar– que más atacaron a *Lunes* cuando las reuniones en la biblioteca.

Lunes era el suplemento cultural que él dirigía en los primeros tres años de la Revolución y que fuera clausurado después de protestar sus miembros por la supresión y secuestro de una película corta que había hecho su hermano Sabá. La clausura fue precedida por tres reuniones en la Biblioteca Nacional en la que participaron no sólo todos los encargados de la dirección de la cultura, sino también los jefes del Gobierno: Fidel Castro, el presidente Dorticós, Carlos Rafael Rodríguez, etc. Allí, y en una reunión previa en la Casa de las Américas, la gente de Teatro Estudio había hecho claque contra la película y, después, contra *Lunes*.

–Todos estos mariconcitos están ahora aterrados –dijo Oscar–, pero bien que bailaban de contento cuando nos atacaron en jauría. Ahora que se jodan.

Él no tenía la menor idea de que estaban ocurriendo estas persecuciones, aunque sí sabía que a Antón Arrufat lo habían quitado de la dirección de la revista de la Casa de las Américas por publicar un poema de Pepe Triana en que se hacían alusiones homosexuales. También le habían achacado a Arrufat la invitación de Allen Ginsberg a Cuba, después que este diera más de una demostración pública de su pederastia militante: había llegado a escandalizar a los líderes de la Revolución al decir públicamente que a él le gustaría acostarse ¡con el Che Guevara!

–Esta gente se creía que tenían a Dios agarrado por las barbas –dijo Oscar–, y ahora se encuentran más perseguidos que lo fuéramos nosotros.

A él le parecía que todas las persecuciones eran malas pero no dijo nada y se limitó a oír a Hurtado.

—Estoy haciendo un poema —dijo Oscar con el mismo aliento— que pienso dedicárselo a Zoila. Tú sabes, es el fin de una era.

Le conmovió que dijera que la muerte de su madre era el fin de una era: Zoila y Hurtado eran buenos amigos desde hacía años, cuando los visitaba en el apartamento de la calle 27. A pesar de que a veces se burlara de Hurtado él sentía afecto por este hombre grande y tímido. Cuando se fue, se quedó un rato en la terraza pensando en que era verdad que la muerte de Zoila, para él al menos, era el fin de una era. De estas cavilaciones lo sacó la voz de su abuela desde su cuartico:

—Mi hijo, ¿cuándo tú piensas acostarte?

A la mañana siguiente fue con Franqui al hospital infantil a llevar a ver al doctor Pérez Farfante, que era amigo de Franqui. Nunca había estado en el hospital infantil a pesar de que pasaba frente a él a menudo cuando vivía en la calle 27, que tenía que bajar por su acera desde la parada de la guagua. Le chocó las múltiples muestras de pobreza, casi de miseria, que encontró en los salones de espera del hospital, con niños sentados en el piso y madres pobremente vestidas esperando en los rincones. Parecía una escena hindú y decidieron esperar en la puerta a que viniera el médico, a la vista de los hermosos árboles de la calle F. Por allí pasaba, en ese momento, Humberto Arenal, que había sido asiduo colaborador de *Lunes* y director teatral de los programas de *Lunes* en televisión. Estaba más flaco que nunca y su barba mal afeitada le hacía una sombra en la cara que acababa de demacrarlo más. Humberto le dijo que sentía mucho la muerte de su madre y que no había podido ir ni al velorio ni al entierro por encontrarse enfermo. Arenal padecía de una vieja diverticulitis que a veces lo ponía al borde de la tumba. Ahora estaba en uno de sus días malos, pero cuando estaba bien era divertido hablar con él. Los dos compartían, además, una intensa afección por las mujeres y esto era otro lazo de unión. Pero ahora ninguno de los dos estaba para intercambiar impresiones femeninas.

Cuando llegó el doctor Pérez Farfante, vio a Anita por un momento y dijo que estaba curada, pero que debía evitar bañarse en el mar. Él dijo que se la llevaba con él a Europa y que no iría a la playa en mucho tiempo. Después le preguntó al doctor, a guisa de pago, si le interesaba algo de Bruselas.

–Sí –dijo el médico–, un par de zapatos mocasines.

Más tarde fue al Minrex, que era como se llamaba, en la nueva jerga revolucionaria, el ministerio de Relaciones Exteriores. Vio a Arnold Rodríguez por un momento, sentado en su sofá atendiendo a unos asuntos urgentes contenidos en un *file* que sostenía precariamente en las manos. Una vez más pensó que sería mucho más cómodo y efectivo que trabajara ante un buró, un escritorio o una simple mesa. Dejó a Arnold combatiendo el burocratismo y se llegó a Política VI, Europa Occidental, para hablar con Rogelio Montenegro, su director. Hablaron de fruslerías antes de entrar en el problema belga.

–Ya veo que estás trabajando como un loco –le dijo Montenegro–. A veces nos hemos reído mucho con tus informes. Has hecho una cantidad récord de ellos.

–Sí –dijo él–, he trabajado bastante.

Era verdad. En poco menos de seis meses había puesto al día a la embajada, ahora quería precisar una información que Rogelio Montenegro le debía.

–¿Qué pasó con el informe de la embajada rusa y el nuevo colegio de los belgas?

Se refería a un incidente diplomático en que la embajada de Cuba en Bélgica venía a ser árbitro de una pugna entre la embajada soviética y el ministerio de Educación belga. Sucedía que la embajada de Cuba estaba frente al consulado soviético, al final de la calle Roberts-Jones y al fondo de la nueva y suntuosa embajada soviética. A un costado y aledaño a los terrenos amurallados de los soviéticos había un solar yermo. Allí las autoridades educacionales belgas pensaban construir un edificio para una escuela que mucho necesitaba la zona. Los soviéticos, por razones de seguridad que ellos solos conocían, se oponían, ante el ministerio de Relaciones Exteriores belga, a la construcción de la escuela y solicitaban más que a menudo la intervención de la embajada cubana para hacer número dos en las embajadas que se oponían a la construcción de la escuela. Esta oposición había sido solicitada reiteradamente por la embajada rusa. Primero habían sido funcionarios menores, como el agregado cultural, después fueron otros funcionarios más altos los que le pidieron que escribiera al ministerio de Relaciones Exteriores belga solicitando que no se construyera la escuela en aquel solar yermo. Llegó a solicitárselo el embajador mismo y en sus gestiones los rusos habían llegado al cómico expediente de mostrarle la forma de hacer la solicitud por medio de una carta de la embajada rusa que le serviría de modelo. Pero sucedió que el funcionario ruso encargado de enviarle la carta soviética le había enviado en su lugar la respuesta del ministerio de Relaciones Exteriores belga que cortésmente ponía a los rusos en su lugar.

Él no había querido decidir ni en favor ni en contra de la construcción de la escuela, aunque veía que eran los belgas los que tenían razón, y se había limitado a enviar un largo informe a Política VI pidiendo instrucciones. Para hacer más claras las cosas, envió un fragmento del mapa de Uccle, donde marcó las respectivas embajadas y el terreno yermo en que se construiría la escuela. Pero Política VI no respondió a pesar de otro informe suyo solicitando instrucciones. Ahora Montenegro explicaba el porqué de la demora en responder.

–Bueno, tú sabes –comenzó Montenegro con aquella forma evasiva tan cubana–, recibimos tu informe y lo pasamos al viceministro, que a su vez lo remitió al ministro en espera de una decisión. Pero el ministro no ha decidido nada, sino que ha remitido tu informe al consejo de ministros. Tu informe lo tiene ahora en estudio el presidente...

Montenegro dejó la frase final en suspenso y él entendió que el informe o una reseña de él le sería remitido a Fidel Castro para tomar una decisión. Él se quedó apabullado ante aquella aplastante muestra de burocratismo. De manera que su pequeño informe había ido a parar a las manos mismas del primer ministro ¡para tomar una decisión que él hubiera podido tomar ipso facto! Estaba ahora frente al imaginario buró que mostraba al Che Guevara en la interpretación de su discurso que había hecho Arnold Rodríguez.

—No te preocupes que antes de final de mes tienes en Bruselas la respuesta —dijo Montenegro—. ¿Cuándo tú te vas?

—El próximo domingo.

—Había algunas cosas que queríamos discutir contigo, pero ahora no va a ser posible. Más vale que te lo mande por la valija.

—¿Es importante?

—No, simples problemas de procedimiento.

—Bueno, yo puedo volver mañana si tú quieres.

—No, es que ahora estamos en la reorganización de las distintas Políticas y después de la reunión de Madrid se planteó, mejor dicho, se replanteó la problemática de Política VI. Vamos a ir a una reestructuración de las embajadas pero eso no afecta a la tuya por ahora, creo yo. ¿Ya hablaste con el ministro?

—Sí, el sábado.

—¿Y él ya te dio tus instrucciones?

—Creo que sí.

—¿Cómo crees que sí?

—Bueno, Roa...

—El ministro —dijo Montenegro, corrigiéndole.

—El ministro Roa me dijo que yo iría de ministro consejero a cargo de la misión y hablamos un poco de los problemas de la embajada. Eso fue todo.

—Está bien entonces.

—Bueno, yo me voy a ir. Te dejo con tu trabajo.

—Espero verte antes que te vayas.

—Hasta luego.

—Hasta luego tú.

Fue al departamento de pasaportes y pasajes a ver si sabían que él se iba el sábado.

—Bueno, compañero —le dijo la empleada-jefe—, nosotros
no hemos recibido ninguna instrucción. Si como usted dice
usted regresa como ministro a la embajada de Bélgica, necesita un nuevo pasaporte. Aunque en realidad, si el pasaporte
no está terminado antes de que usted se vaya... ¿Cuándo
usted se va?

—Yo pienso irme el domingo.

—¿Este domingo?

—Sí, este.

—Bueno entonces tenemos que prepararle su pasaje.

—Es más de uno.

—¿Cómo?

—Sí, mis dos hijas regresan conmigo.

—¿Qué edad, tienen? —dijo ella, tomando nota.

—Once y siete años.

—Bueno, más vale que le dé los datos acá a la compañera
—dijo señalando para otra empleada en la misma oficina. Él
hizo como le habían pedido y dio los detalles de edad y nombres de sus dos hijas.

—Y usted, compañero —le dijo después la empleada jefe—,
¿no tiene una tarjeta para comprar en el Diplomercado?

Así se llamaba el legendario mercado del servicio exterior, extranjero y nacional, donde había rumores que se podía comprar de todo lo que faltaba en las casas.

–No, gracias. Ya que me voy el domingo no creo que valga la pena.

–Está bien, compañero. Deje todo lo demás a cuenta nuestra.

Regresó a la casa a enfrentarse con el almuerzo. Comiendo aquella constante bazofia pensó en el Diplomercado con añoranza futura.

Durmió la siesta y más tarde se sentó en la terraza con sus anteojos en la mano, mirando pasar de cerca a las mujeres viandantes. Por primera vez pensaba en el sexo desde que salió de Bélgica y ahora le echa de menos a su mujer. Tenía enormes ganas de que llegara el domingo y regresar. Lo sorprendió que llamara regreso a la ida a Bélgica de nuevo: en realidad el regreso debía haber sido la vuelta a Cuba. De estas meditaciones vino a sacarlo Ready, el perro, que se tendió a sus pies. Él le acarició la cabeza y el cuello. El animal agradecía la caricia retorciéndose en el suelo. Vio pasar una muchacha por la acera de enfrente y volvió a sus anteojos.

Al poco rato regresaron Anita y Carolita, que estaban jugando con sus amigas de la planta de abajo. Las dos se abrazaron a él, Anita haciendo más demostraciones de afecto que Carolita, siempre retraída y tímida.

–Papi –dijo Carolita y se calló.

–¿Qué, mi hija?

Después de una pausa volvió a hablar.

–¿Cuándo viene Abuela?

–Sí –dijo Anita–, queremos verla. ¿No podemos ir al hospital si ella no puede venir?

–No, tu abuela no puede salir del hospital todavía, nosotros no podemos ir a verla porque está en la sala de enfermos infecciosos.

Se alegró de tener esa respuesta preparada de antemano.

–¿Y cuándo va a venir? –preguntó Carolita de nuevo.

–Un día de estos –mintió él y le dolió aquel diálogo en que debía fingir que su madre vivía todavía. Decidió cambiar de tema.

–¿Dónde vamos hoy? –les preguntó.

–¿Vamos a salir? –preguntó a su vez Anita.

–Sí, si ustedes quieren.

–Sí, sí. Vamos al bosque.

–Sí, sí, al bosque.

–Bueno, vamos al bosque pero primero vayan y pregúntenle a su tío qué va a hacer él ahora y si quiere ir al bosque con nosotros.

Las dos salieron corriendo hacia el fondo de la casa.

Su hermano iría con ellos pero antes habría que pasar a buscar a sus dos hijos para llevarlos también al bosque. Entonces fueron primero a casa de Regla, su cuñada, a buscar a los dos niños. Pero no sólo vinieron ellos sino también las dos hijas de Regla. De la esquina de 23 y 26 fueron caminando hasta el bosque, atravesando el puente sobre el Almendares. Desde las primeras casas de Marianao el sol se ponía vertiginosamente y el cielo dejaba de ser blanco para hacerse amarillo y azul oscuro alrededor del sol poniente.

Bajaron por la pendiente al otro lado del puente y caminaron hasta los primeros árboles. Era evidente que se iba a hacer de noche antes de llegar al bosque, pero siguieron su camino. De pronto, Alina, una de las hijas de Regla, se sintió mal; le dolía el vientre. Decidieron regresar a la casa pero, antes de salir a la carretera, Alina tuvo otra contracción abdominal y se defecó en los pantalones. La ocasión era embarazosa para la niña y los mayores, y a Anita se le ocurrió complicarla burlándose de Alina. Sabá y él regañaron a Anita, que se seguía riendo todavía. Tuvo que darle él un manotazo por la cabeza para que Anita dejara de reírse. Regresaron todos pesarosos.

Al volver a su casa recibió una llamada de Titón, que lo invitaba a almorzar al día siguiente.

Por la noche vinieron a su casa Virgilio Piñera, Antón Arrufat, Pepe Triana, Jaime Soriano, Calvert Casey y un muchacho negro al que no conocía: se había aparecido junto con Soriano. Después, al irse, le dijeron que el muchacho era un agente del G2. Soriano se negaba a creerlo y él no supo qué creer. Esa noche, el extraño visitante no abrió la boca a pesar de que todos los visitantes hablaron de lo que más los preocupaba: la reciente campaña de persecución a los homosexuales. Antón Arrufat era el más activo del grupo.

–Nosotros –dijo Arrufat– pensamos hacer una manifestación a Palacio con cartelones y todo.

–¿Quiénes somos nosotros? –preguntó él.

–Vicente, la gente de Teatro Estudio y algunos más que son también homosexuales.

Virgilio Piñera, como siempre, se encogió en un rincón del sofá y no dijo nada, fumando nerviosamente. Calvert Casey trató de hablar pero, como siempre que lo hacía en público, aunque fuera una simple reunión de amigos, gagueaba y la tartamudez no lo dejó expresar más que:

–Y-yo que que creo q-eue A-antón t-tiene raz-z-ón.

Él pensaba distinto.

–Me parece –dijo– que están ustedes equivocados. No se debe hacer ninguna manifestación pública. No que no los dejarían llegar a Palacio sino que ni siquiera podrían llegar a salir de donde salieran, de Teatro Estudio o de donde sea. Se trata ya de una manifestación pública contra una medida del Gobierno. Es decir, de un acto contrarrevolucionario. Además de que el pueblo le dará la razón al Gobierno. Aquí, todos, revolucionarios y contrarrevolucionarios, padecen del mismo complejo machista y están absolutamente en contra de los homosexuales, sean quienes sean.

Tiempo después le pesarían estas palabras, y esa misma noche él no supo decir si hablaba como amigo o como diplomático. Pero la intervención de Pepe Triana le dio la razón momentáneamente.

–Pero es que todos nosotros somos revolucionarios o al menos estamos con la Revolución.

–Eso no importa, Pepe –dijo él–. Lo único que le importa a la Revolución es la obediencia, y una manifestación sería un acto de desobediencia.

–Entonces, ¿qué vamos a hacer? –preguntó desde su rincón, fumando nervioso, Virgilio. Ellos todos estaban acostumbrados a que él, desde los días de *Lunes de Revolución*, los dirigiera, pero ahora su liderato era lo que menos convenía a todos. No obstante, él habló:

–Yo creo que lo mejor que hay que hacer es encerrarse a trabajar y dejarse de reuniones en Teatro Estudio o en cualquier otra parte. Esta fiebre pasará, como pasó cuando te detuvieron a ti, Virgilio.

Recordaba el día de 1961 cuando Virgilio Piñera fue detenido en su casa de Guanabo y llevado a la cárcel local y trasladado más tarde al Castillo del Príncipe por homosexual.

–Sí, pasó –dijo Virgilio sin alzar la voz–, pero todos los que estaban conmigo en el Príncipe que no tuvieron padrinos están todavía presos.

–Más a mi favor –dijo él–. Ustedes están protegidos, más o menos. Haydée Santamaría no dejará que te pongan preso, Antón.

–Eso era cuando yo trabajaba en la Casa. No sé ahora –dijo Antón–. No sé que pasaría ahora con Haydée.

–Y ahora no está Edith García Buchaca para sacarme a mí del Principe –dijo Virgilio Piñera.

–Bueno –dijo él–, más a mi favor. Yo creo que lo que ustedes tienen que hacer es hacer el menor bulto posible y dejar que pase la ola .

No podía decir si aconsejaba a sus amigos o si en realidad hablaba para el visitante desconocido, que permanecía callado en su sitio.

Trató de darle un giro humorístico a la conversación.

–Tú, Pepe –dijo dirigiéndose a Triana–, cómprate uno de aquellos tabacos que tú fumabas tan virilmente. Y tú, Virgilio, deja los cigarros y empieza a fumar tabacos.

Se refería a la ocasión en que Pepe Triana, en 1961, por la época en que prendieron a Virgilio, se apareció en los bajos de su casa, en 23 y N, fumando un puro de marca con toda virilidad, cuando él le dijo: «Te traicionan las patas», y señaló para las piernas de Pepe paradas en quinta como todo un bailarín de ballet.

Pepe se rio, pero Virgilio no estaba para risas.

–La cosa es muy seria. Fíjate tú que fueron a visitar a René Sanchez.

–¿Fueron? ¿Quiénes fueron? –preguntó él.

–Lacras Sociales –dijo Antón Arrufat–. Es un nuevo departamento del ministerio del Interior.

–Pues bien –continuó Virgilio–, tuvieron *la guele* de ir a casa de René Sánchez a aconsejarle que se casara y que así se acabarían sus problemas. ¿Tú sabes que a él lo detuvieron hace poco?

–Imagínate a Virgilio –dijo Antón Arrufat en son de burla– casándose a sus años.

–Bueno –dijo Virgilio entrando en la broma–, si yo soy la novia puede ser.

Todos se rieron, aunque había algo de falso en las risas.

–En serio –dijo Virgilio–, el caso de Soriano es todavía más grave.

–¿Qué te pasó Jaime?

Jaime Soriano era el único de los visitantes, con excepción del desconocido, que no era homosexual.

–Bueno –dijo Jaime, hablando tan lentamente como siempre–, yo salgo a ver una persona por la madrugada –Jaime era tan misterioso sobre su vida privada como siempre–, yo salgo de casa tarde en la noche y regreso de madrugada. Pues bien, la semana pasada se apareció en casa un agente del ministerio del Interior haciendo preguntas a mi madre (yo no estaba en la casa) sobre mí. Resulta que el presidente del Comité de Defensa de la cuadra, que vive enfrente, me vio llegar tarde una noche y se puso a vigilarme y comprobó que yo regresaba tarde todas las noches. Este agente de Lacras Sociales o de lo que sea quería saber por qué yo salía todas las noches tarde en la noche y regresaba de madrugada. Se fue pero volvió cuando yo estaba y tuve que explicarle que yo salía a ver a una persona que no quería que los vecinos supieran que yo la visitaba. ¡También (y esto ya es el colmo) me preguntó que por qué me cambiaba yo tanto de ropa!

Todos se rieron de buena gana.

–Esto último fue una contribución directa del presidente del Comité de Defensa.

–Imagínense si el viejo Guillermo –dijo él– se dedicara a esas actividades. No sé si ustedes saben que él es el presidente del Comité de Defensa de esta cuadra.

–Tú lo tomas a la ligera –dijo Virgilio Piñera– porque te vuelves a ir para Bélgica. Pero imagínate a nosotros viviendo en estas condiciones. ¡Yo vivo aterrado!

–Sí –dijo él–, a mí me parece grave, pero no creo que sea para aterrarse. Lo que sí es de miedo es la idea de organizar una manifestación de homosexuales.

–No sería de homosexuales solamente –dijo Antón Arrufat.

–Bueno –dijo él–, de gente heterodoxa, ¿no? Yendo a Palacio a manifestarse ante Dorticós. Estarían presos antes de llegar allá –y él miró al visitante desconocido– y con toda razón. La Revolución no puede permitir manifestaciones de ese tipo.

–B-bueno y, y, y ¿q-qué vamos a ha-hacer? –preguntó Calvert Casey.

–Yo no sé –dijo él–. Se me ocurre que lo mejor es pasar lo más desapercibido posible y pedir a la Unión de Escritores que intervenga.

–¿La UNEAC? –dijo Arrufat–. En la UNEAC están más aterrados que nosotros, para que veas.

–Algo podrá hacer Guillén –dijo él.

–No creo que Guillén haga algo por nadie –dijo Virgilio Piñera–. Ni siquiera por Bola de Nieve. Por cierto que se dice que Ramiro Valdés ha jurado no descansar hasta que Bola de Nieve y Luis Carbonell se vayan de Cuba.

–Ese –dijo Arrufat–, es muy extraña su obsesion con los homosexuales.

–Sí, tú –dijo Pepe Triana–, extrañísima. Él es quien dirige todas las campañas del Gobierno contra los homosexuales.

–Lo que hace es parecer que hay más de nosotras –dijo Virgilio Piñera recalcando el *nosotras*– de las que habemos.

Él se rio con Virgilio, pero fue el único que se rio esta vez. Poco antes de la medianoche él miró el reloj y le dijo a Soriano:

–Soriano, ya son casi las doce. Creo que es hora de que vayas buscando el camino de tu casa.

Lo dijo medio en serio medio en broma, pero Soriano le entendió bien.

–No, si ya hace rato que pensaba irme.

Los demás aprovecharon para irse con Soriano: ahora los homosexuales buscaban la compañía de un heterosexual.

Al día siguiente, como a las diez de la mañana, lo llamó Ana Magdalena Paz por teléfono. Ana Magdalena había sido alumna suya en la Escuela de Periodismo y se había destacado por su inteligencia y por su profunda timidez. Él se asombró de que ella lo llamara.

—Es Ana Magdalena, Ana Magdalena Paz –dijo ella–. Quiero decirte que siento mucho lo de tu madre.

Él le dio las gracias. Ella siguió hablando, tartamudeando muy pocas veces y finalmente le dijo:

—Quiero verte. ¿Tú vuelves a Bruselas, no? Quiero verte antes de que te vayas.

Él hizo un chiste con que no era posible verlo después de que se fuera y ella se turbó. Entonces él le preguntó cuándo quería verlo.

—¿No puede ser hoy? –preguntó ella.

Esta tarde, sugirió él. Ella estaba de acuerdo.

—¿Dónde podemos vernos en La Habana?

Él propuso esperarla en el Floridita, si todavía estaba abierto. Ella no sabía. Nunca iba por esos lugares, pero sospechaba que estaría abierto. Él le dijo que la esperaría allí a las cuatro de la tarde. Ella colgó. Él se dijo que Ana Magdalena debía haber cambiado mucho en los últimos tres años.

Titón se apareció con su mujer, los dos montados en una motocicleta. Estaba más viejo, gordo y calvo. Titón lo llamó desde abajo. Seguro que no quería subir por su vieja pugna con Sabá. Él estaba en la terraza y respondió enseguida. Bajó a encontrarse con ellos y fueron caminando juntos hasta el restaurant La Palmera. Titón parecía muy feliz con su nueva mujer, que era muy joven y muy bella, vestida con pantalones y una blusa abierta. Titón también venía vestido con una camisa de mangas cortas y los dos contrastaban con su atuendo de traje, cuello y corbata.

Él pidió arroz con calamares, ensalada de aguacates y una cerveza. Titón y su mujer pidieron merluza frita, arroz y ensalada de aguacate, la única que había.

—Los chinos verduleros no están con Mao –fue el comentario de Titón a la ausencia de lechugas. Él se sorprendió de un comentario tan crítico, burlonamente crítico, viniendo de una persona tan ortodoxa antes como Titón. Pero había más por venir. Mientras comían, Titón habló todo el tiempo. Su mujer sólo hizo que reírse y mostrar sus bellos dientes perfectos mientras duraron los chistes. Después no dijo ni media palabra.

Titón le habló de la situación. Hablaba bajo pero libre y francamente, sin preocuparse con las idas y venidas de los camareros. Le contó lo que estaba pasando someramente: la persecución de homosexuales, la ortodoxia a ultranza del Consejo de Cultura, los problemas en la universidad. Aquí se extendió considerablemente y le contó la experiencia personal que había tenido en la universidad. Fueron él y dos más del Instituto del Cine a uno de los juicios de la Federación de Estudiantes a alumnos acusados de contrarrevolucionarios. En el «juicio» había dos acusados: un muchacho y una muchacha. Los dos estaban en el estrado, junto a sus acusadores y el juez, y el jurado era el público. Al muchacho lo acusaban de raro –y con esto podían querer decir muchas cosas, desde homosexual hasta exclusivista, es decir, que no era demasiado popular con sus compañeros. A ella la acusaban de exquisita: vestía siempre demasiado bien y además se había excusado muchas veces para no ir al corte de caña supuestamente voluntario. Del público gritaban y, a pesar de que los acusadores pedían explicaciones a los acusados, no los dejaban hablar. La atmósfera recordaba a todos los juicios posibles y no a una asamblea estudiantil. Finalmente, se acordó expulsar de la universidad a los dos acusados. Los acusadores pidieron el voto de la asamblea, que debía ser unánime. De pronto, del fondo surgió una voz: «¡Aquí hay uno que no votó!» indicando a un muchacho largo y temeroso que aparentemente no había levantado su brazo para votar. Enseguida sus compañeros de filas lo hicieron levantar a empujones y a empujones lo llevaron hasta el estrado. Se decidió hacerle un juicio a él también. Asqueados con lo que estaba pasando, Titón y sus dos compañeros se levantaron para irse. Enseguida, de la asamblea surgió un grito: «¡Aquí hay tres contrarrevolucionarios que se van de la asamblea!». Inmediatamente un grupo partió hacia ellos, cerrándoles la salida, empujándolos hacia el estrado. Titón y sus dos acompañantes trataban de identificarse como no estudiantes sino miembros del Instituto del Cine, meros espectadores. Por fin, en el estrado pudieron identificarse ante el presidente de la asamblea, quien gritó al público: «¡Compañeros, son del ICAIC! Acá los compañeros son del Instituto del Cine». La asamblea se calmó y los dejaron marcharse. Cuando Titón se iba se iniciaba el «juicio» al asambleísta que no votó.

Titón, haciéndole el cuento, no había probado bocado. Su mujer sí había comido. Él, escapado a la mísera cuota casera y al arte culinario de Hildelisa, había comido bien también.

—¿Qué te parece? —le preguntó Titón.

—Muy grave —dijo él.

—Así están las cosas. ¿Cuándo te vas tú?

—El domingo.

—Lo mejor que haces. Mantente lejos por un tiempo.

Él apreció el consejo y sabía que Titón, viejo simpatizante comunista y una de las estrellas, como director, del Instituto del Cine, no hablaba por hablar sino que estaba genuinamente preocupado con lo que estaba ocurriendo.

—Eso no es lo peor —le dijo mientras caminaban de regreso a la casa—. El alumno eminente de la escuela de arquitectura se tiró del último piso de ese edificio que está cerca de tu casa, en la esquina de G y 25, después de que lo expulsaron de la universidad acusado de raro.

Había un dejo amargo en la voz de Titón.

—Así están las cosas —volvió a decir y lo repitió una vez más.

Llegaron a la casa y él se despidió de Titón y su mujer que alegremente se montaba a horcajadas en la motocicleta.

Le dio las gracias por el almuerzo aunque no añadió «y también por la conversación».

Ana Magdalena llegó puntualmente pero no quería entrar al Floridita. Él se alegró. Decidieron pasear por La Habana Vieja. Bajaron por Obispo y se sintió bien caminando por aquella calle tan querida, ahora vacía de automóviles y peatones. Apenas se veía nadie y su alegría se disipó en cuanto empezó a ver los antiguos comercios de la calle ahora cerrados para siempre o convertidos –para su asombro final– en casas de vivienda, bajadas las viejas cortinas de hierro y convertida la puertecita de entrada en la puerta de la casa.

Siguieron Obispo abajo y notó la depauparación de la calle. Todo estaba como lleno de polvos y telarañas: un lugar donde no hubiera habido actividad en mucho tiempo. Si se veía una antigua vidriera todavía conservada, estaba vacía. Sus pasos resonaban sobre la acera y por un momento le pareció que caminaba por un pueblo fantasma en el Oeste del cine.

Ana Magdalena, como era su costumbre, apenas decía nada y él se preguntó para qué lo querría ver. Finalmente, se lo preguntó.

–Oh, para nada –dijo ella–. Simplemente, tenía ganas de verte. Hace tanto tiempo...

Y ella se calló. Él le dio las gracias y ella creyó que era uno de sus chistes y se puso seria. Siguieron caminando calle abajo. Dejaron detrás La Moderna Poesía, la librería Internacional, la editorial Lex, la librería Swan, con su nombre proustiano: todas habían desaparecido.

–Es agradable, ¿no? –dijo Ana Magdalena. Él dijo que sí, que era agradable caminar por La Habana Vieja, pero no le dijo que él caminaba por la calle del recuerdo: viva, llena de gente, colmadas sus librerías de lecturas promisorias.

Llegaron a una esquina –él no supo, como le pasaba siempre, si era la esquina de Aguacate y Obispo o tal vez Obispo y Compostela, pero había un edificio derruido y esto le asombró por un momento. Luego encontraron otras ruinas y su asombro momentáneo dio lugar al sentimiento de finalidad, de término, de cosa que se acaba. Lamentaba haber venido a caminar por La Habana Vieja. Todo era idea de Ana Magdalena, para colmo la encontraba más fea que otras veces, desaparecido su atractivo juvenil en unas arrugas tempranas y su timidez adolescente transformada en una manera de vivir.

Llegaron al ayuntamiento, al edificio que siempre encontraba hermoso y que compensaba con las sucesivas destrucciones, realizadas en otras épocas, del convento de Santo Domingo y luego del café Ambos Mundos para dar lugar al peregrino edificio de la terminal de helicópteros que nunca vio un helicóptero y que primero fue un fraude de la época de Batista y ahora era una colmena burocrática. Pasearon por la Plaza de Armas y frente al palacio del Segundo Cabo decidieron, en silencio, subir por esa calle Presidente Zayas a la que todos llamaban por su antiguo nombre O'Reilly, como otras calles de La Habana, extrañamente irlandesa.

O'Reilly arriba la depauperación de La Habana Vieja se notaba más que Obispo abajo, quizá si era porque había sido reparada menos que su calle paralela. Pasaron frente a la librería Martí y a la casa Belga, otra librería transformada en una extraña vivienda, con su vidriera entablada y su puerta hecha una entrada a una vivienda. Más arriba se encontraron con Teixidor. Este había sido un crítico de pintura entre costumbrista y anarquista y su última visión de él antes de irse a Bélgica fue como vendedor de una edición muy bien conservada del *Ulises*, que le había costado cinco pesos devaluados –o, mejor dicho, despojados por la Revolución de su valor real.

Teixidor lo miraba con su vieja sonrisa irónica y socarrona y observaba a Ana Magdalena con una mezcla de curiosidad y lejana lascivia. Se saludaron y cambiaron unas pocas palabras. Al instante se dio cuenta de que Teixidor, antes tan gárrulo, ahora había devenido opaco y gris: él, hombre en perfecta compenetración con su paisaje: Teixidor pertenecía a La Habana Vieja: ambos se pertenecían. Se dijeron adiós y siguió cada uno su camino.

De vuelta al parque de Albear. La pequeña plaza que conocía bien de sus días adolescentes, cuando vivía a apenas tres cuadras de allí y tenía que venir a buscar agua, temprano en la mañana, antes de que llegaran los primeros estudiantes al Instituto de la Habana en el que estudiaba y frente al que vivía en una miserable cuartería con su familia y su pobreza. Esa plaza había sido descrita, al pasar, por Hemingway bastante bien pero le pertenecía, sentía que sus viejos árboles, su estatua del constructor del primer acueducto de La Habana, sus pocas palomas y, sobre todo, su gran pila de agua en que no sólo se lavaban la cara los mendigos en el pasado, todo ese rincón, dilapidado, era suyo y dejaba que el fantasma de Hemingway se quedara con su Floridita, ahora seguramente en ruinas. Una vez más, recordó a Horacio y a su verso inmortal.

Ana Magdalena Paz se iba. Ya era tarde en la tarde. Él no sintió su fuga: ella siempre se iba así, sino desengaño al no poder encontrar la belleza callada que encontró en ella en el pasado, su rara cualidad pasiva que era en ella una forma de acción. No le dijo hasta luego sino le dijo adiós y la vio caminar hasta la esquina, buscando la guagua que demoraría años en llegar. Él, por su parte, atravesó el parque Central y se dirigió a la calle San Rafael, que todavía conservaba algo de su antigua urbanidad.

Al cruzar el parque vio una muchedumbre en la parada de guaguas y otra gente que leía en los árboles. Se acercó y vio que, pegado a los troncos de los árboles, había hojas, pedazos de hojas de papel. Como los lectores que iban metódicamente de un árbol a otro, él se acercó a leer uno de los sueltos y vio que, escrito a mano y en una letra evidentemente poco acostumbrada a escribir, había un aviso de alguien que se quería mudar de La Víbora y permutaba su casa por un apartamento en La Habana. Todos los otros papeles –había uno, el único, escrito a máquina– llevaban mensajes de cambio de casas, eran las permutas permitidas por el Gobierno, pero estos anuncios le daban a aquel rincón del parque un aire de zoco, de plaza marroquí, que nunca había visto en La Habana. La gente que leía los papeles se confundía con la que esperaba la guagua, pero unos estaban tan mal vestidos, casi tan miserables de aspecto, como los otros. Todas estas operaciones –lectura, tránsito, espera– se hacían en un silencio notable. Como en Teixidor, la transformación de la garrulería en silencio le impresionó vivamente.

Esa noche soñó con su madre por primera vez, la veía como la iba a ver siempre, bien viva. Ella trajinaba, andaba de aquí para allá, como si no se hubiera muerto, y él, en el sueño, se comportaba mucho mejor como hijo que lo había hecho nunca en la vida real.

Al día siguiente, por la tarde, después de otro almuerzo de frijoles blancos y arroz, que se preguntó de dónde sacarían tantos frijoles blancos, fueron él y su hermano Sabá a ver a la madre de Adrián Garcia Hernández, Consuelo Montoro. Vivía ahora en una modesta casa de Miramar, allá donde el barrio pierde su nombre. Consuelo Montoro era un personaje. Hacía años que había decidido no dejar la cama y vivía metida entre sus sábanas y servida por una fiel criada que se plegaba a su más mínima demanda.

Cuando llegaron hacía mucho calor, pero Consuelo estaba arropada en su cama como si hiciera un frío insoportable. Hablaron de Adrián (que era su único hijo, tenido ya en la madurez), de cómo era su vida en Madrid y cómo estaba. Aunque quería mucho a Adrián, hablaba de él con singular despego, como si se tratara más bien de un conocido. Ella le escribía a Adrián a menudo pero eran unas cartas que la mayoría de las veces estaban firmadas por Franz Liszt o por George Sand. Sucedía que el padre de Adrián había dejado una colección de cartas raras y valiosas y Consuelo Montero las enviaba a su hijo en el exilio una por una, como si fueran cartas personales. Él imaginaba la sorpresa del lector del ministerio del Interior al abrir una de aquellas cartas, escritas en un papel envejecido, con una tinta seca y en un idioma extraño. Así recibió Adrián muchas cartas de su madre, aunque un día, mucho antes de que ella muriera, dejaron de llegar y es de suponer que en el ministerio del Interior habían descubierto el truco, más que las cartas se hubieran acabado.

Ahora Consuelo Montoro quería enviarle a Adrián un Sorolla, comprado por su padre en España, y que debía ser un cuadro valioso. Quería ella que Sabá o él se encargaran de llevar el cuadro a Adrián.

–Pero eso está prohibido –dijo él.

–Algún burócrata oficioso lo habrá prohibido –dijo Consuelo Montoro–. De todas maneras, el cuadro pertenece a Adrián, como herencia de su padre.

–Sí, comprendo –dijo él–, pero seguramente en la aduana del aeropuerto no van a tener la misma opinión.

–Pero tú eres diplomático –dijo ella–. Nadie te va a registrar las maletas.

–Nunca se sabe –dijo él.

–¿Y cómo le hago llegar este cuadro a Adrián? Seguro que él necesita dinero.

Sabá miró a su hermano y dijo:

–Está bien, Consuelo. Yo lo voy a llevar.

–No, entonces lo llevo yo, que me voy antes.

– Bueno, Eulalia –dijo Consuelo a la criada–, baja el cuadro para que se lo lleven a Adrián.

El cuadro –un retrato realizado con la técnica postimpresionista de Sorolla, pero evidentemente académico– bajó de la pared a sus manos, pasando antes por una precaria envoltura en una hoja de periódico.

–Menos mal que no es muy grande –dijo él.

–Cabrá en tu maleta perfectamente –dijo Consuelo Montoro, como si supiera las dimensiones de su maleta.

Se despidieron y se fueron, él llevando el cuadro. Caminaron en busca de la guagua, mientras el sol se ponía más allá de las playas invisibles.

Esa noche vinieron a su casa Rine Leal y, más tarde, Oscar Hurtado. Conversaron, como lo habían hecho muchas veces en *Lunes*, de todo lo habido y por haber. No volvieron a hablar de la persecución a los homosexuales, que Oscar olvidó para concentrarse en su tema favorito: la ciencia-ficción y la existencia de otros mundos habitados por seres inteligentes. Oscar había leído todo lo que había que leer en ciencia-ficción y libros y artículos de astronomía, y tenía una memoria prodigiosa para recordar no sólo lo importante sino las trivialidades de la vida en el espacio exterior. Era un admirador ferviente de Ray Bradbury, al que consideraba el mejor cuentista viviente. Rine Leal, como siempre, se ocupaba casi exclusivamente de teatro, pero ahora participaba de la conversación sobre marcianos como si fueran otra forma de la dramaturgia. Estuvieron conversando hasta tarde y, cuando se fueron, como hacía siempre, se quedó un rato más en la terraza, mirando la calle y el paseo a oscuras.

Luego entró y fue a la cocina y abrió el refrigerador para tomar un poco de agua. Desde su cuarto su abuela habló:

–Mi hijo, ¿cuándo te vas a acostar?

–Ya, Mamá –dijo él y pensó que ella ya no dormía.

Al día siguiente, sábado, fue al ministerio de Relaciones Exteriores a buscar sus pasaportes. Entró a ver a Arnold, que, sentado en su sofá, revisaba unos documentos.

–Quiay.

–Ah –levantando la cabeza de entre las hojas–. ¿Qué pasa? Pasa, pasa.

–Vengo a despedirme, de ti y del doctor Roa.

–Ah, bueno. Pero Roa no está. Está en su casa, descansando. Tuvo un accidente. Un choque.

–Ah. No sabía nada.

Él no sabía nada. No había leído el periódico, el único periódico, el oficial y oficioso *Granma*, cuyo nombre siempre le hacía reír. Pero no habría sabido nada tampoco si hubiera leído el periódico: rara vez publicaban algo sobre accidentes, crímenes o robos.

–Muchacho –dijo Arnold–, por poquito se mata.

–No me digas.

–Sí, fíjate que el chofer murió. El doctor Roa resultó ileso pero con algunas magulladuras.

–Bueno, y ahora ¿qué hago?

–Ve a despedirte de él a su casa.

–No tengo su dirección.

Arnold se la dio.

–¿Cuáles son las últimas instrucciones?

–Las que te dio el doctor Roa, ¿cuándo fue?

–El sábado pasado.

–Las que te dio el sábado pasado. No te preocupes por eso.

–No, no me preocupo.

–¿Ya hablaste con Montenegro?

–Sí, hace días.

Se despidieron. Arnold le tendió la mano sin levantarse de su sofá-escritorio.

Se llegó a la oficina de pasaportes y recogió los pasaportes más los pasajes de avión hasta Bruselas. Se despidió de todas las compañeras de la oficina.

En la esquina del ministerio tomó un taxi que lo llevó hasta la misma puerta de la casa del doctor Roa. Había un policía a la entrada. Preguntó por el doctor Roa. Le preguntaron su nombre y él lo dijo. El policía entró y al poco rato volvió a salir.

–El doctor Roa está durmiendo –dijo–. Vuelva más tarde, compañero.

–Está muy bien. Hasta luego.

Caminó hasta la Quinta Avenida. Hacía una mañana espléndida. Decidió caminar hasta casa de Franqui, que no quedaba muy lejos. Carlos Franqui estaba en el patio jugando con uno de sus hijos. Se saludaron y no entraron a la casa. Franqui tenía un temor patológico a los micrófonos y prefería tener todas sus conversaciones en descampado. Él le dijo lo que le había pasado en el ministerio y en casa de Roa, Franqui a su vez le contó lo del accidente de Roa. Habían chocado en la Quinta Avenida. Un camión que atravesaba la avenida chocó casi de frente con muertos.

Por la tarde fue a ver a Gustavo Arcos, a despedirse de él. Estuvieron hablando de inanidades cerca de una hora, después se despidió formalmente de su madre, Doña Rosina, y Gustavo, al irse, le dijo: «Nos veremos en Italia», refiriéndose a la posibilidad que había de que él, Arcos, fuera a Italia de embajador, como se lo había prometido Raúl Castro, ahora que la embajada, con la muerte del otro embajador, estaba libre. Arcos siempre decía que lo iba a llevar a él de agregado cultural. «No –se corregía Gustavo en bromas–, mejor dicho: de consejero cultural».

Pensó él ir al cementerio, pero no se sintió con fuerzas para enfrentar la tumba de su madre.

Por la noche hubo una reunión de despedida en casa de

sus padres. Vinieron casi todos sus amigos, los que irían y los que no irían al aeropuerto, a despedirse de él. Estuvieron charlando hasta tarde en la noche y cuando él se acostó finalmente no pudo dormir y casi lo sorprendió el amanecer despierto.

Por la mañana fue a despedirse de Carmela, que le mandaba miles de besos a su hija Miriam. La tarde pasó empacando la ropa de sus hijas y recibiendo a un visitante tardío. Se trataba de Pipo Carbonell, que fue canciller en la embajada de Bélgica. Canciller no quiere decir el puesto más alto de una misión diplomática, sino el más bajo: el que se ocupa de la cancillería. Le había extrañado no saber de Pipo, que se decía amigo de él, después de convivir dos años en la misma embajada. Carbonell llegó cabizbajo y excusándose por no haber podido ir ni al velorio ni al entierro de su madre, a la que conoció en Bélgica. Pero él notó algo más en la actitud de Carbonell que no supo qué era ni a qué atribuirla: había como una suerte de cosa torva en sus maneras que era nueva y no le gustaba nada. No supo qué decidir acerca de este descubrimiento, pero supo, definitivamente, que no le gustaba y, extrañamente, cuando se fue Carbonell, se sintió aliviado.

Vinieron a buscarlo Carlos Franqui y Harold Gramatges temprano, casi antes de las siete, aunque el avión se iba a las diez de la noche. Se despidió de su abuela, que le dijo: «Vete con Dios, mi hijo. Cuida bien a las niñas». Luego habló de no volverlo a ver más, lo que, después de todo, podía ser verdad. Se despidió de su padre, que no iría al aeropuerto porque no le gustaban las despedidas y al instante se había desaparecido de la casa. Tal vez estaría llorando en el baño, donde no lo viera nadie.

Fueron, como vino, en la máquina de Harold Gramatges. Mientras el carro avanzaba hacia el aeropuerto, el sol se ponía en dirección contraria. Había, en todas partes, una morada quietud que era el signo de terminar el día y comenzar la noche.

Cuando llegaron al aeropuerto, fueron directamente al salón de protocolo. Estaba cerrado todavía y Franqui fue a buscar un empleado que lo abriera. Por fin abrieron el salón y todos entraron. Le hubiera gustado dar una vuelta por el aeropuerto y tal vez comprarle algunos de los souvenirs que vendían a Miriam Gómez. Pero decidió hacer lo contrario, ya que se encontraba bien nervioso por la partida.

Poco a poco, el salón del protocolo se fue llenando de viajeros y de amigos que venían a despedirlo. Vio a Eduardo Corona, que le trajo unas tardías instrucciones para el trabajo cultural. Las tomó sabiendo que, como las anteriores que le diera tres años antes, no servirían para nada. Vino también Marta Frayde, acompañada de Beba Sifontes. Marta, con gran misterio, le entregó a vista de todos unas cartas para que se las echara al correo en Europa. «Aquí no se puede confiar que lleguen –le dijo–, como tú bien sabes». Él tomó las cartas, entre entretenido y azorado, y se las echó en un bolsillo interior. Al poco rato llegó una muchacha negra que Corona le presentó como la hija del difunto Aracelio Iglesias, viejo líder portuario comunista. Ella se agregó al grupo. Iba como secretaria a la embajada de París y estaba muy excitada, pero en realidad iba a una cita en Samarra, ya que poco tiempo después murió en un accidente de tránsito cerca de la torre Eiffel.

Ya se habían encargado de su equipaje que debía estar en el avión pues eran –recordaría luego muy bien la hora– las diez menos cuarto. A las diez subirían todos al avión.

En ese momento llamaron por telefono. Corona contestó al aparato en medio del bullicio de fiesta que había en el salón y vino a buscar a la hija de Iglesias. Ella fue al teléfono y casi enseguida volvió al grupo para decirle que era a él a quien llamaban. Era Arnold Rodríguez.

Fue al teléfono pensando que seguramente Arnold quería despedirse finalmente.

—¿Sí?

—Oye, tú —dijo la voz al otro lado—, te habla Arnold.

—Sí.

—Oye, ¡tremenda bomba! No te puedes embarcar. El doctor Roa quiere verte mañana en el ministerio.

De momento él no comprendió, pero después que comprendió le costó trabajo hablar.

—¿Y qué hago? —fue todo lo que dijo.

—Ven para La Habana y llégate mañana por el ministerio.

—Está bien. Hasta luego.

—Hasta luego.

Fue hacia su grupo para llamar a un lado a Carlos Franqui, a quien le dijo lo que acababa de pasar. Franqui se puso extrañamente pálido.

—¿Cómo hacemos ahora? —preguntó él.

—¿No te dijo que no te podías embarcar? Entonces no te puedes embarcar.

—Está bien. Me haces el favor de recogerme el equipaje. Voy a decírselo a Harold.

Luego él no supo cómo se desembarazó del grupo ni cuándo recogieron el equipaje, solamente supo que regresaban a La Habana en el carro de Harold Gramatges y que, de alguna manera, le había devuelto sus cartas a Marta Frayde.

Cuando llegó a la casa, su hermano Sabá se sintió más sorprendido que lo estuviera él antes, pero no dijo nada. Él fue al teléfono y marcó el número privado de Arnold Rodríguez.

—Oye —le dijo—, ya estoy de vuelta en casa.

—Ahí muy bien —dijo Arnold—, llégate mañana por el ministerio.

Colgó y regresó para la sala, donde estaban Harold y Franqui conversando con su padre. Su hermano Sabá estaba sentado en la terraza, cogiendo fresco. Él fue y se sentó en el otro balance de la terraza. Dentro las niñas asistían al ritual de ser acostadas por Hildelisa.

Franqui y Harold estuvieron un rato más y, cuando se iban, Franqui le pidió que le contara cómo fue la entrevista con Roa de mañana por la mañana. Él así lo haría.

Sabá le preguntó que cómo había pasado lo que pasó, pero él estaba demasiado confundido para contar lo que pasó y le dijo solamente que lo habían bajado del avión. Estaba más que confundido: la larga semana de absurdo y extrañeza no había terminado todavía. Le parecía que habían transcurrido años desde el momento en que José chocara con el camión en Bruselas.

–Bueno, ¿y ahora qué? – le preguntó Sabá.

–No sé. Voy mañana al ministerio a ver qué quiere Roa.

–¿Y cuándo te irías entonces?

–No sé. Te digo que no sé nada.

–El asunto es grave. No bajan a un diplomático del avión por gusto.

–Es posible que a Roa se le haya olvidado comunicarme algo importante.

–Eres un ingenuo. Si se le olvidaba algo bien podía comunicártelo por el correo diplomático.

–Pero no ha sido así.

–Por lo menos debías haber embarcado a las niñas para Europa.

–¡Tú estás loco! ¿Con qué razón? Ellas se iban conmigo y conmigo se irán.

–Sí, pero ¿cuándo?

–No sé. El domingo que viene, dentro de unos días seguro.

–No me gusta esto nada. Por lo menos debieras haber puesto a las niñas en el avión.

–Te digo que no se podía. La orden fue muy terminante. Además, ¿con qué pretexto?

–Con cualquiera. Decirle que Miriam las estaba esperando.

–Ahora el que es ingenuo eres tú.

–Está bien, está bien. Y ahora ¿qué vas a hacer?

–Por lo pronto, ir al ministerio mañana por la mañana. ¿Cuándo te vas tú?

–No sé. Dentro de un par de semanas. Mañana voy yo también al ministerio.

Sabá se refería al ministerio de Comercio Exterior, del que era funcionario en Madrid.

–Pero yo no tengo problema –agregó Sabá.

–Me alegro.

–Bueno, lo importante ahora es no desesperarse. Esto seguro ha sido un error burocrático.

–Ojalá sea así.

–Tú lo que tienes que hacer es ir al ministerio mañana y aclarar por qué te bajaron del avión.

–No creo que haya mucho que aclarar. Por orden del ministro.

–Bueno, tú vas a ver a Roa mañana, ¿no?

–Sí.

–A él mismo le preguntas. No se le hace este tipo de desaire a un revolucionario.

–No, seguro que no.

–Entonces ellos te deben una explicación.

No tenía ganas de hablar más. Ni siquiera había visto irse a Niño y Fina, que venían detrás de ellos desde el aeropuerto y entraron a hablar con su abuela. Ahora que se calló, la casa quedó en silencio, encendida solamente una luz al fondo, en el cuarto en que su padre leía el periódico de hoy o viejo o una revista vieja. Decidió irse a acostar, aunque no se pudiera dormir en un buen rato.

Por la mañana, después de tomar la leche con agua de azúcar y un pedazo de pan que era su desayuno, se fue al ministerio. Al llegar, se dirigió al despacho del viceministro Arnold Rodríguez, quien lo saludó, sentado en su sofá, muy alegremente.

—Vengo a ver a Roa —dijo él.

—Creo que no lo vas a poder ver hoy, chico —dijo Arnold.

—¿Y eso por qué?

—Está muy ocupado. Yo mismo no lo pienso ver. Este lío del accidente lo ha trastornado todo.

—Pero él está bien ya, ¿no?

—Sí, pero hace como una semana que no se ocupa de los asuntos del ministerio.

Iba a preguntar que cómo se había ocupado de bajarlo del avión, pero decidió no hacerlo.

—¿Cuándo tú crees que pueda yo verlo entonces?

—No sé. Mañana o pasado. Ven a verlo mañana.

—Está bien. Vengo mañana entonces.

—Hasta mañana.

—Hasta mañana.

Quiso caminar hasta la casa, subiendo por la Avenida de los Presidentes, por la acera bajo los árboles. Al llegar a la esquina de 17 decidió ir a visitar a Gustavo Arcos.

Gustavo sabía ya lo sucedido la noche anterior.

—Es ese cabrón de Roa —dijo—, haciendo valer su autoridad. ¿Por qué no lo fuiste a ver a su casa?

—Pero sí yo fui. Dos veces. Además, hablé con Arnold.

—Ese es otro mierda. Pero no te preocupes, que salimos directamente de aquí para Italia —dijo y se sonrió.

Hablaron de otras cosas. Con gran sigilo Gustavo abrió el armario y sacó una caja de tabacos. Le ofreció uno. Él lo aceptó y dijo que se lo fumaría más tarde, después del almuerzo. Él se asomó a la ventana —estaban en el cuarto de Gustavo— y vio a través de las persianas Miami y abajo el verde césped y el hotel casi palacio de la Unión de Escritores, pensó llegarse allí pero decidió dejarlo para otro día.

Cuando llegó a su casa lo esperaba una novedad en el menú: en vez de arroz y frijoles había arroz y papas. Comió aquella dieta de ulceroso con la mayor lentitud, por lo que se le hizo interminable. Maldijo su suerte y su abuela le dijo:

—Ay, mi hijo, confórmate con tu destino —y añadió—: Aunque no debías de haber venido. Total, no resolviste nada con tu viaje.

A pesar de que no había dejado de pensar en su madre muerta ni un solo día, interiormente le dio la razón a su abuela. Se fue a la terraza con los anteojos, pero en la tarde temprana y caldeada por el sol no se veía nadie. Miró a los edificios del frente, el Chibás y el Palace, gris y verde uno y rojo y blanco el otro. Las ventanas estaban abiertas casi todas pero la sombra negra de cada ventana era un hoyo ciego bajo la vertical luz del sol. En su terraza sin embargo soplaba un aire fresco que venía directamente del mar, un kilómetro más abajo.

Al poco rato, vino Anita a pedir su cotidiano tocinillo del cielo. Fue con ella hasta el Carmelo y al pagar comprobó que le quedaba muy poco dinero. Al día siguiente iría al ministerio a ver si cobraba uno de sus sueldos debidos.

Al regresar, sus hijas querían ver una película por televisión pero el sol que entraba por la amplia ventana no dejaba ver las imágenes. Él hizo traer una frazada y la colgó del marco de las puertas-ventanas. Ahora se podía ver mejor y se puso a ver la película junto con sus hijas. Al poco rato no podía soportar el calor y dejó de mirar la televisión.

Fue al baño porque sentía un escozor violento en los ijares. Se bajó los pantalones y vio que estaba cundido de hongos en la ingle y el pene. Ya había tenido estos hongos antes pero ahora proliferaban de una manera molesta. Decidió darse un baño y, al quitarse la ropa, vio que todavía llevaba la camiseta de lana que se había puesto en Bruselas. Llevaba cerca de diez días sin bañarse y él, que aun en Bélgica se bañaba casi todos los días, no había notado la ausencia del baño. Lo vio como una señal de lo perturbado que estaba. Cuando salió del baño se sintió mejor. Descolgó el traje para ponerse el pantalón y la camisa deportiva que Miriam Gómez había metido en su *attaché case*. Salió al balcón a través de la frazada improvisada en cortina y se sintió mucho mejor.

Vio atravesando el paseo a una mujer alta, fuerte y muy morena que entraba en el edificio en que vivía. La encontró atractiva, de una manera casi salvaje, y decidió preguntarle a Teresa, que estaba en el balcón de al lado cogiendo fresco, quién era. Teresa le dijo su nombre y añadió que vivía en los bajos y que era la mujer de un arquitecto que estaba estudiando en Rumanía. Tomó nota mentalmente de la información que le transmitía Teresa. Después vio salir de su edificio a Leonora Soler. Iba muy bien arreglada y muy bien vestida Avenida de los Presidentes abajo. La miró hasta que se perdió en la esquina. Era una de las pocas personas que pasaban ante él que no parecía un zombi. Tampoco la morena que vivía en los bajos parecía un zombi y dedujo que los zombies eran los transeúntes.

Por la noche vino a visitarlo Walterio Carbonell. Se sentía bien con la visita de Walterio, el hombre al que admiraba desde que fue con él a la batalla de Playa Girón y lo vio paseando por sobre los arrecifes, vestido con uno de los pantalones negros de sus trajes del tiempo que era diplomático y un pulóver amarillo, mientras caminaba entre las balas.

Walterio lo felicitó por su discreción.

–No has salido ni una sola noche desde que llegaste –le dijo–. Está muy bien esa precaución.

Él le iba a decir que no había tenido ganas de salir, pero no dijo nada. Walterio lo había venido a visitar de seguro al enterarse del suceso en el aeropuerto. Era así.

–¿Qué pasó en Rancho Boyeros? –le preguntó.

–Nada, que Roa quería verme de todas maneras antes de irme.

–¿Y ya lo viste?

–No.

–¡Ah!

–Pero lo veré mañana.

–¿Todo está bien entonces?

–Sí. Todo anda bien.

–Menos mal. Creía que habías tenido un tropiezo con la Seguridad.

Era la primera vez que alguien proponía semejante cosa. Recordó que Magaly, la novia de Walterio, trabajaba como secretaria en el ministerio.

–¿Magaly te ha dicho algo?

–¿Magaly? No, ¿por qué?

–No, como ella trabaja en el Minrex.

–No hemos hablado una palabra sobre esto. Pero si quieres le pregunto.

–No, no vale la pena.

Se quedó pensando en lo que había dicho Walterio Carbonell, una persona que a menudo estaba muy enterada de muchas cosas. No había olvidado que Walterio había sabido que la vaca de premio favorita de Fidel Castro estaba tuberculosa antes de que Fidel Castro lo sospechara siquiera –este se enteró por un papel que le pasó Walterio un día que Fidel Castro estaba hablando informalmente en la universidad.

Pero al día siguiente, al bajarse del taxi en el ministerio, vio a Magaly, quien lo saludó y le dijo:

–Oye, me enteré que regresas a Bélgica como jefe de misión. ¿Por qué no me llevas como secretaria?

Él le dijo que lo pensaría y se despidió y entró al ministerio. Esa mañana no sólo no vio a Roa sino que le dijeron que Arnold estaba ocupado con una visita. Decidió esperarlo en la antesala, hablando con sus dos secretarios, ella y él. Pero como se demoraba prefirió llegarse a la contaduría. Allí preguntó por sus sueldos. Los dos últimos estaban ya en Bélgica. Si quiere se podía arreglar para que cobrara un adelanto del próximo sueldo. Lo pensó un momento y dijo que mejor lo mandara también a Bélgica. Regresó al antedespacho del viceministro Arnold Rodríguez. Todavía estaba ocupado. Esperó un rato más antes de decidir irse.

Hoy subió hasta 17 y H y entró en la sede de la Unión de Escritores. Había alguna gente sentada en el bar. Reconoció a Juan Blanco sentado en una mesa con alguien que él no conocía y una muchacha. Saludó al escultor Tomás Oliva ante el mostrador y vino a la mesa de Juan Blanco —siempre era agradable hablar con Juan por su sentido del humor. Le presentó a sus acompañantes pero como siempre no entendió sus nombres. Se sentó.

—¿Quieres tomar algo?

—No, nada. Espera, tal vez un café.

—Bueno, excepto eso puedes pedir cualquier cosa. Coca-Cola, Orange, Materva, Pepsicola?

Era una broma: esos eran los nombres de los refrescos de antes. Juan Blanco tuvo una pasión juvenil por un viejo refresco llamado Crema de Hierro. Tal era su apego que Crema de Hierro era su apodo en los días en que fue campeón de Cuba de *diving*.

—No, nada entonces.

—¿Cuándo te vas?

Quizá Juan no supiera el incidente del aeropuerto. De todas maneras actuó como si no lo supiera.

—Esa es la pregunta de los sesenta y cuatro mil pesos. No, de veras no sé. Tal vez la semana que viene.

—Ah, bueno. Yo quería encargarte papel para partituras. No sé si sabes que no hay una hoja de papel pautado.

—No lo sabía. Bueno, yo te lo puedo mandar de Bélgica, por vía diplomática, aquí a la UNEAC.

Dijo UNEAC por la Union de Escritores y Artistas de Cuba: él también hablaba en siglas, era inevitable. Juan Blanco habló mucho pero dijo muy poco y no hizo ningún chiste. Al poco rato se hizo el silencio en la mesa y él decidió que era hora de regresar a casa.

Cuando iba llegando oyó por primera vez un ruido que se le haría familiar: un altavoz, no, mejor: un magnavoz, repetía consignas ininteligibles al principio, luego más claras. La voz tonante exclamaba consignas para la juventud y proponía un concurso para asistir al Festival de la Juventud en Argelia. El torrente sonoro venía de la esquina de Avenida de los Presidentes y calle 25, la esquina más arriba de su casa, donde un flamante edificio de apartamentos había sido convertido, en 1959, en residencia de estudiantes. Ahora no estaba tan flamante: mucha de la amplia cristalería de las ventanas se había roto y había sido sustituida por pedazos de cartón para completar la ventana. En muchas partes mostraba desconchabados y estaba ahora lleno de pasquines y cartelones y telas que proclamaban la necesidad de la juventud cubana de ir a Argelia.

Entró en la casa escoltado por el ruido y se dijo que la campaña debía haber comenzado hoy o tal vez la oía hoy por primera vez. La voz seguía clamando por estudiantes idóneos, jóvenes obreros, juventud cubana de ambos sexos: los mejores irían a Argelia. Por un momento parecía como si Argelia fuera la tierra prometida de los cubanos jóvenes.

Almorzó y se sentó en la terraza, disgustado con el almuerzo y molesto por el ruido que parecía hacerse más intenso con el calor de la tarde. Probó a acostarse un rato junto a sus hijas que dormían la siesta, pero allí también llegaba el rugido de los altavoces. Decidió levantarse y enfrentar el ruido en la terraza. Al poco rato llamaron a la puerta.

Fue a abrir y vio que era Leonora Soler. Era una mujer ya no joven, no muy alta, rubia y entrada en carnes, pero había sido muy bella y todavía lo era.

–Buenas –dijo ella.

–Adelante –dijo él.

Ella pasó y se sentó en la sala.

–Venía a pedirle que me dejara regalarle a las niñas las muñecas de mis hijas, que todavía las conservo.

Sus hijas habían salido para el exilio de Miami muy niñas hacía más de tres años, cuando la época de los rumores que el Gobierno Revolucionario iba a abolir la patria potestad y encargarse de los niños de Cuba de una manera espartana.

–Por favor, cómo no –dijo él–. Pero no tiene por qué molestarse.

–Es un placer para mí regalarle las muñecas de mis hijas. Yo quiero mucho a Anita y a Carolita.

–Muchas gracias.

De dentro salió su abuela a saludar a Leonora Soler.

–¿Qué tal, Ángela?

–Aquí, mi hija –dijo su abuela–, sufriendo y padeciendo.

–¿Se siente mal?

–Bueno, mi hija, lo mismo de siempre: este reuma que me mata.

Su abuela caminó de regreso a su cuarto y se veía que la artritis reumática la hacía padecer de veras. Al poco rato pasó Hildelisa rumbo a la terraza y saludó a Leonora, sonriéndole. De manera que apenas pudo hablar con ella, que se fue al poco rato.

Al regresar de la terraza, Hildelisa le sonrió muy significativamente y dijo, canturreando.

–Te quiero, nena, pero no voy a ser tu perro.

Era una cita de una cita: un *blues* de Big Bill Broonzy que él había citado en uno de sus libros.

—¿Cómo, cómo? —preguntó él, sonriendo. Ella se rio y dijo:

—Esa quiere algo.

—¿Quién?

—¿Quién va a ser? Leonora. Ella quiere algo, contigo o con tu hermano. Ya la he visto cómo los mira.

—Te estás imaginando cosas —dijo él.

—¿Imaginándome yo? Es ella la que se hace imaginaciones.

—¿Y ella, no tiene marido?

—Sí, mar-ido. Se fue para no volver.

Se rio. Le gustaba el sentido del humor de Hildelisa.

—¿Se fue, solo?

—Sí señor. Se fue y se llevó sus hijas para Estados Unidos. Esta está tratando de irse también, aunque se demora y mientras tanto...

—¿Se le sabe algo?

—¿A quién no se le sabe algo en esta isla rodeada de agua por todas partes, incluso por arriba cuando llueve?

Era otra cita suya. Le agradaba que Hildelisa hubiera leído sus libros y los citara con tanta confianza. Pero ahora se interesaba él más por Leonora Soler que por sus libros.

—¿Dónde vive ella?

—Aquí arriba, en el cuarto piso.

—¿Y tú que crees?

—Que Miriam te va a matar —dijo ella, riéndose. Se fue de regreso a la cocina. Era una verdadera lástima que Hildelisa cocinara tan mal.

Esa noche su hermano Sabá lo invitó a comer en El Carmelo de Calzada. Era la primera vez que visitaba El Carmelo desde su regreso. Este antiguo café-tienda-restaurante era muy importante en su vida porque era importante en su ficción. Antiguamente era un reducto de la burguesía alta y media como ahora lo era de muchos revolucionarios y no poca gente de la nueva clase. Había perdido, sin embargo, mucho de su encanto al redecorarlo: antes era una bodega de lujo, ahora era, asombrosamente, un restaurante con pretensiones burguesas. Es cierto que todavía le quedaba su agradable terraza, increíblemente intacta del mal gusto azulado con que había sido decorado y transformado en un restaurante completo.

Se sentaron y al poco tiempo vino un camarero. No era de los antiguos. Decidieron comerse cada uno un bisté con ensalada y una cerveza.

Comieron la carne tierna con avidez. Estaban bien hechos los bistés. Luego pidieron un postre y café.

Al fondo del restaurante pudo distinguir uno de los antiguos camareros: estaba más viejo y más gordo pero era todavía tan petulante como antes. A través de los cristales del comedor y más allá de la terraza pudo distinguir la fachada del Auditorium, ahora llamado inútilmente teatro Amadeo Roldán porque todo el mundo le seguía diciendo el Auditorium.

Tomaron el café y cada uno pidió un tabaco. Se sentía bien por primera vez desde que había regresado. Le había hecho mucho bien comer carne. Pidieron la cuenta y cuando la trajeron les asombró el precio: cada bisté costaba seis pesos, un precio que jamás habría pedido el antiguo restaurante burgués. Su hermano pagó y decidieron sentarse fuera del aire acondicionado, en la terraza. Él quiso tomar más café y lo ordenó al camarero, quien le dijo que lo sentía mucho pero que el café era solamente para los comensales. De nada valió que él dijera que acababa de comer allí y tuvo que pedir un refresco, la inevitable Coca-Cola blanca.

Más tarde llegó Oscar Hurtado y al poco tiempo se asomó, para colmar la noche de asombros, Jaime Sarusky, recién regresado de Europa. Estuvieron conversando hasta tarde, sobre todo de vaga astronomía y ciertos marcianos, del color que bajó del cielo y de extrañas señales dejadas dondequiera por los visitantes del espacio exterior. Cerca de la una caminaron hasta la casa, subiendo por la Avenida de los Presidentes. Oscar Hurtado los acompañó hasta la calle 23, en cuya esquina conversaron todavía más.

Por la mañana lo despertó muy temprano, no el magnavoz, como temía, sino un gallo que cantaba incesante, ahí mismo, abajo en el patio. El magnavoz, o mejor dicho, los magnavoces comenzaron, considerados, a las nueve de la mañana y siguieron, incesantes, incansables, hasta las seis de la tarde, conminando a la juventud cubana para que emularan entre sí y poder llevar a Argelia, una suerte de tierra prometida, a los mejores.

Esa mañana decidió no ir al ministerio y por la tarde, después que los altavoces se callaron, bajó a la avenida a leer en un banco, como acostumbraba a hacer antes. Al poco rato se acercó a él un desconocido que le preguntó la hora y después fue a sentarse en un banco no lejos de allí. Una vez levantó la vista del libro y vio que el desconocido lo estaba observando. Otra vez volvió a mirarlo y el desconocido seguía mirándolo. Todavía cuando anochecía y se iba para la casa se sintió espiado por aquel individuo. A los pocos días vino otro desconocido a pedirle la hora. Esto ocurrió varias veces. Asombrado le preguntó a los amigos en una reunión si había pasado algo con los relojes cubanos o si los relojes soviéticos no daban la hora, porque él era interrogado demasiado a menudo por desconocidos que en la calle le preguntaban la hora. La respuesta se la dio Antón Arrufat.

—Son agentes de Lacras Sociales —dijo.

—¿Cómo? —preguntó el.

—Gente del ministerio del Interior. Te han visto raro, con ropas europeas y un corte de pelo desconocido, y han querido saber si eras homosexual o no.

—Pero ¿cómo? —preguntó él todavía más extrañado.

—Es muy sencillo —dijo Arrufat—. Si haces a la mano así —y puso la muñeca fláccida dejando caer la mano lánguidamente— para mirar el reloj, eres homosexual. Si pones la mano así —y dejó la muñeca tiesa y el puño apretado— eres hombre.

Él se rio.

—Pero ¿es posible? —dijo él.

—Cómo que si es posible —dijo Virgilio Piñera—. Es una prueba científica. Nunca falla.

Se rieron todos, pero había en el aire una nota desagradable.

Decidió ir de nuevo al ministerio. Esa mañana Arnold estaba ocupado también y no pudo verlo. Tampoco pudo ver, por supuesto, al ministro Roa. Fue al departamento de pasaportes y locaciones y pidió una carta para poder comprar en el mítico Diplomercado, que la fantasía popular pintaba como colmado de las más exquisitas viandas y los más raros comestibles para diplomáticos y gente privilegiada del régimen. Le extendieron una nota-vale que debía llevar a una oficina del ministerio de Comercio Interior en la Plaza de Armas. Tendría que viajar hasta La Habana Vieja. Lo dejó para mañana y regresó a la casa.

En la casa le esperaban sus hijas con sus regalos: eran unas muñecas espléndidas, de tamaño natural, que hablaban —una de ellas— y bebían agua —un bebé gigante— y otra que caminaba. Eran espléndidas. Quiso darle las gracias personalmente a Leonora Soler y subió hasta el cuarto piso. Tocó el timbre y una criada vino a abrirle. Preguntó por la señora y lo hicieron pasar. Al poco rato salió Leonora a recibirlo, elegante en una bata de casa bordada, azul y blanca. La criada regresó al interior del apartamento y pudo ver que planchaba. Leonora lo saludó muy alegremente.

—¿Quieres tomar algo?

Casi en broma preguntó que qué había.

–Tengo ron, whiskey y ginebra.

Se asombró de que ella estuviera tan bien munida. Ella debió verlo en su cara.

–Lo guardo celosamente para ocasiones muy especiales.

Tal vez ella no quería decirle al funcionario de la Revolución que era el que ella compraba en bolsa negra, como él sospechaba. Era imposible que una botella de whiskey durara cuatro, casi cinco, años.

–Te puedo hacer un mojito –dijo ella–. Sin yerbabuena –añadió.

–Está bien un mojito –dijo él.

–Vuelvo enseguida –dijo ella.

La vio entrar en la cocina y salir y entrar en el cuarto en que la criada planchaba y después regresar a la cocina. Vio como la criada desenchufaba la plancha y doblaba la tabla de planchar y guardaba la ropa. Leonora regresó con dos vasos en la mano y le tendió uno a él.

–Salud –dijo ella.

Él repitió el brindis, entre mecánica y tímidamente, como siempre le pasaba. Bebió y encontró el mojito casi perfecto. Era verdad, sólo faltaba la yerbabuena.

–Está muy bueno –dijo él.

–¿Verdad? –dijo ella.

–Sí, de veras.

Volvieron a beber. Su estómago vacío y tal vez la falta de proteínas que tenía su alimentación o tal vez la fuerza del ron hicieron que se sintiera mareado casi enseguida. Siguieron bebiendo y charlando y al poco rato vio a la criada salir de la casa llevando su cartera. Él pensó que ella no salía a hacer un mandado a la esquina, sino que iba más lejos.

–¿Qué te parece La Habana? –preguntó ella.

–Como siempre –dijo él.

–Pero ¿tú no la encuentras más triste, como apagada?

Le pareció que ella iba a ir demasiado lejos, tal vez empujada por el alcohol.

–No particularmente –dijo él–. Recuerda que yo me fui no hace todavía tres años.

–Sí –dijo ella–, pero aquí las cosas cambian de día a día y no para mejor.

–Tal vez –dijo él–. Pero yo la encuentro igual.

Era mentira, pero no tenía ganas de darle a ella la razón: después de todo ella era una burguesa y era natural que sintiera que las cosas cambiaban.

–¿Cómo te sientes aquí? –preguntó ella.

–¿En La Habana? Muy bien.

Ella sonrió, luego se rio.

–Yo no digo en La Habana, yo digo aquí –y señaló con un movimiento del brazo rollizo pero perfecto al ambiente que los rodeaba.

–Ah –comprendió él–, muy bien, muy bien.

–¿De veras? –preguntó ella con aire inocente.

–De veras que sí.

Terminó su mojito.

–¿Quieres más?

–No, gracias –dijo él–. Todavía no he almorzado.

–Ni yo tampoco –dijo ella.

Un impulso repentino, que luego lamentaría, le hizo levantarse del sillón en que estaba y venir a sentarse en el sofá al lado de ella.

–¿Puedo? –preguntó él.

–Claro que sí –dijo ella.

Él dejó el vaso en la mesa de centro y al regresar el brazo al sofá posó la mano en su hombro. Ella no se movió, ni siquiera miró para donde él estaba. Él deslizó la mano hacia su cuello y comenzó a acariciarle la parte del hombro desnudo. Tenía una piel muy suave. Ella se volvió hacia él sonriendo. Él se acercó. Luego cogió sus brazos con sus manos y la acercó. Ella se dejó hacer. Él inclinó la cabeza y la besó ligeramente en los labios. Ella no devolvió el beso pero se dejó besar. Él volvió a besarla, esta vez buscando sus labios con los suyos, haciéndole abrir la boca, cosa que consiguió enseguida. Se besaron. Se volvieron a besar largamente. Él deslizó una mano hacia la abertura de la bata de casa y comenzó a acariciarle los senos. Ella dejó que él le acariciara los senos y que luego sacara la mano para resbalarla hasta su vientre y más abajo. Al sentirlo, ella se puso rígida y se levantó. Él creyó que ella iba a irse o hacerlo ir a él.

–Ven –dijo ella, tendiéndole una mano.

Él se levantó y cogido de la mano fue con ella hasta el cuarto. Ella quitó el cubrecamas y luego procedió a desnudarse. Tenía un cuerpo redondo y blanco y casi perfecto. Ella se acostó en la cama y cuando él la vio allí tendida se quitó la ropa rápidamente. Se acostó encima de ella y la sintió mullida.

Al salir, llamó al elevador y entró en él, marcando el tercer piso, para hacer como que venía de la calle. Pero al salir del elevador se enfrentó con Francisca, la lavandera que venía a lavar la ropa a su casa, saliendo de allí. Ella lo miró con ojos sorprendidos y después, al notar su sorpresa, con mirada sabichosa. Él entró en su casa sin siquiera saludarla. Se sintió amoscado, ya que no quería que nadie supiera dónde había estado y mucho menos lo que había hecho: se sentía culpable de haber engañado a Miriam Gómez aunque fuera a miles de kilómetros de distancia.

Por la tarde, después del inevitable pero tardío almuerzo hecho por Hildelisa, decidió terminar con la penuria que había en la casa y se fue a la dependencia del ministerio de Comercio Interior, que estaba donde estuvo hace muchos años la embajada americana. Allá, una burócrata de malas pulgas (seguramente resentía que él pudiera comprar en el Diplomercado) le extendió una nueva papeleta que serviría para acceder a la tienda maravillosamente bien surtida.

Estaba en Miramar y cuando llegó se sorprendió de ver que era un pequeño *grocery* más que un mercado. Entró y vio enseguida que comparado con la pobre tienda belga el Diplomercado quedaba perdedor. Había cosas como cebollas y plátanos que no había en ninguna bodega habanera pero por lo demás no había mucho donde escoger. Compró cebollas, plátanos y una botella de ron para brindar a los amigos cuando vinieran a casa. No había carne ni pescado ni aceite ni muchas otras cosas que antes se daban por seguras en cualquier tienda. Pagó y se fue caminando hasta la Quinta Avenida, a ver si podía conseguir un taxi, ahora tan escasos como la comida.

Hildelisa le agradeció las compras y le preguntó si no había aceite. Él dijo que no. Luego, envuelto en las consignas para la juventud cubana elegible para ir a Argelia, fue a bañarse. Se alegró de comprobar algo que le preocupaba esta mañana: los hongos habían desaparecido tan súbitamente como aparecieron. Le hubiera desagradado mucho habérselos pasado a Leonora Soler.

A noche temprana él y su hermano Sabá fueron a casa de Carlos Franqui. Estaban allá cuando se apareció su padre.

—Me acaban de carterear —dijo a modo de saludo su padre—. Me han robado ciento cincuenta pesos en la guagua.

Ese dinero se lo había dado Sabá, para ayudar en la casa, esa misma tarde. Se disgustaron mucho los dos pero no dijeron nada.

Al salir comenzaron a increpar a su padre y así cogieron un taxi de regreso a casa.

—¿Cómo es posible, Guillermo, que te hayas dejado robar así? —dijo Sabá.

—Nada —dijo su padre—, que yo venía de pie y la guagua estaba llena y cuando me bajé ya no tenía dinero.

—Pero es inconcebible –dijo él–, dejarse robar así.

—¿Tú eres comemierda? –dijo su hermano.

—Yo no me explico –comenzó a decir su padre.

—Tú nunca te explicas –dijo Sabá.

—Cómo me pudieron carterear.

—Es verdaderamente increíble –dijo él.

—No, no es increíble –dijo Sabá–. Es típico.

El viejo Guillermo decidió callarse para capear el aguacero de insultos que siguió. El chofer del taxi miraba a adelante y parecía sumido en su labor.

—Parece mentira –dijo él– que te dejes robar así.

—Ese dinero –dijo Sabá– lo pedí en el ministerio para dártelo. Ahora tendré que hacer otro préstamo.

—Pero cómo es posible –dijo él– que te hayas dejado robar así.

—Nada –dijo Sabá–. Es el Guillermo de siempre. ¿Cuándo coño vas a aprender?

Siguieron hablando en voz gruesa a su padre casi todo lo que duró el viaje. Al llegar a la casa él comprendió que los insultos a su padre no eran por el dinero robado, sino por la madre perdida, que tanto Sabá como él sabían que su padre había tenido mucho de culpa en que su madre muriera. Aun si él la hubiera llevado al hospital más temprano y hubiera reclamado atención para ella, seguiría siendo culpable, ya que su madre había decidido volver de España, donde estaba viviendo con Sabá y las niñas en Madrid, simplemente por las cartas que le hacía el viejo Guillermo, diciéndole que estaba solo y la echaba de menos y la necesitaba. Uno y otro, él y Sabá, estaban convencidos de que de haberse quedado en Europa, bien en España o en Bélgica, su madre no hubiera muerto la muerte que murió.

Esa noche sintió una picada en el muslo y se rascó. Por la mañana sintió que le dolía donde se había rascado y vio un punto rojo al que no dio importancia. Por la tarde el punto rojo se hizo doloroso y pensó enseguida que le había nacido un forúnculo como ya le había pasado una vez antes de irse a Bélgica. Por la noche estaba seguro del forúnculo ya que no pudo ponerse el pantalón por el dolor. Cuando vino Oscar Hurtado, este le recomendó que fuera al hospital Calixto García y viera a su amigo Helio Cruz, que era enfermero de la sala de emergencia. A la otra mañana el forúnculo se había hecho en extremo doloroso y fue al hospital. Encontró a Helio Cruz, al que conocía ligeramente, quien con mucha deferencia lo llevó al médico titular de Piel y Sífilis. El médico diagnosticó que era un forúnculo y le prescribió que se pusiera fomentos de agua con sal y se moviera lo menos posible, ya que el forúnculo estaba en el músculo principal del muslo.

Regresó a la casa cojeando y se vistió con un viejo short y se sentó en la terraza con la pierna estirada sobre una silla.

Por la tarde habló por teléfono con Ingrid González, a quien contó lo del forúnculo porque ella lo invitaba a salir. Ella creyó que era una excusa pero él le aseguró que era cierto y le dijo que si quería podía venir a verlo.

Ingrid se apareció al caer la tarde con un regalo: era un par de chinelas de paja que algún turista del comunismo le había regalado. Él se lo agradeció ya que se veía grotesco vestido con short y calzado con los zapatos de salir que había traído de Bruselas. Estuvieron conversando y él, que no había visto a Ingrid más que un momento en el velorio, la encontró más bonita que nunca y tan joven como si los tres años sin verla no hubieran pasado por ella en absoluto. Ingrid estuvo conversando hasta que se hizo de noche y se fue.

Comió la comida de Hildelisa, ahora ligeramente aliviada por el añadido de la cebolla, y luego se fue a acostar temprano, leyendo en la cama hasta tarde. Varios de sus amigos habían telefoneado para visitarle, pero él dijo que no se sentía bien para eludir las visitas. En realidad, le dolía el forúnculo y era molesto tener que ver gente mientras se ponía los fomentos tibios cada cuarto de hora.

Al otro día lo despertó el gallo más temprano que de costumbre. El forúnculo seguía rojo y creciendo hacia afuera, pero también crecía hacia adentro, ya que lo sentía perforar el músculo del muslo. No podía ir al ministerio esa mañana de ninguna manera y lo pospuso para el día siguiente.

Sentado en la terraza, leyendo y poniéndose fomentos de agua tibia con sal, vio cruzando la calle a Leonora Soler. Hacía días que no la veía y ahora que la vio caminando con su paso peculiar moviendo las caderas sin nalgas pensó que le gustaría volverse a acostar con ella.

Por la tarde volvió Ingrid. Estaba más bonita que el día anterior a pesar de que hoy como ayer no usaba maquillaje. Pero hoy traía un vestido muy escotado y mostraba más que el nacimiento de sus grandes senos. Conversaron de naderías durante un rato y por ese tiempo se olvidó él del dolor en la pierna. Nunca había sido muy amigo de Ingrid, a pesar de que era compañera de estudios teatrales de Miriam Gómez y de que se había casado con Rine Leal: nunca habían sido muy amigos pero había entre ellos como una corriente de complicidad que en el pasado le sirvió para que Ingrid se comunicara con otra compañera de estudios con quien le habría gustado acostarse. Aquella comunicación no sirvió para mucho pero después siempre miró a Ingrid con buenos ojos, aunque nunca con ojos de acostarse con ella, tal vez por respeto a Rine Leal o a Miriam Gómez, quien nunca le habría perdonado que se acostara con Ingrid por más de una razón.

Vio la cara de su abuela cuando Ingrid le dio un beso demasiado cerca de la boca para despedirse: era evidente que la vieja Ángela desaprobaba de Ingrid.

–¡Qué muchachita! –dijo la vieja Ángela, su abuela, cuando se fue Ingrid–. ¡Es de una satería!

–¿Por qué tú dices eso, Mamá? –le preguntó él que tenía ganas de bromear para olvidarse del forúnculo.

–¿Por qué? No lo estoy yo viendo acaso. Esa niña es una satería tremenda. Aunque ya no se respetan a los hombres casados.

–Eso pasó con tu época –dijo él.

–Sí que pasó –dijo ella–. En mis tiempos no se veía cosa semejante.

–Ay, Ángela –terció Hildelisa saliendo de la cocina–, esos eran otros tiempos. Ahora lo que se usa es lo moderno.

–A mí que no me den nada moderno.

–Se vive mucho mejor ahora –dijo Hildelisa.

–Se vivía –dijo su abuela con intención.

–Bueno, es verdad –dijo Hildelisa–. Se vivía.

–Bueno –dijo él, bromeando–, dejen de hacer contrarre-volución o se lo digo al presidente del Comité.

Hildelisa soltó una carcajada y regresó a la cocina. La vieja Ángela, su abuela, regresó a su cuarto detrás de la cocina. Él se puso a leer de nuevo. Luego tomó los anteojos y comprobó que por la esquina del Riviera venía caminando hacia la casa Leonora Soler. Él trató de ponerse en pie pero tenía la pierna dormida y le dolió el forúnculo. Quería ver-la y tal vez saludarla, aunque nunca cometería la indiscre-ción de pasar del saludo. Pero ella cruzó la avenida y entró en el edificio sin mirar hacia el balcón. Dedujo que Leono-ra se sentía tal vez avergonzada de lo ocurrido y regresó a su libro.

Por la noche vino Oscar Hurtado y hablaron de viajes interplanetarios y de las posibilidades de encontrar seres in-teligentes en Marte o tal vez en otro planeta del sistema so-lar. Sabá intervino por un rato en la conversación que regre-só del espacio exterior a la tierra, hablando Oscar de las posibles visitas de seres extraterrestres en tiempos milena-rios, como estaba descrito en la Biblia y en otros libros antiguos. Oscar se fue a las once y a las doce estaba ya acostado, excepto por unos minutos que habló con Héctor Pedreira desde su balcón. Héctor había estado oyendo la conversación de Oscar Hurtado en silencio y cuando se fue hablaron de cine. Héctor, que era un viejo comunista, lamentaba sin embargo que no se vieran más películas americanas en Cuba. En esa conversación estaba cuando su abuela avisó desde el cuarto que eran ya las doce y que el sereno le iba a hacer daño a la pierna.

El forúnculo le duró semana y media. En ese tiempo Carlos Franqui lo llamó para decirle que se iba a Isla de Pinos de descanso y que le mantuviera informado de su partida. Se sintió más solo que antes, ya que Franqui era una de las personas con que contaba para salir del *impasse* creado con su bajada del avión. (Ya en su ánimo no había sido informado de que no partiría a Bruselas quince minutos antes de la salida del avión, sino que había sido bajado de la nave antes de esta partir). También llamó Miriam Gómez y aunque le hizo mucho bien oír esa voz tan querida, se sintió mal porque no pudo decirle nada de cuándo saldría para Bélgica.

Mientras, todos los días o casi todos los días recibía la visita de Ingrid, que se ocupaba de su salud más que sus íntimos amigos. Aunque muchos de estos venían de vez en cuando, sobre todo Oscar Hurtado y Arrufat que no faltaban a ninguna visita.

A los diez días volvió al hospital. Esta vez el médico le miró bien la pierna y comenzó a apretarle el forúnculo, hasta que salió de él una materia purulenta y desagradable y, aunque le dolió bastante, después de aquello cesaron los dolores profundos. El médico dejó la herida en manos de Helio Cruz que, como enfermero, se encargaría de meterle una mecha en el hueco dejado por el forúnculo para que la herida no cerrase en falso. Debía volver todos los días al hospital.

Cuando salió, aunque todavía cojeaba, se sintió de lo mejor y, aunque ya los altavoces estaban berreando tanto que se podían oír desde la Sala de Piel y Sífilis del hospital, caminó de regreso a su casa con el mejor de los espíritus. Cruzando el jardín de la avenida se encontró con Horacio, es decir con Fernández Vila. Horacio era su alias durante la clandestinidad y todo el mundo lo llamaba ahora por este nombre prestigioso en vez de por sus apellidos. Horacio había sufrido la persecución que padeció toda la llamada ala derecha del 26 de Julio, pero había aprovechado el tiempo graduándose de médico. Ahora estaba también sin ocupación en el Gobierno Revolucionario pero le dijo que pensaba irse de voluntario médico al Vietnam. Unos a África, otros a Vietnam, estos revolucionarios en desgracia buscaban convertirse en héroes lejanos o en mártires en tierra extraña: todo antes que seguir padeciendo el ostracismo que padecían en Cuba.

En esa semana y media vino a visitarlo varias veces Alberto Mora, otro paria político, este no ya del ala derecha del 26 de Julio sino de los izquierdistas alrededor del Che Guevara. Igual que Guevara había dejado misteriosamente su ministerio de Industrias y el país, había sido sacado del ministerio de Comercio Exterior Alberto Mora, demasiado asociado a la política del Che para sobrevivir su desgracia. Ahora ocupaba su cargo Marcelo Fernández, antiguo ostracizado del ala derecha del 26 de Julio (junto con Fernández Vila y otros) y ahora de nuevo en el poder, después de declararse marxista-leninista y haber tenido una polémica escrita con el Che Guevara con respecto a la política monetaria a seguir por la Revolución. El Che había abogado por una política independiente, mientras Marcelo Fernández, entonces presidente del Banco Nacional, se había afiliado a las tesis soviéticas. No es necesario añadir quién en realidad ganó la polémica y quién la perdió en el plano político –que no siempre coincide con el plano de la realidad.

A él le gustaba ver a Alberto Mora, no sólo porque entre ellos hubiera una amistad de años (cimentada por el tiempo que se pasó Alberto escondido en su casa, en los días de la clandestinidad contra Batista) sino porque sentía verdadero afecto por él, y además con Alberto se podían hablar más de cuatro cosas que la simple conversación política. Alberto bromeó sobre su pierna (siempre sus bromas estaban veladas por una capa de hostilidad o de simple rispidez que le gustaba y disgustaba a la vez: siempre quiso hablar con él en términos más normales) y sobre la posibilidad de irse ahora, así como estaba, para Bruselas a ocupar su puesto diplomático. Al final dijo, como quien no quiere la cosa:

–Vengo a despedirme.

–¿Cómo?

Alberto habló más alto, creyendo que los altavoces impedían que se le oyera bien.

–Que vengo a despedirme.

–¿A dónde vas?

–A Oriente. Voy a ocuparme de un central piloto que será el más moderno de Cuba.

–Vaya, qué bien.

Se alegraba porque le molestaba ver a Alberto sin trabajo.

–Vamos a ver.

–¿Cuánto tiempo te vas a pasar allá?

–No sé. Una semana o seis meses. En realidad no sé. Voy a explorar el terreno al tiempo que exploro los terrenos donde se va a montar el ingenio.

–¿Cuándo empiezan a construirlo?

–Aparentemente enseguida. Ya creo que están los planos listos y los técnicos soviéticos están trabajando sobre el terreno.

–Bueno, entonces a lo mejor no te veo.

—A lo mejor –dijo Alberto y sonrió su sonrisa ladeada–. Si es así, te veo en Europa entonces.

—Nos vemos.

—Bueno, hasta luego. Hasta luego, Ángela.

Y la vieja respondió desde su cuartico:

—Que te vaya bien mi hijo.

—Gracias.

Poco antes del almuerzo regresó Sabá de su visita a su ministerio. Traía una cara muy seria.

—Algo grave –le dijo.

—¿Qué cosa?

—Espérate, déjame sentarme que el elevador no funcionaba y tuve que subir por la escalera.

Vio cómo su hermano respiraba con dificultad y estaba muy pálido por subir la escalera rápido con su corazón enfermo congénito. Después de un ratico, se calmó. Estaba, además, furioso.

—No regreso a España.

—¿Cómo?

—Que no vuelvo a España. Lo han decidido en el ministerio.

—Entonces...

—Nada, que estoy atrapado aquí.

Él comenzó a ver, precisamente ese día, en ese preciso momento, que su estancia forzada en La Habana era algo más serio que una simple demora burocrática en el ministerio. Recordó la pregunta de Walterio Carbonell:

—Pero, ¿quién te lo dijo?

—Me lo comunicó el viceministro. Me mandó a llamar y me dijo que hacía tiempo que se pensaba mandarme a buscar y ahora que ya estaba aquí aprovechaban.

—¿Te lo dijo con esas palabras?

—Más o menos. Palabras más o palabras menos, qué importan. Lo importante es que me dejan aquí.

–Ya tú sabes.

Se había apoderado de esa la expresión usual de su tío Niño cuando algo grave o inusitado ocurría.

–Yo no sé quién me mando venir –dijo Sabá–. Tú debías haberme avisado por teléfono y no dejarme venir. Ya cuando tú tuviste problemas con el ministerio, me las arreglé para mandarte un cable avisándote que no vinieras.

Se refería Sabá a una intriga menor del antiguo encargado de negocios en Bruselas, Suárez, que había rendido un informe sobre él en el que se decía haberle oído decir que había venido a Bélgica a escribir un libro. Esto bastó para que el ministerio cursara un cable mandándolo a buscar en junio de 1963. Pudo quedarse en Bélgica por la intervención de Arcos, que iba a tomarse un tiempo en Checoslovaquia para atenderse su lesión de arma de fuego (recibida en el asalto al Cuartel Moncada en 1953) en un hospital especial cerca de Praga. Resultaba que el nuevo encargado de negocios durante el tiempo que tomara Arcos en el hospital, J.J. Díaz del Real, no sabía ni inglés ni francés y lo necesitaba a él, como había podido darse cuenta en los pocos días pasados juntos en la embajada. Pero aquella intriga había sido dejada detrás sin efecto por su trabajo posterior, tanto que cuando Arcos regresó a La Habana de vacaciones, el ministerio aceptó que se quedara al frente de la misión como encargado de negocios ad ínterim. Ahora Sabá venía a recordarles aquellos días difíciles de 1963 cuando él recibió un extraño telegrama de Sabá que decía: SE CORRE QUE REGRESAS PUNTO SIGUE LA OPINION DEL MÉDICO Y PIENSA ANTES DE VENIR OPERARTE. Él lo comprendió muy bien como una clave para decirle que pensara bien antes de venir porque algo grave le ocurriría en Cuba. A los pocos días llegaba el cable del Minrex mandándole a regresar para «situarlo en nuevo destino», como decía el cable oficial.

—Pero cómo iba a saber yo —dijo él— que ibas a tener problemas en el ministerio.

—No, si no tengo ningún problema. Esto está relacionado con la bajada tuya del avión, estoy seguro.

—Oh, ¿pero cómo es posible...?

—Yo no sé cómo es posible, pero seguro seguro que las dos cosas tienen que ver.

—Y ¿qué relación hay entre el Minrex y tu ministerio?

—Eso es lo que yo quisiera saber —dijo Sabá.

—¿Hubo algún problema en Madrid?

—Ninguno.

—¿Seguro?

—Bueno, exceptuando las habladurías de los comemierdas.

—Esos son a los que les hacen más caso.

—Bueno, si es así, peor para ellos. Yo sólo sé que yo trabajé como un mulo y bien en Madrid.

—Yo también y mírame aquí.

Sabá se quedó callado por un momento. Luego exclamó:

—¡Maldita sea! Estamos atrapados.

Cosa curiosa, hasta este momento él no había pensado en que estaba verdaderamente atrapado, pero ahora, antes de que su hermano lo dijera, sentía que se había organizado una conspiración contra él que, por reflejo, afectaba a Sabá. Esa era la razón por la que dos ministerios tan disímiles en sus operaciones se pusieran de acuerdo para dejar a los dos hermanos en Cuba aprovechando un mismo incidente: la muerte de su madre y la venida de ambos a sus funerales. El caso de Sabá era más evidentemente injusto, creía él, pues no había podido llegar siquiera para el entierro. Decidió ir al ministerio esa tarde, pero luego pensó que era mejor dejarlo para mañana. Tal vez, inconscientemente, temía enfrentarse con la verdad.

Al otro día fue al ministerio y vio a Arnold, pero era igual que si no lo hubiera visto: no pudo ver a Roa tampoco y no supo cuándo Roa lo recibiría. Alguien –en el ministerio, Gustavo Arcos tal vez o tal vez él mismo– había sugerido que visitara al encargado de negocios belga y llamó pidiendo una cita. Se la dieron para el día siguiente y se alegró. Por lo menos era algo que hacer y que se suponía que estaba entre sus deberes diplomáticos.

Regresó a la casa y por hacer algo decidió buscar entre sus papeles. Encontró viejas notas, fotografías y un rollo de película en 16 milímetros que no recordaba lo que era. Lo llevó a la luz de la ventana y vio a una mujer con un cuerpo esplendido corriendo en bikini por la playa hacia el mar. Le costó trabajo reconocer a la mujer como Miriam Gómez y recordar que era una película que había hecho Orlandito Jiménez para el programa de *Lunes* en televisión. Ahora recordó cómo fueron a Santa María del Mar y el entusiasmo por hacer aquel pedazo de film que se intercalaría en la dramatización de un cuento suyo titulado «Abril es el mes más cruel». Se suponía que Miriam, en el film, corriera hacia el mar, y en la filmación, con los pocos recursos que tenían –solamente una cámara y algunos rollos de película–, idearon un *dolly* con Orlandito tomando la cámara en la mano, pero como Miriam entraba en el mar corriendo Orlandito debía correr tras ella. Para no estropearse la ropa, Orlandito decidió quedarse en calzoncillos y así corría detrás de Miriam Gómez hacia el mar. Recordaba su risa y la de Raúl Palazuelos al ver a Orlandito corriendo detrás de Miriam y pensar que desde la carretera debía verse la escena como una violación inminente. Sonrió ahora con nostalgia, recordando el pasado donde la única preocupación en ese momento era hacer cine moderno, indudablemente calcado de Hollywood o de París, y aprovechar el programa de televisión como pretexto para el cine.

Volvió a mirar la casi perfecta figura de su mujer y decidió recortar dos o tres cuadros al film y guardárselos en el bolsillo. Buscó una tijera y los cortó y los metió en el bolsillo de su camisa.

Siguió buscando, ahora en el cuarto de su madre, y encontró unos misteriosos zapatos de tenis y una caja con tres pelotas. Luego recordó que ese era un regalo que Juan José Díaz del Real había enviado a un amigo con su madre y de seguro que Zoila se había olvidado de entregarlo y lo guardó para hacerlo más tarde y la muerte se lo impidió. Decidió incautarse del regalo y se quedó con los zapatos tenis, que le venían muy bien para andar, ya que con traje o con camisa deportiva y pantalón tenía que usar los mismo zapatos belgas de salir. Ahora andaría en tenis. Las pelotas serían para sus hijas, a las que llamó, entregándoselas. Ellas se fueron con exclamaciones de «¡Qué bien, Papi!» y salieron de la casa en busca de sus amiguitas.

Encontró una unidad extra para el tocadiscos portátil de su hija Anita y se alegró, ya que ahora podría hacerlo funcionar. Fue a buscar el tocadiscos y le insertó la unidad. Ahora debía de funcionar bien. Preguntó a Hildelisa dónde estaban sus hijas y ella le dijo que estaban en casa de Enriqueta, una amiga de Anita que vivía en el Palace. Tenía teléfono y llamó a Anita a casa de su amiga. Le dijo a Anita que tenía una sorpresa para ella y para Carolita y no les dijo más. Casi al instante las vio venir atravesando los jardines de la avenida, corriendo bajo el sol implacable del mediodía. Llegaron corriendo, tirando puerta, buscando la sorpresa y, cuando él les enseñó la unidad, Carolita dejó escapar una exclamación que le dolería por mucho tiempo. «Ah –dijo ella–, yo que creía que era abuela que había vuelto del hospital». No dijo nada y trajo el tocadiscos para hacerlo hacer música pero no funcionaba. Él no comprendía, la unidad estaba intacta, el tocadiscos también, ¿por qué no funcionaba? Anita dio con la razón: «Ay, Papi –dijo–, es que no tiene pilas». Abrió el tocadiscos y comprobó que no tenía pilas: la unidad nueva era inútil pues no había donde conseguir pilas eléctricas en Cuba. Sus hijas regresaron a la casa en que, aparentemente, se estaban divirtiendo más que acá.

Se sentó en la terraza y vio a sus hijas entrando en el edificio Palace, entre el sol vertical y el estruendo total de los altavoces, repitiendo incansables sus consignas para Argelia. No tenía ganas de leer y, como no había nada que mirar en las calles soleadas, se puso a escudriñar el horizonte marino con sus anteojos. En el horizonte, rumbo al norte, vio las antenas del inveterado barco que estaba siempre a esa altura. Decían que era un buque-espía americano oteando las costas de La Habana. Otros aseguraban que era un barco soviético. Lo que nadie decía es que fuera un barco cubano: no había en Cuba barcos así. Regresó a mirar los edificios cercanos y encontró casi todas las persianas bajas o las ventanas cerradas. Ahora le echaba de menos a la visita diaria de Ingrid, que había dejado de venir desde que se curara su forúnculo. Decidió salir para escapar a los altavoces y se fue caminando a la Unión de Escritores. Esperaba encontrar allí a alguien que le contara si era cierto o falso que Fidel Castro había insultado públicamente en la universidad a Nicolás Guillén. Se decía que en un corro de estudiantes había hecho el elogio de *El siglo de las luces*, la novela de Alejo Carpentier, y cuando alguien le preguntó por Guillén, dijo: «Ese es un haragán! Hace un poemita cada cincuenta años y después no hay quien lo haga trabajar».

Al llegar al palacete de la UNEAC, preguntó por Guillén y le señalaron el fondo. Desde lejos vio su figura pequeña y redonda y su melena canosa. Guillén lo saludó con una gran afabilidad, dándole abrazos.

–Oye –le dijo–, sentí mucho lo de tu madre. No estuve en el velorio porque, mira qué casualidad, estaba en Camagüey, donde fui a la muerte de mi madre.

–Cuánto lo siento.

—Ya era muy viejita, pero tu madre era joven, mucho más joven que yo.

—Sí —dijo él y no dijo nada más.

—¿Quieres tomar algo? Un café, aquí ahora tenemos café.

—No, gracias. Venía solamente a verte porque me enteré de lo de la universidad.

Guillén hizo una mueca.

—Ven —le dijo y lo arrastró fuera del palacete, al patio. Se detuvo bajo el mango sembrado en medio del patio y miró a todas partes. Luego, señalando para el mango sin frutas, le dijo—: Figúrate que ese señor —a él le asombraba sobre todo el tratamiento— se puso a arengar a unos estudiantes contra mí. Eso es una cosa muy grave, que mañana puede ser contra ti, contra cualquiera.

Le asombraba el tono de Guillén no sólo por venir de parte de un viejo poeta comunista celebrado y laureado por la Revolución, sino por el tono en sí.

—Coge y se pone a arengar a unos muchachos que no saben nada de nada y se te aparecen debajo de tu ventana a pedir tu cabeza, prácticamente. ¡Este tipo es peor que Stalin! Por lo menos Stalin está muerto, pero este va a vivir cincuenta años más y nos va a enterrar a todos. ¡A todos!

Guillén se había olvidado del árbol en su homilía, explicando a su asombrado interlocutor las ultimas prácticas de la religión comunista. Era asombroso, si no lo oyera con sus propios oídos no lo creería: Nicolás Guillen, cantor de Stalin, al que pedía que protegieran Changó y Yemayá y todos los dioses afrocubanos, no sólo hablaba mal de Stalin ahora sino que decía pestes de Fidel Castro. Los rumores del mitin impromptu en la universidad eran más que verdaderos.

Guillén dejó de hablar y miró por sobre su hombro. Él se dio vuelta indiscretamente y pudo ver atravesando los salones visibles a César Leante. Guillén lo cogió de un brazo y lo paseó por el resto del patio como enseñándole el jardín de la residencia que había pertenecido en otro tiempo, antes de la Revolución, a una de las más ricas familias cubanas.

Al rato regresaron al palacete y Guillén se desprendió de él para subir a su oficina de la presidencia de la Unión de Escritores y Artistas de Cuba.

Cuando volvió a su casa por la tarde, sintiéndose bien en sus zapatos tenis nuevos, se encontró con Ingrid esperándolo.

La embajada de Bélgica estaba en una casona de Miramar junto a la que había tres palmas rodeadas por trepadoras. La casa era amplia y oscura. La conversación con el encargado de negocios belga fue estricta y clara aunque hablaron de vaguedades. Él había ido esperando tener algo interesante que relatar a Arnold Rodríguez y tal vez a Rogelio Montenegro, para sentirse perteneciendo al cuerpo diplomático, y he aquí que conversaba inanidades como si estuviera en una recepción cualquiera. Ahora volvía a sentir la misma repulsión por el servicio diplomático que sentía tantas veces en Bélgica y sin embargo aquí estaba su única tabla de salvación, él lo veía como su única vía de escape. Regresó a El Vedado temprano y no supo decidir si ir al ministerio o no. Finalmente decidió dejarlo para mañana.

Cuando llevó a su hija Anita a comprarle su ritual tocinillo del cielo, vio saliendo o entrando a El Carmelo a Marcelo Fernández, el ahora ministro de Comercio Exterior. No supo si ir a saludarlo y de paso preguntarle por la retención de Sabá en La Habana, pero luego decidió no hacerlo y salió él por la puerta lateral que da al cine Riviera.

Ya hacía tres días que sabía que no tenía dinero. Ahora decidió ir a casa de Carmela para pedirle dinero prestado a Nena, la hermana de Miriam Gómez. Carmela lo recibió tan contenta como siempre y él se dio cuenta entonces de que hacía tres semanas que no la veía ni la llamaba. Le hizo ella café que él tomó con un placer casi voluptuoso. Carmela quería que se llevara un poco de polvo de café para su casa pero él se negó: bastante frescura suya era venir a pedirle dinero prestado a la familia de Miriam Gómez para encima privarlos de los artículos que ellos adquirían con tanta dificultad. «Ninguna dificultad, muchacho», le dijo Carmela. «La cosa más fácil del mundo es comprar en bolsa negra. Ahora, eso sí, lo que no se puede ser es ser revolucionario». Por fin, después de casi una hora de rodeos, se decidió él a decirle a qué venía. Le pidió el dinero prestado y ella dijo que se lo diría a Nena cuando regresara por la noche pero que en principio no había ningún problema.

Tarde en la tarde recibió una llamada de Carlos Franqui, que había regresado de Isla de Pinos. Sin saber por qué se sintió mejor, más respaldado. Carlos le dijo que hoy estaba muy cansado pero que tal vez se vieran mañana. Él dijo que estaba bien.

Por la noche temprano vino Luis Agüero y conversaron de literatura. Luis estaba muy entusiasmado con un número de la *Gaceta de Cuba* que acababa de terminar y que creía que le había salido muy bien. Luego, cuando salió, tuvo Luis muchos problemas, entre otras cosas porque parodiaba al escuchado programa radial femenino antes de la Revolución, «La Novela del Aire», para presentar a varios compositores jóvenes: era demasiada chacota para la seriedad soviética de la Unión de Escritores. Al irse Luis, él decidió acompañarlo hasta la calle 19 donde cogía la guagua. Al llegar allí, vieron de pie en la parada esperando a una muchacha bastante bien vestida y elegante. Él, como otras veces, le habló y ella le contestó. Fueron palabras sin consecuencia pero suficientes para iniciar un diálogo. Luis se retiró hasta el portal de una de las casas y él siguió hablando con la muchacha. No había avanzado mucho en su conocimiento pero de alguna manera, cuando vino la guagua, se decidió a decirle que no la cogiera y ella obedeció. Esta decisión le recordó mucho el inicio de una relación que había sido muy importante en su vida casi diez años atrás.

Luis se despidió y cogió su guagua y él le dijo a la muchacha que por qué no caminaban hasta la avenida. Ella accedió con la cabeza.

–¿Cómo te llamas? –le preguntó él.

–Aurora, Aurora Iniesta –dijo ella. Le preguntó su nombre y él se lo dijo. Caminaron por la avenida a oscuras y decidieron sentarse en uno de los bancos cerca de la calle 17. Después de hablar de la noche y la ocasión quiso saber qué hacía.

–Trabajo en los títeres.

–¿Con los hermanos Camejo?

–Sí. ¿Los conoces?

Él nunca supo determinar cuándo ella había empezado a tutearlo. Él lo había hecho enseguida.

–Sí, cómo no. Desde hace muchos años. ¿Qué hacen ahora?

–Muchas cosas. *La bella durmiente, Blancanieves* y unos títeres soviéticos.

–No hacen *El amor de Don Perlimplín con Belisa en su jardín*?

–No, esa no.

–¿Y por qué?

–Porque tiene demasiadas cochinadas.

–¿La pieza de Lorca?

–Sí, esa misma.

–¡Increíble! La obra de Lorca tiene demasiadas cochinadas.

–Sí, no es apta para niños.

Cuando llegaron, él había visto, sentados en los otros bancos, varias figuras que creyó enamorados que aprovechaban la oscuridad de la avenida. Ahora vio que esas figuras se movían de un banco al otro y que eran hombres. Una de las figuras vino a pararse casi en frente de ellos para mirarlos descaradamente. Aunque ellos estaban nada más que conversando, a él le molestó y se calló. Luego la figura vino a sentarse precisamente en su banco y a mirarlos de frente. Era un hombre negro, bastante joven y con una cara bastante desagradable.

—¿Por qué no nos vamos de aquí? —pidió ella.

—Sí, cuando tú quieras.

—Ahora.

Él iba a hablar con su visitante, preguntarle qué quería, pero decidió que era mejor no hacerlo: de terminar todo en una pelea, llevaba las de perder, ya que aquel parecía pertenecer a un grupo sentado en otro banco.

—Vámonos, por favor.

Ella se levantó y él se levantó con ella. Cuando iba un poco lejos, miró hacia atrás y le pareció que su visitante se estaba masturbando. No le dijo nada a ella, pero cuando contó el incidente a sus amigos, estos le explicaron que esa parte de la avenida se había hecho famosa como centro de reunión de homosexuales, los que parecían desafiar a Lacras Sociales con su actividad. Sin embargo, él estaba seguro que su visitante no era un homosexual. El incidente se hizo más raro mientras más explicaciones le buscó.

Pero ahora decidieron ella y él caminar por todo 23 arriba, hacia la calle 12. Ya era tarde y la calle estaba solitaria. Conversaron naderías todo el camino y siguieron más allá de 12 y 23. Cuando se dio cuenta estaban en la curva de 23, cerca del hoyo. Esta parte de El Vedado no estaba lejos de la casa de Miriam Gómez cuando la conoció y las calles alrededor del hoyo guardaban un particular encanto para él. Ahora echó un brazo alrededor de Aurora y ella lo dejó hacer. En la esquina de 23 y 22, allí donde una ceiba termina la calle antes del hoyo, se detuvo y también la detuvo a ella. Ella se volvió a mirarlo y él aprovechó para besarla. Ella se dejó besar pero no devolvió el beso. Besaba con los labios cerrados y había una íntima resistencia que le confería a ella un carácter intrigante. Volvió a besarla y de nuevo ella no opuso resistencia pero tampoco colaboró en el beso. Le acarició un seno por encima de la ropa y encontró su cuerpo inerte y si alguna respuesta había de su parte era casi una resistencia. De pronto pensó que sería bueno que algunos de los familiares de Miriam que vivían por los alrededores lo vieran. Pero luego pensó que ya era muy tarde para encontrarse con ninguno de ellos.

La miró a los ojos.

—¿Qué haces mañana?

—¿Mañana? Nada de particular. ¿Por qué?

—Quiero decir, no trabajas en los títeres.

—No, ahora no. Están preparando una nueva producción y ahora no tengo papel en las funciones que hay.

—¿Te puedo ver mañana?

—Sí, por qué no.

—Bueno. ¿Dónde nos vemos?

—Di tú.

—Bueno, mira, hay una función de la cinemateca. Ponen *King Kong,* que yo quiero ver. ¿Por qué no nos encontramos en la puerta, a las ocho?

—Está bien.

—¿Vas a venir?

—Sí.

—¿Seguro?

—Si, claro que sí.

Encontraba sus respuestas tan inertes como su actitud ante sus besos y no sabía qué hacer. La miró de frente. No era bonita pero había un cierto agrado en sus facciones y tenía un bonito pelo negro cortado en una melena corta.

—Bueno, nos vemos mañana.

—Pero ¿tú me vas a acompañar a coger la guagua?

–Claro que sí. Vamos hasta la esquina de 26.

Caminaron por el solitario barrio en dirección a la calle 26. La guagua –tal vez la última antes de la confronta– no tardó en venir. Ella montó en el vehículo y él pudo ver sus piernas largas y bien formadas.

Por la mañana, en vez de ir al ministerio, fue a casa de Carmela. Allí le esperaban los cien pesos que había pedido prestados. Inmediatamente se dirigió al Diplomercado, a ver si compraba carne o pescado o alguna otra cosa que hiciera una buena comida a pesar de Hildelisa.

En el Diplomercado había las mismas laterías búlgaras y las mismas cebollas y papas pero no había carne ni pescado. Salió de allí con más papas y cebollas y ligeramente furioso cuando en la esquina se encontró de pronto con Enrique Rodríguez Loeches y su mujer Teresa, que venían hacia el Diplomercado.

–Enrique. Quiay, Teresa.

–Eh, qué pasa tú.

–¿Desde cuándo estás aquí?

–Llegué hace tres días. ¿Y tú estás todavía aquí?

–Así parece.

–¿Cuándo nos vemos?

–Cuando tú quieras.

–Dame tu teléfono que te voy a llamar.

Le dio su número de teléfono. Sentía simpatía por Enrique, a quien conocía desde los días en que Roa era Director de Cultura del ministerio de Sánchez-Arango, cuando era presidente Prío Socarrás. Enrique trabajaba en Cultura. A su mujer, Teresa, la conocía desde el bachillerato. Simpatizaba además con la hipocondría galopante de Teresa, que veía microbios y enfermedades en todas partes. Recordaba los días que pasaron brevemente en Bélgica, a donde vinieron de vacaciones de su puesto en Marruecos, en que él y Miriam se reían de la hipocondría de Teresa y él especialmente se alegraba de haber encontrado alguien más hipocondríaco que él mismo. Ahora Enrique y Teresa cruzaban ligeros la calle Primera rumbo al Diplomercado, a encontrarse con las papas y cebollas como únicas virtudes de aquella tierra de promisión de víveres.

Cuando llegó a la casa, la llave entró sin dificultades en la cerradura de la puerta de la calle y esto le hizo suponer que encontraría buenas noticias en su casa. Comenzaba a dejarse ganar por la superstición, y esta de abrir la puerta con la llave idónea era una superstición reciente, positiva en relación con la negativa superstición de los pájaros muertos.

Pero cuando llegó a la casa no había otra noticia que una llamada de Oscar Hurtado, que quería que lo llamara. Llamó y Oscar lo invitó para comer con él y con Miriam Acevedo al día siguiente. La invitación era para almorzar no para comer. Bueno, esa era una buena noticia.

Por la tarde lo llamó Carlos Franqui, que quería verlo urgentemente esa noche. ¿A qué hora? Maldita sea, era a la misma hora en que debía ver a Aurora en el cine. ¿Cómo haría? Le dijo que sí a Franqui porque le interesaba saber qué quería él, tal vez tuviera noticias de su regreso a Bruselas o cualquier otro asunto importante. Decidió que iría al cine un momento, a las ocho, y le diría a Aurora que lo esperara en el cine y él volvería a las diez y media, antes de que se acabara la película.

Así lo hizo. Pero a las ocho no vio a Aurora en la puerta del cine y el taxista estaba esperando. Le había costado una buena media hora (había salido de la casa a las siete y media, preparado para esperar por un taxi) encontrarlo y ahora el hombre no quería esperar. Miró por todas partes a la entrada del cine y sólo vio gente entrando, pero no a Aurora. También vio que no ponían *King Kong* esa noche, sino otra película, una película checa. Regresó al taxi y le dio al chofer la dirección de Franqui.

Llegó a casa de Franqui cuando acababan de comer. Después subieron al segundo piso, al salón donde Franqui tenía sus libros, el tocadiscos y discos y se pusieron a oír música. Franqui no tenía ningún mensaje que darle, pero esto no lo supo enseguida sino mientras crecía la noche. Con su estilo lleno de vagas precisiones, Franqui quería saber cómo le había ido, qué le había dicho Roa (si lo había visto: él le dijo que no, que no lo había visto), qué sabían en el ministerio (saber no sabían nada según él), que opinaba él de todo y oyendo las opiniones que él tenía les dieron las diez de la noche. Si Franqui tenía alguna opinión de lo que pasaba con él, se la guardaba muy bien porque él no lo supo entonces. Franqui quería hacerse un cuadro de la situación con los diversos elementos que habían culminado en su bajada del avión, como se conocía entre sus amigos el incidente en el aeropuerto, y al mismo tiempo completarlo con lo sucedido después de la noche del aeropuerto, que era, como le dijo él, nada de nada. Él le habló de las breves conversaciones con Arnold, pero Franqui no quería saber nada de Arnold, aunque en otro tiempo había sido su amigo y protegido. Franqui le explicó que Arnold había hecho algo que lo definía como un mierda: le había pedido permiso, con todas sus letras, a Celia Sánchez para ir a visitar a Enrique Oltuski en Isla de Pinos, donde estaba castigado por una supuesta insubordinación a Fidel Castro que se limitaba, en su centro de verdad, a una recomendación que había hecho Oltuski acerca de ciertas granjas piloto que tenía Fidel Castro bajo su inmediata supervisión. Sucedió que las granjas, estudiadas por Oltuski, tenían una rendición muy baja, lo que le comunicó a Fidel Castro, quien, como todos los tiranos, castigaba al mensajero por el mensaje, y así Oltuski vino a pasarse seis meses de castigo en Isla de Pinos. En realidad Oltuski, que había sido ministro de Comunicaciones al principio de la toma del poder por

Fidel Castro, era considerado en los últimos tiempos como hombre del Che Guevara y su desgracia actual provenía de esta asociación que se había cimentado después que Oltuski fue destituido de su cargo de ministro. Oltuski había ido a parar a Isla de Pinos y solamente su protesta impidió que pasara los seis meses de castigo trabajando la tierra junto con los contrarrevolucionarios presos. Ahora Arnold, al pedirle permiso a Celia Sánchez, mostraba tan poco valor personal que era casi imposible imaginárselo como el saboteador corajudo que había sido en los días de la lucha contra Batista.

Pero él, en vez de atender a las palabras que Franqui pronunciaba tan libremente en su casa sin demostrar su usual preocupación con los micrófonos, miraba a su reloj y veía que la noche se le iba en la conversación. Al fin pudo salir y después de mucho rato de esperar en la oscura Quinta Avenida (La Habana se había vuelto una ciudad envuelta en sombras) consiguió un taxi que lo dejo en 12 y 23, a dos pasos del cine. Caminó hasta allá, pero la entrada estaba apagada y no había nadie por los alrededores que vagamente se pareciera a Aurora. Fue hasta Fraga y Vázquez y después pasó a la bodega-café de enfrente y luego al gran café 12 y 23. Aquí había gente conocida sentada en varias mesas pero ninguna era Aurora. Maldecía su suerte cuando vino Héctor García a saludarlo, Héctor, con sus suaves maneras, era prácticamente, junto con Titón, las únicas gentes del Instituto del Cine que tratara.

—¿Qué tal? —dijo él lánguidamente.

—Quiay. ¿Cómo estás?

—Muy bien. Perdona, viejo, que no haya podido ir al velorio ni al entierro de tu madre pero estuve enfermo.

—No tiene importancia.

—¿Cómo te va?

—Bien, bien.

—¿Cuándo te vas?

—No sé todavía. Tal vez a fines de mes. No sé.

—Recibí tu mensaje.

Se refería a una invitación que le había hecho la Cinemateca Belga para que fuera de visita a Bruselas, que él trasmitió a través de Relaciones Exteriores. Héctor García nunca apareció por Bélgica.

—Vaya —dijo él.

—Sí —dijo Héctor—, pero no pude ir. Muchas gracias de todos modos.

—¿Qué pasa esta noche con *King Kong*? ¿No estaba en el programa?

—Sí estaba, pero Alfredo —se refería a Alfredo Guevara, sin parentesco posible con el Che Guevara, que era el director del Instituto del Cine, el monopolio que controlaba el cine en su totalidad en Cuba, desde un rollito para una cámara de cajón hasta la exhibición de films— se negó. Imagínate que me dijo que había demasiadas películas americanas en el programa. Así estamos.

Él encontró que era muy corajudo de parte de Héctor García quejarse así de su jefe en un lugar público, tan cerca del cuartel general del Instituto del Cine, donde podían oírlo muy bien, y él se asombró de que el lánguido y amanerado Héctor García mostrara mucho más coraje que el aparentemente duro Arnold Rodríguez: contradicciones del socialismo.

—Bueno, hasta luego.

—¿No te quedas?

—No, gracias.

—Ven por la Cinemateca un día por el día.

—Está bien. Voy a ver.

—Hasta luego.

Todavía pasó una vez más frente a la portada del antiguo Atlantic que era ahora la Cinemateca de Cuba y ya no vio nada porque la oscuridad allí era casi total. Regresó a pie a su casa.

Cuando llegó –«¿Eres tú, mi hijo?», dijo su abuela desde su cuartico– fue a la terraza, a sentarse un rato antes de acostarse. En la terraza vecina estaba Héctor Pedreira cogiendo fresco. Le contó a Héctor lo que pasaba y Héctor hizo su diagnóstico: «A ti nada más se te ocurre. Ves a Franqui con sus cosas de siempre. ¿Por qué no dejaste la reunión para otro día?».

–No se me ocurrió.

–Esas cosas hay que pensarlas.

–Sí, es evidente.

–¿Y no tienes ni su dirección ni su teléfono?

–Nada. No sé más que su nombre y que trabaja en los títeres con los Camejo.

–Puedes ir allá.

–Es mucha lata.

–Pero ¿no vale la pena?

–Sí, sí vale la pena. Al menos lo que vi el otro día me convence que sí vale la pena.

–Entonces llégate allá mañana.

–Voy a pensarlo.

–No lo pienses que no lo haces. Llégate allá mañana. Mira –y él a su vez miró hacia dentro de su casa y bajó la voz–, a mí me pasó lo mismo hace un tiempo y después me pesó.

–Voy a ver si voy a los títeres mañana.

Al poco rato se despidió de Héctor Pedreira y se fue a dormir. A las cinco de la mañana lo despertó el gallo, que luego se calló y él aprovechó para volverse a dormir. Se despertó a las nueve y media gracias a los altavoces, todavía conminando jóvenes ejemplares hacia Argelia.

De pronto ya era hora de irse a casa de Oscar Hurtado y Miriam Acevedo. Nunca había estado en su apartamento del edificio Capi que desde el octavo piso daba casi directamente al océano. Él y Oscar estuvieron mirando el mar de cerca con los binoculares de Oscar, quien le contó como un día había visto una mancha enorme en el mar: no eran marcianos sino una raya gigante que nadaba a flor de agua. Pero hoy no se veían rayas ni mantas sino las olas, idénticas, infinitas.

El almuerzo fue merluza frita. El pescado era el mismo que comía todo el mundo en Cuba: el socialismo a través de la igualdad en el comer y en el vestir y, en los casos que él había visto, el caminar también. Pero estaba muy rica, bien preparada como estaba por la cocinera de Miriam y Oscar. Esta tenía una sorpresa para postre: queso. Era más bien un requesón en boronillas hecho por ella pero sabía al mejor queso cubano «de antes», como dijo la cocinera. Lo había hecho coleccionando crema de la leche que le tocaba a ella, la cocinera, por tener varios niños menores de siete años, y no a Oscar y a Miriam, que no les tocaba ninguna leche. La buena de la cocinera había aprovechado la crema de su leche para hacer el atieso, que ahora comían con deleite que ponía orgullosa a la cocinera, con un pedazo de gasa y, creía él, bicarbonato. No sabía bien el método que ella había empleado, pero ya quisiera él que Hildelisa utilizara su ingenio verbal en hacer menos chistes y mejor comida. Oscar y Miriam se rieron cuando se lo dijo, pero era la verdad.

La pasó muy bien almorzando con Miriam y Oscar y ahora iba de regreso a su casa y caminando debajo de los flamboyanes jóvenes de la calle 13, sintiendo la acera bajo sus zapatos tenis y con el día brillante de verano por sobre su cabeza y alrededor la frescura de los árboles. Sentía una gran paz y a la vez una tristeza infinita. No pensaba ahora en su madre pero la tristeza provenía del conocimiento de que ella estaba muerta. Siguió caminando hasta la calle H y luego subió hasta la Unión de Escritores. No encontró a nadie conocido pero había una muchacha muy bella, vestida con un pulóver muy ceñido que casi dejaba ver los grandes senos por transparencia de la tela opaca de tan estirado que estaba. Quiso haberla conocido pero no había nadie que pudiera presentársela. Finalmente, regresó a la casa.

Estuvo sentado en la terraza, mirando pasar la poca gente que atravesaba la avenida y se preguntó dónde estaba todo el mundo en esta ciudad antaño tan concurrida. Desde que vino de casa de Oscar y Miriam apenas si se había cruzado con un automóvil, las guaguas que pasaban por la esquina 23 abajo y arriba eran escasas y la gente de a pie era todavía menos. Reflexionando en esto se olvidó de ir a los títeres y al poco rato decidió caminar Avenida de los Presidentes abajo y llegarse a la Casa de las Américas, donde no había estado todavía.

Entró primero a la biblioteca, donde estaba Olga Andreu, la bibliotecaria jefe, y Sara Calvo, su cuñada, asistente de Olga. Cruzó algunas palabras con Sara y Olga y nada parecía indicar lo que ocurriría no mucho tiempo después, cuando Sara y Olga fueron expulsadas de sus puestos por incluir un libro suyo en una lista de lecturas recomendadas. Ahora era casi la luna de miel con la Casa de las Américas y subió a ver a la persona favorita en la casa: Marcia Leiseca, tan bella y tan simpática como siempre. Se sentó en su oficina y estuvieron charlando un gran rato. Le gustaba hablar con Marcia porque su voz agradable y bien educada endulzaba todo lo que decía y aun las banalidades más comunes sonaban casi angelicales en sus oídos. Además que daba gusto mirar aquella piel blanca, rosa pálido, haciendo contraste con sus grandes ojos negros y su pelo también negro, saliendo la voz por entre los labios rosados y perfectamente dibujados.

Al cabo entró Retamar y lo saludó muy afablemente. Le dijo que quería verlo antes que se marchara y él pensó si Roberto quería decir de Cuba o de la Casa pero no dijo nada. Es decir, dijo que sí. Pero antes de ver a Roberto le pidió a Marcia si podía ver a Haydée Santamaría, pues tenía algo que preguntarle desde Bruselas. Marcia salió y al poco rato regresó diciendo que Yeye –ese era el nombre familiar de Haydée Santamaría– tenía unos minutos libres ahora. Salió a verla enseguida.

Sucedía que traía una comisión de Bélgica y la persona adecuada para planteársela era Haydée Santamaría: estaba ella colocada lo suficientemente alto en la jerarquía revolucionaria y además era asequible para él. La diligencia debía haberse resuelto con el ministro Roa, pero él dudaba que Roa tuviera valor para plantear el problema más alto. La comisión era un recado de los socialistas belgas, transmitido a través de un abogado amigo de la embajada, quienes querían un punto de referencia para enfrentar los debates en el parlamento con suficiente conocimiento de causa. El asunto era los presos políticos cubanos, que en círculos contrarios a la Revolución llegaban a numerarse en más de quince mil. Había que preguntar en Cuba a quien conociera la cifra exacta para rebatir los argumentos de la oposición. Así se lo dijo a Haydée Santamaría, que fue poniéndose cada vez más roja –de color de la carne aunque también de actitud política– y terminó por casi rugir una respuesta escandalosa: «¿Quince mil presos? Pues mira, chico, dile que si son quince mil o cincuenta y un mil es lo mismo. La Revolución no cuenta a sus enemigos sino que acaba con ellos». A esto siguió una perorata inaudible de alta que era sobre el derecho que tenía la Revolución de poner en la cárcel a sus enemigos y que la Revolución no tenía que darle cuentas a nadie, amigos o enemigos, de lo que hacía porque la Revolución sabía lo que hacía.

Después de esta parrafada casi hegeliana, salió lo mejor que pudo de la oficina principal y llegó a la de Retamar, que volvió a sonreírle ampliamente. Roberto quería simplemente una colaboración para la revista *Casa* que ahora dirigía. Él le prometió que le enviaría un fragmento que había traído con él de Bruselas y al poco rato salió.

Para limpiarse de la visita a Haydée Santamaría, volvió por la oficina de Marcia a regalarse con su piel y sus ojos y sus labios de sonrisa no sólo perfecta sino también sempiterna. Al cabo salió y fue hasta la biblioteca a convidar a Olga y a Sara a tomarse un refresco –Coca-Cola blanca– en el café del Recodo. Fueron los tres y luego regresaron hasta la biblioteca. Aquí las dejo a ellas y siguió él a recorrer el camino de regreso a su casa. Al pasar frente el ministerio de Relaciones Exteriores pensó que hacía días que no venía. Vendría mañana.

Esa mañana se levantó tarde: el gallo había cantado a las cinco, como siempre, pero a las nueve los altavoces no habían comenzado todavía su estruendo mañanero. Se extrañó y extrañado se desayunó, inclusive extrañado salió al balcón y vio gente, mucha, entrando y saliendo al edificio de la calle 25, pero los altavoces siguieron estentóreamente mudos.

Cuando llegó a la esquina de 23 donde esperaba el taxi o la guagua, lo que primero viniera, que lo llevaba al ministerio vio los periódicos que el vendedor tendía en el suelo y leyó los titulares del único periódico, *Granma,* que se publicaba. DESTITUIDO BEN BELLA decían los titulares. Cogió la guagua y llegó al ministerio para ver a los empleados ajetreados en extraños movimientos.

En el pasillo central casi tropezó con el ministro Roa, quien al verlo abrió una puerta que era un clóset y la volvió a cerrar, regresando a su oficina rápidamente. En el antedespacho de Arnold Rodríguez estaban sus secretarios y Rogelio Montenegro que leía el *Granma*. «Está clarísimo», dijo dejando de leer. «Esto es cosa de la CIA. Ese Boumedienne es un agente del imperialismo». Parecería extraña la manera en que un funcionario menor se pone automáticamente de acuerdo con sus superiores: la teoría de que el golpe de Estado dado a Ben Bella en Argelia era asunto de la CIA circulaba por todo el ministerio. Más aún: fue la teoría oficial semipública pocos días después. La teoría oficial era que ambiciosos funcionarios menores habían complotado contra su superior que se suponía un amigo de Cuba. Por tanto, los nuevos regidores de Argelia eran enemigos de la Revolución. De ahí el silencio de los altavoces: automáticamente se había suspendido la reunión de lo mejor de la juventud cubana en Argelia. Estas eran las actitudes públicas. Privadamente –como lo supo él días después– Fidel Castro había hecho comentarios muy duros contra Boumedienne, al que acusaba de traidor. Pero ya él se lo figuraba desde que Boumedienne estuvo de visita en Cuba. Había salido de pesquería con él y Raúl Castro y desde los buenos días dichos muy temprano en la mañana no había vuelto a abrir la boca más que para dar las buenas noches al terminar la pesquería tarde en la tarde. «Estos tipos silenciosos son muy peligrosos», concluyó Fidel Castro sin siquiera tener en cuenta que Boumedienne bien podía no hablar una gota de español: de ahí su razón para hablar poco. Pero este era un argumento innecesario, ya Boumedienne había sido encasillado como agente del imperialismo y no era asombroso, lo asombroso era ver cómo Rogelio Montenegro se «había puesto en onda», como se decía en la jerga revolucionaria, en tan poco tiempo.

Él se sentó en lo que ya había pasado a ser su silla, oyendo los comentarios de Montenegro y los de Arnold Rodríguez, a los que seguramente asistiría Roa de no haberse tropezado con él en el pasillo. Siguió todavía una media hora más y no preguntó a Arnold si Roa iría a verlo hoy porque era evidente que ya lo había visto. Para colmo, cuando llegó a la casa sacó la llave que no era para abrir la puerta de la calle: el día era tan malo para él como para Ben Bella o el Congreso de la Juventud cuya convocatoria no perifoneaban más los altavoces: en su casa lo esperaba el almuerzo de Hildelisa.

Por la tarde, sentado en la terraza le echó tanto de menos a Miriam Gómez que fue al baño y, mientras miraba el fotograma en que se la veía corriendo por la playa en bikini, se masturbó.

Más tarde en la tarde hubo agua y se bañó. Luego se sentó en la terraza a mirar los niños jugando en el parque central de la avenida. Entre ellos, montando bicicleta, estaba su hija Anita. Más acá, sentada en la yerba con otras niñas, vio a su hija Carolita. Decidió bajar a la avenida con un libro y sentarse a leer en el estirado crepúsculo veraniego. Esta vez no vino nadie a pedirle la hora.

Por la noche Héctor Pedreira le dijo desde su terraza que tenía una prima enferma. Esta había hablado hacía dos días con su madre por teléfono y le había dicho que tenía dificultad en abrir la boca. Hoy se supo que tenía tétanos y estaba en el séptimo mes de preñez. Aparentemente había cogido tétanos de una inyección que le habían puesto en el hospital de maternidad. Ahora estaba muy grave.

Esta noticia le pareció confirmar su sentimiento de desgracia al abrir la puerta al mediodía y lo deprimió considerablemente sin siquiera conocer a la enferma. Al mismo tiempo sintió miedo por sus dos hijas: el tétanos –es decir, la muerte– estaba dondequiera. Se levantó un momento y fue al cuarto y comprobó que sus hijas dormían ya. Luego regresó a la terraza y se puso a hablar de cine con Héctor, Le contó lo que había sucedido con su tocayo Héctor García y la supresión de *King Kong* y Héctor Pedreira, que era un viejo comunista de más de veinticinco años en el partido, encontró muy mal la medida de suprimir las pocas obras maestras que tenía el cine posible de ver en Cuba con el pretexto de que eran películas americanas. «Más vale que supriman toda la historia del cine», dijo Héctor, con lo que él interpretó como un sentimiento de vergüenza.

Al día siguiente fue a visitar a Gustavo Arcos. Este abrió con mucho misterio su *chifforobe* y sacó sigilosamente una caja de tabacos. Le ofreció uno, que él cogió con gusto y guardó para más tarde: nunca fumaba por la mañana. Gustavo lo había llamado por teléfono y le había dicho que tenía algo que contarle. Él fue enseguida.

–Fui a ver al amigo Ramirito –dijo Gustavo refiriéndose a Ramiro Valdés, el ministro del Interior–. Y estuvimos charlando y oye lo que te digo: Aldama está tinto en sangre y envuelto en llamas. ¡Tinto en sangre y envuelto en llamas!

Él se rio de oír aquella expresión populachera en labios de Gustavo.

–No, no te rías que es en serio.

–A ver, qué pasó.

–Estuve hablando con Ramirito un gran rato ayer por la tarde. Luego salí con unos amigos, fue por eso que no te lo dije ayer. Bueno, pues estuve hablando, estuvimos hablando porque él me hizo algunas preguntas sobre la embajada en Bélgica y de la conversación resultó que Aldama está muy desmejorado. Tuve una conversación bastante larga con Ramiro, que hasta me contó su método para saber

–Detectar –interrumpió él.

–Bueno, detectar. ¡Compadre, por algo eres escritor: qué quisquilloso eres con las palabras!

Los dos se rieron. Gustavo siguió:

–Bueno, pues su método para saber si alguien es culpable o no es mirarle las manos cuando lo está interrogando. No me dijo qué le veía él en las manos a la gente que interrogaba, pero me aseguró que por las manos él conocía siempre quién era culpable y quién era inocente.

Por un momento él no dijo nada cuando Gustavo dejó de hablar y pensó en el método científico que tenía nada menos que el ministro del Interior para detectar a los contrarrevolucionarios, que este era el nombre que siempre tenían los culpables –y muchas veces los inocentes.

–¿Y no te dijo él –dijo él– si tú eras culpable o inocente por tus manos?

–Eso me estaba preguntando yo cuando lo decía y tuve que hacer un gran esfuerzo por no mirarme las manos.

–¡Coño –dijo él–, parece el profesor Carbell!

Gustavo soltó una carcajada: él se acababa de referir a un famoso astrólogo cubano de antes de la Revolución.

–Bueno, pero ¿qué pasó con Aldama?

–¡Ah! –dijo Gustavo–. Me estuvo preguntando por todos en la embajada y cuando llegamos a Aldama me hizo una mueca y enseguida vi que el tipo estaba cayendo, cayendo.

Pobre Gustavo: era de veras un ingenuo atrapado en la maquinaria revolucionaria. Él no tenía ganas de decirle lo que iba a decirle pero no le quedaba otro remedio.

–¿Tú sabes una cosa, Gustavo? Yo creo que es todo lo contrario: que Ramiro Valdés te estaba en realidad vigilando a ti, y cuando señaló para Aldama fue para despistarte: en realidad tú eras el investigado.

Gustavo se levantó de la cama.

–Compadre –dijo–, ¡qué maquiavélico eres!

Hay que decir ahora que Gustavo Arcos fue detenido a principios del año siguiente y encerrado en la fortaleza de La Cabaña, a donde lo iba a ver de vez en cuando el ministro del Interior, su «amigo Ramirito», para pedirle que confesara. Como Gustavo dijera que no tenía nada que confesar, pidiéndole que le dijera lo que tenía que confesar, el otro siempre respondía: «Tú sabes, Gustavo. Confiesa». Así pasaron las semanas y los meses hasta que la pierna tullida de

Gustavo comenzó a dar malas señales y tuvieron que trasladarlo de La Cabaña y sus húmedos calabozos a otra prisión.

La pierna de Gustavo estaba lisiada desde el asalto al cuartel Moncada, en Santiago de Cuba, en 1953. Gustavo resultó herido en el vientre al comienzo del asalto, con la bala que le salió por la espalda, lesionándole la columna vertebral. Perdió el conocimiento enseguida y vino a recobrarlo cuando el combate terminaba. Vino hasta él un compañero, que era de los últimos en retirarse del cuartel, y lo recogió y lo metió en su máquina, alejándole de una posible muerte a mano de los soldados vengativos. Pero la máquina, acribillada a balazos, no fue muy lejos y sus salvadores dejaron a Gustavo junto a un chalet en el cual encontró refugio renuente y de ahí llamó a un médico amigo que vino a recogerlo y que le salvó la vida más de una vez. Una de las ironías de la historia es que el compañero que rescató a Gustavo en el cuartel y el ministro del Interior doce años más tarde son la misma persona: Ramiro Valdés.

Pero esto no pasará sino dentro de seis meses largos.

Ahora Gustavo se pasa la mano suavemente, entre acariciándose y sobando su pierna lisiada, mientras piensa en la futura condena de Aldama que su interlocutor cree que nunca ocurrirá.

–¡Tinto en sangre y envuelto en llamas, sí señor!

–O como diría Guillén: ¡Cómo no!

Gustavo soltó una carcajada: era evidente que su visitante había conseguido tirarlo todo a chacota y decidieron, tácitamente, no hablar más ni de Aldama ni de Ramiro Valdés. Ahora Gustavo, que une a su falta de imaginación (de ahí su valentía) una buena dosis de lástima a sí mismo, comienza a contar las desventuras de su unión con una mexicana que se le ha aparecido con dos hijos en La Habana y que amenaza con desgraciarle la vida. Por lo pronto ella ha sabido cómo granjearse el afecto de algunas de las Mujeres de la Revolución y no cesa de hablar pestes de Gustavo. ¿Qué hacer? No queda más que casarse con la mexicana.

–¡Pero si yo no la quiero para nada! –casi gime Gustavo.

En ese momento entra en el cuarto Doña Rosina, la madre de Gustavo, caminando apoyada en su fino bastón. El visitante siente un particular afecto por esta mujer que un día, en el futuro, visitando a su hijo en la prisión de la fortaleza de La Cabaña, insistirá una y otra vez: «¡No digas nada, Gustavo! ¡No le digas nada a estos comunistas!». Ahora se saludan con mutuo respeto.

–¿Cómo está usted, doña Rosina?

–Ah, señor Cabrera. Aquí, tirando.

Luego hablarán de incidentes menudos y al cabo del rato Doña Rosina se irá para adentro de la casa, caminando trabajosamente, apoyada en su bastón.

Ahora él decidió dejar a Gustavo Arcos y regresar a su casa. Caminó lentamente Avenida de los Presidentes arriba y cuando llegó a su casa eligió la llave que no era. Subió en el elevador con la impresión de que algo malo lo esperaba de nuevo en su casa.

Pero cuando entró en su casa todo estaba en orden: las niñas esperaban el almuerzo, Hildelisa cocinaba en la cocina, su abuela pasaba de la sala a su cuartico, caminando con gran dificultad debido a la artritis deformante que le engarrotaba los pies, la lavandera –con la que se había cruzado en el elevador el día que visitó a Leonora Soler– estaba en su cubículo lavando y su padre estaba en su trabajo. Él decidió bañarse antes de comer y ahora, antes de entrar en la ducha, comprobó que los hongos seguían ausentes tan misteriosamente como habían venido.

Salió del baño y se puso su ropa deportiva y ya estaba el almuerzo: era casi la misma comida de siempre, pero hoy había carne.

—¡Ah, carnestolendas! –le dijo él a Hildelisa en broma. Ella respondió:

—Sí, nos tocó hoy por la libreta –ella se refería a la cartilla de racionamiento, que todos llamaban libreta. Al volver a encontrarse él con lo que Lisandro Otero llamaría la realidad revolucionaria sintió agudamente la extrañeza: estaba en su país pero de alguna manera su país no era su país: una mutación imperceptible había cambiado las gentes y las cosas por sus semejantes al revés: ahí estaban todos pero ellos no eran ellos, Cuba no era Cuba.

Almorzó y después se acostó un rato. No se dio cuenta de que hoy no había pensado todavía en su madre muerta: era la primera vez que ocurría desde que supo en Schiphol la noticia de su muerte. Durmiendo junto a sus hijas la siesta soñó que estaba con Miriam Gómez y al despertarse se le había pasado el mal genio contra la comida, en que Hildelisa había desaprovechado la carne en un salcocho incomible: esto nunca lo haría Miriam Gómez.

Esa tarde se sentó en la terraza, a mirar a los pocos transeúntes con sus binoculares. Al poco rato salió Teresa a la terraza de al lado.

—Muchacho –le dijo–, ¡qué cerebro! Siempre mirando a la gente con tus anteojos.

Él dejó de mirar a la calle para enfocar los binoculares en Teresa: era atractiva a pesar del pelo canoso antes de tiempo.

—Estate tranquilo –dijo ella– o se lo digo a Héctor cuando venga.

—Seguro que me va a matar –dijo él.

—Matarte no, pero sí darte dos pescozones –dijo ella.

—¿Por mirar? –dijo él sin dejar los binoculares.

—No por mirar, sino por la manera de mirar.

—Bueno –dijo él dejando a un lado los binoculares–, hay que decirle a Héctor que no deje tanto tiempo sola a una ricura como tú.

Teresa se rio con ganas: a ella le gustaban, como a todas las mujeres, los piropos, aunque fueran en broma.

–Un momento, mi vida –dijo ella–. Que está empezando a llover y tengo ropa tendida.

Era verdad. La tarde pesada y calurosa se había concentrado en grandes nubarrones sobre la ciudad, que él no había visto por mirar a la gente. Comenzaban a caer unos grandes goterones. Él se retiró hasta la sala, pero se quedó sentado en el sillón de la terraza: quería ver llover, uno de los grandes espectáculos en Cuba que no había visto desde hacía tres años. Las grandes goteras se concentraron y enseguida le siguió una ducha pesada, violenta y después el aguacero generalizado, formando una cortina que casi impedía ver el otro lado de la calle. De pronto pensó en su madre muerta, sola en el cementerio, recibiendo la losa toda esta lluvia y le dieron unas ganas inmensas de llorar, que contuvo porque sus hijas venían corriendo desde los cuartos, despertadas por la lluvia, a ver llover. Pero siguió pensando en su madre muerta, en el desamparo de los muertos, en la soledad de la muerte.

Llovió una media hora y después el aguacero amainó tan súbitamente como había comenzado. Salió el sol cuando todavía lloviznaba un poco y miró los ríos de agua hechos a cada lado de los jardines y junto a las aceras, el agua corriendo paralela al contén, rápida, calle abajo hacia el mar.

Quiso salir y convidó a sus hijas a dar un paseo por la cuadra.

–Y me compras un tocinillo del cielo –dijo su hija Anita.

–Te compro un tocinillo del cielo y otro a Carolita.

–No, a mí no me gustan –dijo Carolita.

–Bueno, te compro lo que quieras.

–No quiero nada.

–Bueno, no te compro nada. Vámonos.

Salieron y caminaron Avenida de los Presidentes arriba, hasta la calle 25, doblaron por ella y caminaron hasta la calle F, por la que bajaron buscando la calle 23. En F él vio, por primera vez, los jardines junto a la clínica, donde habían sembrado plátanos. Otros jardines del barrio imitaban a este, con plátanos sembrados en el lugar en que antes había rosas. Los vecinos se ayudaban con los posibles plátanos para remediar la pobre dieta obligada por el racionamiento. Este descubrimiento –plátanos en el lugar de las rosas– lo perturbó y no supo, al principio, por qué. Luego, pensando, descubrió que era el subdesarrollo de la idea lo que le molestaba: La Habana regresaba al campo y era como estar en su pueblo natal, miserable, del que habían salido huyendo hacía 25 años, en que la gente sembraba árboles en sus patios –no había jardines frontales en el pueblo– con la esperanza de que dieran frutos que poder comer, el pueblo regresando al campo. Ahora la ciudad, su ciudad, regresaba al pueblo pobre, al campo en un viaje de visible retroceso. Al mismo tiempo sintió pena por la gente que se veía obligada a sembrar plátanos en sus jardines, esperanzados de comer un poco más de lo que la pobreza del racionamiento permitía. Pensó en el racionamiento que ninguna excusa política podía explicar, ya que no era el bloqueo el que producía la escasez de viandas, que se cultivaban en el país, sino la burocratización total del país que convertía a los plantadores en empleados del Estado y hacía que estos se despreocuparan por completo de las cosechas o, si se preocupaban por las cosechas, como alguna cooperativa que funcionaba bien, el producto de su trabajo era desperdiciado en la pobre recogida de las cosechas o en la escasez de medios de traslación de los frutos cosechados, que hacía que se perdieran hasta cosechas completas en almacenes en el campo o en centros de acopio que jamás llegaban al pueblo. Esta escasez patente se explicaba por el Gobierno como producida por el bloqueo de los Estados Unidos contra Cuba, pero era evidente que si la excusa del bloqueo explicaba la ausencia de automóviles o de aparatos de radio, no podía explicar la escasez general de alimentos que antes el país no sólo producía lo suficiente sino que llegaba a exportarlos. Se dio cuenta de que este pensamiento, de ser expresado de viva voz, sería tildado enseguida de contrarrevolucionario en cualquier centro oficial –como el ministerio de Relaciones Exteriores–, aunque era una opinión vox pópuli, y se sintió molesto. Así entró en El Carmelo de 23 y así compró a su hija el tocinillo del cielo que quería, sentándose ahora en una de las mesas interiores, a esperar que ella acabara de comer.

–¿Qué te pasa, Papi? –preguntó su hija menor.

–Nada. ¿Por qué?,

–Tienes una cara…

Comprendió que su hija tenía razón y se sonrió, terminando en una mueca de ojos bizcos y boca desparramada. Carolita y Anita se rieron de su cara y una muchacha muy bella que salía del restaurant también. Él se sonrió con ganas ahora y pensó que si estuviera solo saldría detrás de la muchacha, a entablar conversación con ella y tal vez amistad, mientras que ahora tenía que consolarse con mirar aquel hermoso cuerpo a través de las puertas de cristal y verlo alejarse por los portales del cine hasta perderse de vista bajando las escaleras que conducen a la calle. Se sintió dulcemente deprimido.

Cuando regresó a la casa recibió una llamada de Dulce María Escardó, que lo saludó como si fueran grandes amigos: en realidad la conocía de fuera fuera y nunca habían tenido una relación que pasara del saludo. Se extrañó de la llamada pero fue muy cortés. Dulce María se excusaba de no haberlo llamado antes, pero quería hacerlo ahora. Además tenía dos entradas para una obra de teatro en el Arlequín y quería invitarlo. ¿Cuándo era? Esta noche. ¿Podría?

Sí, no tenía nada más que hacer pero no dijo eso sino que dijo que sí, con mucho gusto. Bueno, se verían a la puerta del teatro, a las ocho. Colgaron.

Decidió no comer en casa para sentirse mejor y pensó que tal vez comería con Dulce María después de la función. Se cambió. Se puso el traje belga con una camisa de cuello de su padre, pues la suya estaba lavándose todavía. Se afeitó con cuidado, usando la afeitadora de pilas que había traído de Bruselas, y se peinó con esmero. Caminó contento desde su casa hasta la sala-teatro y se sintió bien al bajar por La Rampa de noche por la primera vez en tres años y atravesar ese breve cordón urbano tan querido. Llegó al teatro exactamente a las ocho. Esta puntualidad y el conocimiento del francés era lo que le había aportado la vida diplomática. Dulce María tardó unos diez minutos en llegar y, cuando lo hizo, se saludaron como viejos amigos. Ella estaba más vieja –ya era una mujer de más de treinta años– pero tan atractiva como siempre, con un cuerpo más bien entrado en carnes pero bien proporcionado. Entraron y vieron una obra cubana que por misericordia no mencionará, pero que era bastante pobre. De haber estado solo habría salido en el primer intermedio y no habría regresado más. Pero Dulce María parecía disfrutar la pieza y además había gente que lo conocía en la sala.

Cuando terminó la función caminaron hasta el restaurant Polinesio del Hotel Habana Libre, todavía abierto, y en vez de comer (aparentemente ella había comido ya) bebieron: un Cuba-Libre, hecho con Coca-Cola blanca y ron con soda. Bebieron más, y él, un poco mareado por no haber comido y haber bebido, propuso que caminaran un rato. Salieron del Polinesio y caminaron por la calle L hasta la calle 21. A él no le gustaba pasar por esta cuadra porque ahí estaba el edificio del ministerio del Interior (siempre le dio mala espina que el ministerio del Interior viniera a estar instalado en el centro de la ciudad, como señalando con su presencia la vigilancia constante) y, para reducir el disgusto, cogieron por la acera de enfrente, pasando junto al café en el parque que una vez fue tan querido por él. Caminaron también frente a las Delicias de Medina, café-restaurant que todavía estaba abierto y que tanto le gustaba su nombre.

Fueron por toda 21 hasta el parque Victor Hugo, donde se sentaron en un banco no lejos del Instituto Geriátrico. Por azares de la conversación vinieron a parar en la Revolución. No sabía por qué él había creído que ella era indiferente a la política o más bien ligeramente contrarrevolucionaria, pero desde que abrió la boca fue para demostrar un fanatismo increíble.

–Hay que limpiar el país –dijo ella–. Acabar de hacer irse a todos los contrarrevolucionarios, tapinados o descarados. Aquí hay mucha gente que está con la Revolución nada más que de boca para afuera. A estos hay que descubrirlos y denunciarlos como lo que son: escoria contrarrevolucionaria.

Él no sabía qué decir y decidió quedarse callado. Pero ella siguió, tal vez impulsada por el alcohol o por una fuerza interna invisible en toda la noche hasta ahora.

–¿Tú ves a Virgilio Piñera?

Por un momento él pensó que Virgilio pasaba no lejos de allí y cuando se dio cuenta de que la pregunta era retórica, casi quiso desinflarla con una broma, diciendo que no veía a Virgilio, pero había tal intensidad en la voz de ella que no dijo nada.

–Ese es uno que es un contrarrevolucionario de corazón y aquí está, poniendo sus obras de teatro y publicando su literatura. ¡A ese hay que desenmascararlo!

Pensó en el pobre Virgilio, diana de tantos dardos y sin embargo la más inofensiva de las personas. Ella seguía con su perorata de odio.

–...lo mismo que al Arrufat y a todo ese grupo de Teatro

Estudio. Todos no son más que unos maricones contrarrevolucionarios.

Él debió asombrarse de que ella usara una palabra tan fuerte como maricones, pero su asombro había sido consumido por su intempestiva diatriba contra sus amigos –ella *tenía* que saber que eran sus amigos– y la intensidad de su odio. Recordó que ella, como diseñadora de vestuario que era, tenía contacto con actores y autores teatrales, pero creía que debía haber un lazo de relaciones por lo menos entre ella y la gente de Teatro Estudio. No le parecía extraordinario que odiara a Virgilio Piñera y hasta a Antón Arrufat, que después de todo no hacían teatro de ocasión revolucionaria, pero la otra gente debían de ser sus amigos, al menos él siempre creyó que eran sus amigos.

Estaban solos en el parque y no pasaba nadie por las calles, ya que era cerca de la medianoche, y aunque él pensó al principio tener con ella una relación íntima –después de todo, aunque no era joven sí era una mujer muy atractiva con sus carnes blancas y sus intensos ojos negros–, ahora deseaba estar de regreso en su casa. Además que temía que de un momento a otro ella lo incluyera entre los contrarrevolucionarios ocultos que debían abandonar el país. La primera parte de la proposición le preocupaba aunque estaba de acuerdo con la segunda parte, aquella en que pedía la salida del país para los enemigos de la Revolución. Pero ella seguía hablando y por un momento sintió una mezcla de atracción –ahora, despeinada y vehemente, estaba más atractiva que nunca antes en la noche– y repulsión que no podía alojar en el mismo pensamiento. Ahora se calló. Él la miró y ella le miró a los ojos: estaba casi bella. Era una lástima que él hubiera dejado que la conversación derivara hacia la Revolución, pero era que no tenía experiencia inmediata de tal fanatismo y casi se había olvidado de que las mujeres pueden ser más fanáticas que los hombres: toda opinión hecha de puro sentimiento.

Miró a lo lejos por la calle 21 y se decidió a decirle que era tarde.

—Te acompaño hasta tu casa —dijo él.

—No hace falta —dijo ella—. Yo tengo mi carro junto al teatro, no tenemos más que regresar y yo te dejo en tu casa.

Decidieron hacerlo así y desanduvieron el camino hasta el teatro. En todo el trayecto él no dijo nada y ella se volvió tan callada como había sido al principio de la noche.

Cuando ella lo dejó junto a su casa, él casi la besó. Pero descubrió que lo haría por miedo, para estar de parte de los suyos, y no la besó. Se dijeron que se verían otra noche, pero él sabía que esto no era probable, aunque era evidente que ella no pensaba como él: estaba convencida de que él era un revolucionario firme. De no haber sido así, ella no lo habría llamado y llevado al teatro. Se despidieron.

Al día siguiente fue al ministerio, con el mismo resultado que en ocasiones anteriores: ahora era visita de los secretarios de Arnold. Este estaba ocupado y decidió llegarse a la Casa de las Américas. Traía la narración que Retamar le había pedido. Al salir del ministerio se encontró con la actriz Teté Vergara. Él sabía que su hermana, la comedianta Violeta Vergara, se había suicidado mientras estaba de guardia en la CMQ, poniéndose el rifle de reglamento en la boca y disparando. Siempre había sentido simpatía por Teté, que era muy amiga de Miriam Gómez, pero ahora le dio mucha pena, ya que sabía cómo ella quería a su familia. Se dieron el pésame mutuamente.

—¿Cómo esta Miriam? —preguntó ella.

—Muy bien. Hablé con ella los otros días y está muy bien.

—Vaya, me alegro.

—Seguro que sentirá mucho lo de Violeta cuando se entere.

—Sí, es seguro.

Hubiera querido preguntarle a Teté por qué se había suicidado su hermana, que era una comediante tan popular, pero era penosa la conversación y se despidió enseguida.

Marcia Leiseca no estaba en la Casa y él sintió no verla. Se dirigió enseguida a la oficina de Retamar y cuando entró lo encontró hablando con una mujer, una muchacha más bien, de una gran belleza, con una sonrisa encantadora y mucha clase en las maneras. Retamar se la presentó, pero, como siempre, él no entendió su nombre. Propuso venir más tarde porque era evidente que se sentían muy bien uno en la compañía del otro, la visitante dijo que ella ya se iba, y se fue. Para su pesar, era obvio, pero más para el pesar de Retamar.

Cuando ella se fue, él le entregó la narración y Roberto la miró por encima.

–Muy bien –le dijo–, sale en el próximo número. Y te advierto que aquí estamos pagando muy bien.

–Me alegro –dijo él–. ¿Cuánto será?

–Por lo menos cien pesos.

–No está mal.

–¡Qué va a estar mal!

Hablaron de cosas sin importancia, él evitando preguntarle quién era la bella visitante y Retamar obviamente deseando que hubiera llegado en otro momento. Al poco rato se despidió y fue a la biblioteca, a hablar con Sara y con Olga, que estaban de lo más aburridas entre libros yertos y lectores absortos.

Tenía en la mano la llave correcta cuando abrió la puerta del edificio y en la casa no le esperaba otro desastre que no fuera el almuerzo de Hildelisa. Por la tarde se sentó en la terraza y volvió a llover y él volvió a sentir pena por su madre muerta bajo la lluvia. Pero esa tarde llamó a Oscar Hurtado y decidieron verse en El Carmelo de Calzada por la noche. Fue y se sentó en una mesa en la que luego se sentaron Miriam Acevedo, la mujer de Oscar, y Ernestina

Linares, una actriz que él apreciaba mucho como actriz y como mujer. Estuvieron charlando y él hizo una imitación de Laurence Olivier en *Hamlet* que hoy consideraría de una gran pobreza pero que fue muy celebrada entonces por los concurrentes. Como a las nueve entró Lido y él casi no la reconoció. La había conocido hacía tres años en 12 y 23, cuando resultó que la había visto antes en el mismo edificio en que vivía, donde ella estaba viviendo entonces con una compañera actriz después de haberse ido de la casa de sus padres. Entonces le dio la impresión de que Lido le tenía miedo a los hombres y que protegía su virginidad a toda costa y a pesar de una aparente accesibilidad. Ahora que la vio entrar al restaurant la encontró más desenvuelta, también tenía el pelo más largo cortado en un cerquillo delante y recto detrás, que con sus grandes ojos semirasgados y su perfil extraño le daban un aspecto de una Cleopatra tropical.

Ella entró, pasó por la terraza y siguió al interior del restaurant: era evidente que buscaba a alguien. Cuando salió vio a Miriam Acevedo y a Ernestina Linares (seguramente que en estos tres años Lido había seguido sus aspiraciones de ser actriz) y se detuvo a conversar con ellas. Entonces ella lo vio a él y lo reconoció. Se saludaron. Él había olvidado su nombre y ella nunca había sabido el suyo, pero él la invito a sentarse a la mesa y ella aceptó. Estuvieron hablando todos de naderías pero él no dejaba de mirarla a ella a los grandes ojos y ella le devolvía la mirada. Luego, al cabo del rato, ella se levantó para irse y él decidió acompañarla, despidiéndose de Miriam y de Ernestina y de Oscar, a quien no le gustó nada que lo dejara con la palabra en la boca.

Ella iba camino de la calle Línea y él se aparejó a ella para conversar.

—¿A dónde vas? – preguntó él.

—A ninguna parte, para casa.

—¿Tan temprano?

—Sí, tan temprano.

Él casi le preguntó que si no había encontrado lo que venía a buscar en El Carmelo, pero no lo hizo.

—¿Por qué no damos una vuelta?

—¿Por dónde?

—Por ahí, por donde tú quieras.

—Está bien —dijo ella y caminó con más lentitud.

Atravesaron la calle Línea y él se dirigió hacia Paseo. Tenía el propósito excluyente de acostarse con ella y de alguna manera estaba seguro de lograrlo. Caminaron Paseo arriba, él siempre dirigiendo la marcha y ella obedeciendo tácitamente, sin preguntar nunca a dónde iba. Quizás ella sabía. Él comenzó a mirar al cielo y a recitar compulsivamente: «Es la causa, es la causa, alma mía. ¡No os lo diré jamás, castas estrellas! Esta es la causa». Él volvía una y otra vez con lo de castas estrellas mirando al cielo y en un momento ella le preguntó:

—¿Qué es eso?

—¿Esto? *Otelo*, acto quinto, escena dos.

—¿Te la sabes completa?

—Nada más que ese verso: «¡No os lo diré jamás, castas estrellas!».

Siguió recitando ese único verso cuando llegaron a 23 y luego él dobló como si fuera hacia 12, pero en realidad iba a doblar de nuevo por la calle 2, rumbo a 2 y 31, a la posada, como se llama en Cuba a un *hôtel de passe*. Cuando dobló y cogió 2 arriba ella lo siguió —mejor, lo acompañó y él supo que ella no opondría ahora ninguna dificultad, que el obstáculo visible hacía tres años había sido vencido desde tiempo atrás. Ella tenía que saber ya que iban hacia la posada o a algún sitio parecido si no conocía que allí había una posada y él la cogió del brazo por primera vez para cruzar la calzada de Zapata y entrar directamente hacia 2 y 31. No había nadie en las calles y era más tarde de lo que él pensaba. Casi llegando a la posada un silencio completo y él miró al cielo una última vez y pronunció la frase «Castas estrellas...». Ella se sonrió y sonriéndose entró con él al edificio hecho exclusivamente para hacer el amor.

Ella era bien trigueña y tenía el color parejo en todo su cuerpo, que si no era un cuerpo perfecto era muy agradable de mirar y de oler y de tocar. Tenía además un calor que era muy agradable en la madrugada más bien fresca. Comprobó que ella había dejado de ser virgen hacía mucho tiempo.

Al día siguiente lo despertaron los altavoces, de nuevo. Esta vez la misma voz conminaba a los mejores no a ir a Argelia como antes, sino a dirigirse «a la provincia oriental» a plantar un millón de eucaliptos –aunque el locutor tenía cierta dificultad con esta palabra. Una y otra vez los altavoces perifoneaban el mismo mensaje: «Los mejores irán a la provincia de Oriente. ¡Todos a sembrar eucaliptos!». Así estuvieron por otra semana, cuando llegó la hora señalada para plantar un millón de eucaliptos y miles de camiones llenos de muchachos y muchachas se dirigían hacia la provincia de Oriente cargados de posturas de eucaliptos. La ironía de esta nueva excursión de los mejores es que regresó Alberto Mora de Oriente y le dijo en su casa, cuando todavía los altavoces tronaban, que la campaña de siembra de un millón de eucaliptos conduciría a los sembradores al mismo terreno dispuesto para sembrar caña para el ingenio modelo que él iba a administrar. «¿Pero cómo?», preguntó él, casi ingenuamente. «Así como lo oyes», le dijo Alberto. «Dentro de unas semanas se sacarán todas las posturas de eucaliptos para sembrar caña». «¿Y el esfuerzo de todos esos muchachos?», preguntó él y respondió Alberto cínicamente: «En algo había que entretenerlos».

Por la tarde se puso a leer para disipar el tedio, al mismo tiempo que preparó la frazada cubriendo la ventana para que sus hijas pudieran ver la televisión. Él también la hubiera visto a instancias de ellas, pero era un dramón mexicano con estrellas argentinas o al revés. Así, se puso a leer en la terraza, ya que había demasiado calor y el sol estaba demasiado alto para bajar a la avenida. Además, como la terraza daba directamente al mar –del cual veía siempre un pedazo y la línea del horizonte, rota a veces por algunos edificios altos–, hacía allí siempre fresco por mucho calor que hubiera.

A la noche volvió otra vez a El Carmelo de Calzada y se sentó no en la mesa separada, al fondo, en que estuviera sentado la noche anterior, sino en la mesa que Oscar Hurtado ocupaba casi siempre al centro, enfrentando la esquina de la calle D y Calzada, tal vez el mejor sitio de la terraza. Oscar dijo que se alegraba de verlo. Él lo sabía pero le extrañaba que Oscar lo expresara tan seriamente.

–Quiero decirte –le dijo–, que esa chiquita, Lido, es peligrosa compañía.

–¿Ella? ¡Qué va a ser! Sabrosa compañía es lo que es.

–Te lo digo en serio.

–A ver, ¿qué pasa con ella?

–Es mujer o amante de un comandante.

Él se extrañó.

–¿No la viste, anoche?

–¡Claro que la vi!

–No, me refiero a cómo entró buscando a alguien.

–No, no me fijé.

–Pues yo sí. Te lo digo para evitarte problemas. Mientras menos tropiezos tengas con esta gente, mejor.

–Gracias.

–No, no hay de qué.

Al ver que Oscar Hurtado no bromeaba, se preocupó un poco. Era para preocuparse tener por rival celoso a un comandante del Ejército Rebelde, que era como decir un general de un ejército ordinario. Era para preocuparse mucho pero se preocupó nada más que un poco. Esa noche, si hubiera visto a Lido, tal vez habría salido de nuevo con ella. Se conocía. Tal vez saldría con ella mañana por la noche.

Pero al día siguiente amaneció con disentería. No sabía ni cuándo ni cómo la había cogido, solamente sabía que por la madrugada se despertó con ganas de ir al baño y luego tuvo que ir varias veces más. Ya por la mañana había perdido la cuenta de las veces que fue a hacer una necesidad que detestaba por considerarla humillante. Se sentía mal y tal vez hubiera tenido que ir al hospital, pero aunque no tenía más que atravesar en diagonal la avenida para entrar por la puerta trasera del hospital, no podía caminar tanto sin poder ir al baño y aunque pudo llamar un médico a la casa, a Mora Pimienta por ejemplo, no quería hacerlo por lo que se consideraba en Cuba como una simple «maleza de barriga». Estuvo tres días enfermo, en los cuales no comió la comida de Hildelisa, lo que no era tan grande sacrificio después de todo, sino que tomaba de un cocimiento que le hizo su abuela, con unas yerbas que trajo Tona, la lavandera, y al cuarto día amaneció bien.

En el espejo comprobó que había adelgazado mucho desde que viniera, pero no le preocupó sino le alegró, ya que en los últimos tiempos, en Bélgica, estaba muy gordo y había comenzado a hacer ejercicio en la camilla gimnástica que había dejado Gustavo Arcos y a correr por el terreno baldío detrás de la embajada.

A la noche siguiente volvió al Carmelo. Sentado a la mesa con Oscar Hurtado –luego vinieron Luis Agüero y su mujer, Sara Calvo, y Rine Leal y Lisandro Otero estuvo un rato–, vio pasar, salir más bien, a Lido con su militar. Era efectivamente un comandante, que tenía una notable cara de zafio. Decidió olvidarse de ella, aunque no quería olvidarse de ella en la cama.

Estuvieron hablando de inventos absurdos –gracias a Rine Leal– y luego de política –por Lisandro Otero. En un momento se reunieron las invenciones y la política cuando a Rine se le ocurrió proponer una conscripción militar total, en la que todo el mundo en Cuba pertenecería al ejército. Cada cual seguiría haciendo su trabajo, pero cobraría lo que cobra un recluta del servicio militar obligatorio y así la hacienda no tendría que pagar sueldos elevados y nadie podría protestar por estar enrolados todos en el ejército. (Luego, cuando Franqui se enteró de esta creación de Rine, se alarmó, medio en serio, medio en broma, y le pidió a Rine que no la divulgara mucho, no fuera ser que el Gobierno la oyera y decidiera adoptarla. Lejos estaban los dos, Rine y Franqui, lejos estaban todos de saber que un día no muy lejano se adoptaría una política similar y todo el pueblo se vería obligado a hacer trabajo voluntario forzadamente en un régimen más o menos militar).

Lisandro Otero estuvo hablando de la organización del Comité Central del Partido Comunista de Cuba, que se preparaba, y se mostró muy curioso por saber su composición. Inclusive adelantó una posible combinación.

–A mí me fascina la política –dijo Lisandro–. ¿A ti, no? Le preguntaba a él.

–No, a mí no. A mi más bien me desagrada la política. Considero la vida una novela y creo, con Stendhal, que la política en una novela es como un pistoletazo en medio de la misa.

Todos rieron y le costó trabajo explicar que no era una *boutade*. Nadie, por supuesto, le quiso creer.

Luego, tarde en la noche, caminaron –junto con Antón Arrufat, que había llegado después del teatro– por la calle Línea hasta la Avenida de los Presidentes, por la que subieron. Cerca de la calle 17 se asombró él de no encontrar a los misteriosos personajes de las sombras. «Ha habido una recogida», le explicó Antón Arrufat, que estaba al tanto de todas las actividades de Lacras Sociales. Por mutuo consenso y en silencio, decidieron hablar de otra cosa. Luis contó lo que le estaba pasando a Sara últimamente, que tenía una alucinación o una visión de que ella, estando acostada, salía de su cuerpo y volaba hasta el techo y desde allí miraba hacia abajo y veía a su «otro» cuerpo acostado en la cama. Todos –menos Lisandro Otero, que se había ido temprano– lo tomaron en serio. Oscar explicó que era un fenómeno de ESP muy corriente, pero Luis estaba preocupado y Sara parecía asustada al contarlo. Oscar ilustró la vulgaridad de la división de personalidad de Sara con levitación con múltiples ejemplos sacados de libros que él había leído. A lo que respondió Sara que ella lo estaba viviendo.

Ya habían llegado frente a su casa y todos se sentaron en un banco, enfrentado al edificio en que él vivía. Las voces resonaban en la calle desierta y silenciosa cuando él explicó su extraña ocurrencia con los pájaros, desde su niñez y la muerte de su hermanita hasta los otros días en Bruselas y la subsiguiente muerte de su madre. Oscar Hurtado habló después y dijo que eso indicaba que él tenía que cuidar de los pajaritos. Por su tono, que era en extremo serio pero al que le quitaba seriedad el diminutivo de pajaritos, no supo bien si Oscar bromeaba, aunque hacerlo en ese momento no era cosa de Oscar y sí hubiera sido de muy mal gusto, ya que todos sabían, Oscar Hurtado el primero, lo que significaba para él la muerte de su madre. Esta impresión vino a ser suprimida por la intervención de Antón Arrufat, que contó cómo su padre había muerto en un accidente de ferrocarril, previsto por su madre, que también había muerto, pero de cáncer. «Nadie previó su muerte», dijo Arrufat. «Pero yo hubiera preferido que los dos hubieran muerto en el mismo accidente». Se quedó callado y por un momento él creyó que Antón deseó la muerte de su madre, pero al momento comprendió que en realidad hablaba de evitarle la muerte atroz que ella tuvo. Luego se hizo un silencio largo, sobrecogidos por el misterio de la vida y de la muerte, y al poco él decidió que era hora de irse a dormir, se despidió del grupo, cruzó la calle y entró en su casa con la llave que era, lista ya en la mano.

Al día siguiente vino a su casa de visita la hija de su prima Noelia, llamada Nersa, que era muy bella, muy joven y a pesar de eso ya divorciada y que era por lo mismo muy vigilada por Noelia y por Miguel, sus muy estrictos padres. Decidió invitarla, junto con sus hijas, Anita y Carolita, al teatro esa noche, a ver una representación de *Arlequín, servidor de dos patrones,* de Goldoni, que todo el mundo decía que estaba muy bien.

Casi a la hora de salir se apareció un muchacho de unos veinte años, delgado, más bien feo, que era un enamorado de Nersa, pero nadie en la casa lo sabía. Fue con ellos hasta la esquina donde paraban los taxis y cuando vino uno al rato, montó en él y a la hora de sacar las entradas en el teatro no se despidió de Nersa sino que mostró intención de entrar al teatro, aunque no hizo siquiera ademán de sacar la entrada, por lo que él tuvo que invitarlo a la función. (Ya a la salida de la casa, Hildelisa, que no se perdía una, hizo una mueca a la espalda del pretendiente como queriendo decir que no servía para nada. Ella se quedó en la terraza y lo vio entrar en el taxi y al otro día, cuando hablaron de la función, dijo: «Y seguro que hubo que pagarle la entrada al fantasmón». Cuando él dijo que sí, Hildelisa dijo que era un bobo por haberlo hecho, que debían haberlo dejado en la calle. Fue así que la función no fue perfecta).

Pero ocurrió algo interesante, no estaba mal la representación de la pieza de Goldoni y lo que estaba muy bien en ella era una mujer joven, casi una muchacha, que hacía de la heroína y que el programa decía que se llamaba Isabel Elsa.

A él le pareció no sólo que no era una mala actriz, sino que estaba muy bien físicamente. Se parecía mucho, tal vez demasiado, en la escena, a Miriam Gómez cuando era actriz. Él no dejó de mirarla en toda la noche y lamentó no haber traído los anteojos al teatro, que era largo y estrecho.

A la salida mandó a sus hijas con Nersa para la casa y él caminó hasta El Carmelo, que no quedaba muy lejos. Como otras noches vio allí a Ingrid González, a la que invitó a su mesa. Ingrid vino muy contenta y se sentó sonriendo. Su sonrisa duró hasta que él le habló de Isabel Elsa y le preguntó si la conocía ya que él la quería conocer. Ingrid dijo que la conocía y añadió: «Pero está casada». A lo que él respondió: «Y eso qué importa».

–No, lo decía para que lo supieras –dijo ella.

–Ya lo sé. ¿Y ahora qué? –preguntó él con cierto descaro.

–¿Quieres conocerla todavía?

–Sí, claro que quiero.

–Bueno, yo te la presento. Deja que venga ella por aquí una noche.

Esa noche no vino sino varias noches más tarde. Pero esa noche Ingrid le dijo:

–¿Y por qué no me quieres a mí? –y no estaba bromeando.

–Pero si te quiero –dijo él y le acarició una mano. Ingrid se dejó acariciar la mano y lo miró a los ojos.

–Tú no me quieres –dijo ella.

–Que sí te quiero –dijo él.

–Pruébalo –dijo ella.

–¿Cómo? –dijo él.

–Tú sabes cómo –dijo ella.

–No sé. Te juro que no lo sé.

Ella no dijo nada y él le preguntó que si se iba, ya que no veía a Hurtado ni a ninguno de los del grupo en El Carmelo. Sí se fijó, cuando ella salía, en una muchacha delgada y alta, de cara larga y labios perfectos, que lo miró un momento. Pero fue sólo un momento.

—Me voy cuando tú quieras —dijo Ingrid

—Bueno, vámonos.

—¿Me acompañas hasta mi casa?

—No, más bien tú me acompañas hasta la mía. Vamos caminando hasta 23 y G.

G era como llamaban los vecinos a la Avenida de los Presidentes, que en realidad caía en la letra G de acuerdo con sus calles vecinas.

—Eres malo.

—No, soy bueno. Es una tentación muy grande acompañarte hasta tu casa.

Él pagó y salieron, caminando calle Línea abajo hasta la Avenida de los Presidentes. Llegaron a la calle 23 al cabo del rato. Ingrid sudaba, lo que le prestaba un brillo atractivo a su piel quemada por el sol. Él la miró un momento y ella se dio cuenta de que la miraba.

—¿De veras que no me acompañas hasta la casa?

—No puedo.

—Eres malo.

—De veras que no puedo. Tengo que acostarme temprano.

Ella lo miró a los ojos, luego dio casi una media vuelta y, como retorciéndose interiormente, le dijo:

—¿Por qué te tengo que querer así?

Él no dijo nada porque supo que ella no bromeaba ni hablaba por hablar y se quedó callado.

—Tú sabes que te amo, ¿no? —le dijo ella.

No respondió enseguida.

—No, no lo sabía.

—Embustero.

—Créeme que no lo sabía —dijo él.

—Entonces ¿todo esto por qué? —dijo ella.

Ella hizo un gesto como para abarcar la noche.

175

–Me coges de sorpresa –dijo él.

–Hace rato –dijo ella–. Me pasa desde hace tiempo.

–No lo sabía –dijo él, serio.

–Bueno, ahora ya lo sabes.

–Sí, lo sé –dijo él y se rio interiormente al recordar de dónde venía esa frase.

–¿Qué hacemos? –preguntó ella.

–Nada. ¿Qué vamos a hacer?

–Entonces ¿me quedaré queriéndote todo el tiempo? –ella sonrió y él supo que ahora sí bromeaba.

–Tal vez y tal vez no. Si eres una buena muchacha, tendrás tu premio.

–Ajá –dijo ella–. Ya lo sé. Bueno, querido. ¿Te puedo llamar querido?

–Sí, cómo no, y amor también, si quieres.

–Bueno, amor, ¿cómo hacemos?

–Cada uno se va a dormir a su cama.

A él le molestaba de veras tener que rechazar a Ingrid, que estaba muy bien físicamente y era muy cariñosa, pero sabía que Miriam Gómez nunca se lo perdonaría, como sabía que de hacerlo Miriam Gómez se enteraría porque él acabaría diciéndoselo.

–Bueno, en ese caso, si me botas, me voy.

–Hasta mañana.

–Adiós, amor.

Él la vio caminar calle 23 abajo y, cuando hubo ella avanzado unos cincuenta pasos, él miró a ambos lados de la calle y cruzó con cuidado hasta la esquina del Castillo de Jagua y caminó hasta su casa, apenas a veinte pasos de allí. Al entrar tenía la llave que era en la mano y supo que todo estaba bien.

Al día siguiente, que era una mañana espléndida de sol y de luz y cielo claro, ya sin el atronador ruido de los altavoces hiriéndole los tímpanos, decidió irse hasta la revista *Cuba*, donde Antón Arrufat había publicado una entrevista con él en Bruselas y junto con ella habían impreso un fragmento de su libro. Quería cobrar el dinero que le debían por la publicación.

Tomó un taxi y no bien el carro entró por Rancho Boyeros, no lejos de la Plaza Cívica, pasando frente a la Biblioteca Nacional y por entre el INRA y el antiguo edificio de la Lotería Nacional, sintió que volvía a vivir días pasados, en los tiempos que estaba aquí mismo el periódico *Revolución* donde también se hacía *Lunes*. Pero se detuvo en la parte trasera del edificio del INRA, donde estaba la redacción de la revista *Cuba*, se bajó del taxi, pagó y entró.

Dentro, en una oficina, estaba Lisandro Otero, que se empeñó en enseñarle toda la redacción y presentarle a todos los redactores y empleados que no conocía. Allí vio a Guerrero, que había trabajado en *Lunes* hacía años, y al fotógrafo Ernesto, con quienes siempre tuvo una buena amistad. Lo convidaron a café –había café en el edificio del INRA, no por gusto eran los cuarteles del Instituto Nacional de la Reforma Agraria, máxima sede de la burocracia agrícola de Cuba. Estuvo allí un buen rato después que hubo cobrado los setenta y cinco pesos que le pagaron por su colaboración. Luego regresó caminando hasta su casa, disfrutando del día a pesar del calor, al que había echado tanto de menos en Bélgica, pero que comenzaba a sentir ahora casi no como un nativo.

Después de cumplir el rito inane del almuerzo y el otro rito de comprar un tocinillo del cielo a su hija Anita (hoy, por haber cobrado, le compró dos, ayudándole a comer el segundo), se sentó a leer en la terraza, donde soplaba una brisa fresca que venía directamente del mar. Leía *Risa en la oscuridad*, de Vladimir Nabokov, en una traducción que no estaba del todo mal y disfrutaba mucho con el ingenio cruel del libro. Había leído otros libros en estos días y, a pesar de la mediocre novela de Julio Cortázar *Los premios*, este y otro libro eran los únicos que iba a recordar en el futuro.

Esa noche (o fue tal vez otra noche) fue al Carmelo como de costumbre y vio allí de nuevo a Ingrid, que se acercó a decirle que Isabel Elsa no tenía teatro esa noche y tal vez vendría más tarde.

Más tarde su corazón comenzó a latir rápido cuando vio a la actriz entrando por la puerta de Calzada y al poco rato vinieron Ingrid y ella hasta su mesa. Él se levantó (cosa que no había hecho cuando vino Ingrid a saludarlo) para las presentaciones y luego las invitó a sentarse. Al poco rato, Isabel Elsa se levantó para ir al baño y fue entonces que Ingrid le dijo, en innecesario susurro, que Isabel y su marido se habían separado hacía unas semanas, aunque ella no vino a saberlo nada más que hoy.

Cuando regresó Isabel Elsa, más bien al poco rato y después de una conversación tan tonta como pretenciosa sobre Goldoni y *Arlequín*, Ingrid se levantó –muy discreta, es verdad– y dijo que iba a saludar a unos amigos cuyo nombre él no entendió bien. Se quedaron pues los dos solos en la mesa. Siguieron hablando naderías y al cabo, insensiblemente, la conversación derivó, sin saber cómo, por una mera alusión –tal vez de Oscar Hurtado a otra mesa no lejana–, la conversación se llenó de fantasmas. Él hizo uno o dos chistes y ella se rio, poco, pero se rio. Él comprobó que ella no tenía mucho sentido del humor, pero lo que dijo después le hizo pensar que tal vez ella tenía otra cosa en la cabeza que no era precisamente el humor.

–No puedo dormir en casa –fue lo que dijo ella y él enseguida pensó que podría dormir en otro lado aunque no lo dijo.

–¿No? ¿Por qué? –fue lo que dijo.

–Tengo tanto miedo.

Ahora, pensaba él, dirá que tiene miedo de dormir sola.

—¿Sí? ¿A qué?

—A los ruidos. Pasan las cosas más extrañas. A medianoche un sillón comienza a balancearse solo, después hay ruido como de pasos, aunque el apartamento está bien cerrado y no es posible que entre nadie.

Ella parecía verdaderamente asustada.

—Luego oigo como suspiros o quejidos y los sigo oyendo hasta que me duermo.

—¿Desde cuándo suceden estas cosas? —casi le preguntó si sucedían desde que estaba viviendo sola, aunque no sabía ciertamente si ella vivía sola o con un familiar.

—Desde hace algún tiempo. Pero es ahora que se han hecho más fuertes. Se lo he contado a varias gentes y algunos me dicen que es brujería. ¿Será verdad?

—No, se trata de otra cosa. Fenómenos de Poltergeist.

—¿Qué?

Era evidente que ella no era una actriz muy culta.

—Poltergeist —dijo él lentamente.

—¿Qué cosa es eso?

—Fenómenos extrasensoriales pero producidos por seres humanos. Tal vez por ti misma.

—¿Pero cómo va a ser?

—Inconscientemente. O tal vez alguien en la vecindad.

—No creo. Son de la mejor gente.

—No tiene por qué venir de enemigos. Son fenómenos producidos por fuerzas subconscientes. A menudo por un niño reprimido por sus padres.

—En mi casa no hay niños.

Él estuvo a punto de solicitar la ayuda de Oscar Hurtado, que ahora estaba mirando para su mesa.

—Ahora, que pueden ser eliminados.

—¿Sí? ¿Cómo?

—Por personas que saben, que van a tu casa y descubren el origen de los ruidos y los movimientos.

Casi se ofreció él mismo a servir de exorcista, pero lo detuvo un cierto temor a los fenómenos de Poltergeist que era más bien una forma más de sus supersticiones.

–Yo no estoy nunca en casa.

Comenzaba a encontrar a Isabel Elsa más estólida que estúpida y viéndola bien de cerca no era tan bella como en la escena: había perdido todo su misterio, a pesar de los misterios de la casa que habitaba.

–Te pones de acuerdo con alguien que sepa...

–No conozco a nadie.

–Por ejemplo, Oscar Hurtado.

–¿Quién?

–Oscar, el marido de Miriam Acevedo.

–Ah.

–Él sabe mucho de estos fenómenos.

–Pero yo no estoy en casa más que para dormir y es muy tarde en la noche para recibir visitas.

–Puede venir un grupo.

–No sé.

Ella no se había siquiera sonreído en ninguna de sus alusiones humorísticas. (Aunque hoy, al recordarlas, él no piensa que haya habido mucho humor en sus intervenciones). Comenzaba a cansarse de ella y no había visto un solo indicio en toda la noche de que hubiera la menor oportunidad de tener algo con ella. Así cuando ella dijo que se iba, que estaba cansada –aparentemente había estado cansada toda la noche–, él no sintió para nada su ausencia. Se levantó, se despidió de ella casi tendiéndole la mano, aunque no llegaron a estrecharse las manos, tal vez porque ella no hizo ningún gesto al efecto. Luego la vio ir a sentarse en la mesa de actores en que estaba Ingrid y él fue a sentarse con Oscar Hurtado.

Más tarde, cuando ella se hubo ido y pudo llamar la atención de Ingrid, ésta vino a la mesa, con el disgusto de

Oscar, que no admitía en su mesa a más mujeres que Miriam Acevedo, al principio, y después a Evorita Tamayo.

—¿Qué dijo? —le preguntó él y casi pudo ver la mueca en la cara de Oscar.

—Ah, poco. Pero dice que eres muy interesante.

—¿Yo o lo que yo dije?

—Tú, me parece.

Ingrid no tenía muchos deseos de elucidar aquel tema y él, por otra parte, descubrió que no le importaba mucho la opinión que tenía de él Isabel Elsa, que devino desde entonces una figura que veía de lejos en El Carmelo y a la cual no se acercó jamás.

Un día en que volvió al ministerio ocurrió un incidente curioso —que hubiera sido casi jocoso de no estar él en la situación que estaba. Como siempre fue a la oficina de Arnold y se encontró con que Arnold estaba ocupado en el salón inmediato, que era el de recibimientos, en conferencia con el embajador suizo. En espera de que terminara Arnold, se puso él a hablar con su secretario y secretaria y al cabo del rato se abrió la puerta de la anteoficina y entró rápidamente en ella Raúl Roa, que estaba ya en medio de la oficina cuando se dio cuenta de que estaba él sentado allí. Entonces trató de salir y la puerta que encontró más a mano fue la del salón de recibo, donde entró y cerró la puerta. Tanto el secretario como la secretaria se echaron a reír y como él no comprendía lo que pasaba, le contaron: Arnold se entrevistaba con el embajador suizo porque Roa no había querido verlo y como excusa le habían dicho que el ministro no se encontraba en La Habana. Los secretarios se imaginaban las mutuas caras de Roa y de Arnold al enfrentarse el embajador suizo con la destrucción de la excusa dada.

Pero para él este incidente fue la convicción absoluta de que Roa no quería verlo, que la llamada de Arnold al aeropuerto invocando una futura entrevista con el ministro era una simple excusa, ahora tan evidente como la dada al embajador suizo. Pero, si Roa no quería verlo ahora, ¿por qué se había invocado su nombre y una entrevista con él como las razones para abandonar su viaje en el último momento? Además, ¿por qué precisamente se había esperado el último momento para impedirle regresar a Bruselas? ¿Quién, si no Roa, había sido el autor de la impedimenta de su viaje? Pensando en estas cosas abandonó el ministerio sin esperar a que Arnold terminara su accidentada entrevista con el embajador suizo.

Por la tarde lo comentó con Sabá y su hermano estuvo de acuerdo en que había una intención doble de retenerlos en Cuba. Llegaron a la conclusión de que debía haber una denuncia grave contra ambos y que partía de una misma fuente: el ministerio del Interior y concretamente el servicio de inteligencia, a cargo de quien comenzaba a hacerse tan notorio como el ministro Ramiro Valdés. El comandante Manuel Piñeiro, mejor conocido por su alias de *Barbarroja*. Fue entonces que él adivinó que se encontraba en peligro, al deducir que si se le destituía de su cargo –como efectivamente debía haber ocurrido ya, sin que él lo supiera– y no se le daban razones, era porque estas eran secretas y las únicas razones secretas posibles tenían que ser cargos levantados contra él por el servicio de inteligencia, que, como supo después, cada vez intervenía más en las decisiones de los ministerios que enviaban funcionarios al servicio exterior. Estas acusaciones debían ser muy recientes, ya que él había sido ratificado por el ministro Roa en su cargo de encargado de negocios de Cuba en Bélgica en cuanto regresó a Cuba, regreso que hizo con el permiso directo del propio Roa. ¿Qué cargos había contra él? ¿De dónde provenían las acusaciones directamente? ¿Hasta dónde llevarían las sospechas y cuánto tiempo tardarían en convertirse en cargos reales? No lo supo entonces, pero por primera vez desde el triunfo de la

Revolución tenía miedo y comprendió lo que era ser una víctima del poder totalitario.

Al principio decidió no salir más de la casa hasta haberse averiguado qué pasaba en realidad con él. Luego cambió de parecer y se dijo que solamente la astucia lo salvaría y que por tanto debía actuar con la mayor normalidad. Después de tres días de no salir a ningún lado, volvió a El Carmelo, invitado por teléfono por Oscar Hurtado.

Esa noche no sólo hablaron de vuelos espaciales, sino que Oscar propuso al grupo ir hasta el Malecón, a mirar el cielo un rato. Fueron y encontraron la noche estrellada. Las pocas luces que había ahora en el Malecón –antiguamente mucho mejor alumbrado– les permitieron ver el cielo con perfecta nitidez. En un momento Oscar señaló hacia el zenit y preguntó que si veían la luz que se movía. «Es una estrella», propuso alguien. «No –dijo Oscar–, es el satélite americano». No se preguntó cómo lo sabía Oscar, sino que se dijo que si Oscar lo decía era porque así era. Luego, mirando a las altas estrellas, pensó, como siempre, en lo efímero de las pasiones humanas y entre ellas, de las más efímeras, eran las pasiones políticas. Se sintió confortado en su comunión con el cosmos y, aunque fue breve, sentado allí en el muro del Malecón lo invadió una tranquilidad que no había experimentado en mucho tiempo. Sin decírselo, le agradeció a Oscar Hurtado que le hubiera hecho ver las estrellas.

Cuando su madre murió, las vecinas de los bajos de al lado, que eran muy religiosas, quisieron darle una misa. Pero como habían cerrado muchas iglesias y había muy pocas abiertas, la misa fue señalada para el mes de septiembre, es decir, tres meses después de la muerte de su madre. Al saberlo Soriano, que era un creyente de religiones esotéricas, propuso que su iglesia –la Iglesia Mundial de la Salud del Alma– diera una misa por el descanso del alma de su madre. Él no creía en la efectividad de ninguna de las misas, pero por haberlo propuesto Soriano con su acostumbrada pasión callada, él aceptó y fue hasta la Iglesia Mundial de la Salud del Alma, que, en perfecto contrasentido, se encontraba en una casita de una calle casi anónima del barrio de El Cerro. El local estaba repleto. Él se sentó –junto con su padre, su hermano y Soriano– en la última fila. El oficiante era un personaje conocido de las calles de La Habana que él había visto muchas veces, con su cara ratonil, de ojos muy juntos y ahora con una barbita. Comenzó a oficiar con voz aguda y mencionó varios nombres, entre los que, de pronto, estaba el nombre de su madre. Cuando él oyó al oficiante decir Zoila Infante sintió todo el peso de la muerte de su madre de pronto, declarada difunta entre tantos muertos y vivos desconocidos y fue un sentimiento casi de vergüenza, de pronto sintió ganas de llorar de nuevo pero la compañía se lo prohibía. Casi no oyó las palabras del oficiante que pedía luz y esplendor para las almas muertas y las encomendaba al Creador con la misma voz chillona con que había recitado los nombres de los muertos.

Cuando terminó la misa –que era infinitamente menos espectacular que una misa católica– salieron al sol y al calor y caminaron la calzada para coger la guagua de regreso a casa. Ninguno habló una palabra: todos parecían una versión de Soriano, que apenas hablaba.

Por la tarde fue a hacerle una visita a Maritza Alonso, en su oficina de representación de artistas en la calle Calzada. Maritza Alonso lo trató tan bien como siempre y le preguntó, más de una vez, que cuándo se iba, ya que pensaba verlo por Europa en una gira de un conjunto cultural enviado por el Gobierno. Entre bromas y veras (todavía él no admitía que no volvería a Bruselas) le dijo que su viaje se demoraba todavía un poco. Al salir era todavía temprano en la calle y por un momento no supo qué hacer. Finalmente se fue a su casa, a leer a Nabokov y luego a mirar con los anteojos a las mujeres que pasaban por la otra acera de la avenida.

Por la noche no fue al Carmelo, ya que se sentía como guardando el mismo luto que guardó, casi sin saberlo, el día del entierro de su madre. Como no quería ver la televisión que miraban las niñas en la sala, se fue a la terraza y se puso a mirar el mar donde había una tormenta sobre el horizonte. Trajo los anteojos para ver la tempestad más de cerca y se quedó fascinado con la cantidad de rayos que caían por minuto, con las rayas violentas y luminosas marcando de blanco la negrura de la noche en el mar. Los rayos caían en dibujos efímeros y algunos terminaban en una bola luminosa que permanecía un momento sobre la superficie de las aguas para luego hundirse en la oscuridad. Estuvo mirando la tormenta todo lo que duró, que fueron más de dos horas, y casi ni prestó atención cuando sus hijas vinieron a decirle hasta mañana. Luego fue hasta la cocina a tomar un poco de agua helada del refrigerador y su abuela lo llamó desde el cuarto: «¿Ya te vas a dormir, mi hijo?». «Sí, mamá», dijo él, que llamaba a su abuela como la llamaba su madre.

Al día siguiente no tenía qué hacer, ya que no pensaba volver al ministerio por algún tiempo, cuando se le apareció en la casa una figura estrambótica que había conocido días atrás o tal vez años atrás. Era el Chinolope, fotógrafo profesional que a duras penas se ganaba la vida en una Cuba donde cada vez menos había cabida para ningún profesional que no fueran militares o políticos –o las dos cosas a la vez. El Chinolope era hijo de japonés y cubana, extraña mezcla que el cubano apenas comprendía y así tuvo que dejar su apellido japonés y cambiar de nacionalidad para convertirse en Chino López, profesionalmente el Chinolope. Venía a hacerle una foto que decía que le había encargado Carlos Barral, el editor español, para ponerla en la contraportada del libro que pronto publicaría la editorial Seix Barral en Barcelona. Él no tenía muchas ganas de fotografiarse, pero accedió ante la increíble insistencia del Chinolope, que era posiblemente el fotógrafo peor vestido del mundo, el pobre, con su ropa casi deshecha contrastando con su cámara reluciente.

Él le pidió un momento para cambiarse y se vistió con la ropa que siempre iba al ministerio: su traje belga, cuello y corbata. Primero el Chinolope le tomó unas fotos en su casa, luego salieron a la calle, bajando por toda 23 y la Rampa hasta el Malecón. En el camino, el Chinolope lo hacía detenerse un momento y tomaba una foto. Después lo retrató sentado en el muro del Malecón. Siguieron caminando por todo el Malecón hasta el Castillo de la Punta, donde el Chinolope tomó varias fotos más y más tarde bajaron hacia La Habana Vieja, a la Plaza de la Catedral, donde hubo más fotos que hacer. Finalmente se sentó en el aire libre del restaurant El Patio (que había sido abierto de nuevo por la Revolución y era ahora punto de reunión obligado para los nuevos turistas, los políticos, como antes lo fue para los otros) y tomó una taza de café y un vaso de agua y hubo más fotografías del Chinolope. También subieron al antiguo palacio frente a la catedral, ahora prácticamente en ruinas, y allí, entre aquella decadencia de antiguas glorias cubanas, el Chinolope le hizo más fotografías. Al final, cansado de caminar y de posar, le dijo al Chinolope que ya era hora de parar y, en vez de insistir en una foto más, este dijo que estaba bien y regresaron al Vedado, perdiéndose el Chinolope entre la gente que quedaba en la guagua cuando él se bajó, prometiéndole que en uno o dos días le traía los contactos para que los viera.

En la casa le esperaba una llamada de su viejo amigo Silvano Suárez, ahora productor de televisión y, también, de espectáculos de cabaret últimamente. Él devolvió la llamada y se encontró con que Silvano (a quien él siempre llamaba

Antonio, su nombre del bachillerato) terminaba una producción que quería que él viera y esa noche se fue hasta el Habana Libre, donde estaba el cabaret, a ver los números montados por Silvano Suárez. No estaban mal, contando con la escasez de material humano y de vestuario que había en La Habana de noche. Le gustó mucho cómo cantó una mulata alta y espléndidamente formada que se llamaba Luz Divina y a quien él reconoció como alguien conocido de hace tiempo. Entonces no se llamaba Luz Divina y cantaba en la pequeña boîte del Saint John. Pero ahora era una diva.

Cuando terminó la función vino Silvano a sentarse a su mesa y luego se aparecieron Maricusa Cabrera, que actuaba en el show y que era la ex esposa de Silvano, y dos muchachas más, coristas, que no conocía. Hubo un gracioso intervalo con Maricusa acusando a Silvano de no se sabe cuántos crímenes teatrales, que eran cómicos para quienes conocieran la vida de Maricusa y Silvano, y él se rio mucho y Maricusa se sonreía con malicia, aunque a Silvano no le hizo aquello mucha gracia. Después vio salir a Luz Divina y se despidió de Maricusa, le dio las gracias a Silvano y siguió a la cantante hasta la calle.

Ella iba rumbo a la parte trasera del hotel, por la calle M, y él fue detrás de ella. Esperaba una máquina de alquiler —es decir, un taxi— que la llevara a su casa y mientras esperaba él se acercó. Ella lo reconoció, no inmediatamente, pero lo reconoció. (Esta tardanza lo disgustó un poco, pero enseguida reaccionó ante la belleza de la cantante. Recordó, pero no se lo recordó a ella, que una noche de hace tres años estuvieron sentados en el muro del Malecón, después de su show de medianoche en el Saint John, y ella habló de que se quería ir de Cuba, de que quería ir a Francia y tuvieron un momento íntimo que ella rompió cuando se tocó la cabeza, el pelo, y le dijo de repente: «Yo uso peluca, tú sabes»).

Pero ella tenía poca disposición para recordar aquel interludio íntimo y estaba más preocupada en saber la llegada del taxi que la llevaría a casa. Él habló con ella y ella respondió a sus preguntas, agradeció sus elogios y mantuvo una conversación que era atenta pero seca. Él ni siquiera intentó invitarla a salir esa noche y no hablaron de otra noche. Finalmente vino la máquina que ella compartiría con otra gente que también la esperaba y se fue. Claro que se despidió bastante cariñosa, pero él sabía mejor y caminó hasta su casa por la desierta calle 23 sintiendo, como otras veces, una impresión definitiva de fracaso.

El Chinolope se apareció con varias ampliaciones que le gustaron. Había una que lo halagaba demasiado y decidió que esa no era para la publicación. Pero otras fotos eran buenas y, siguiendo una sugerencia de su hermano, habló con Rine Leal para publicar algo en las páginas literarias de *Bohemia*, las que Rine dirigía. Habría una entrevista hecha por Luis Agüero, críticas de sus libros anteriores y un avance de lo que sería su novela premiada. Al principio Rine se mostró muy favorable a la idea, pero luego –quizás al proponerla en *Bohemia*– estuvo un poco reticente y él adivinó que en *Bohemia*, tal vez por una curiosa identificación con el servicio de inteligencia, no iban a publicar nada suyo. Al mismo tiempo se sentía un poco como Stendhal, solicitando críticas y entrevistas para sus obras, aunque él tenía una intención más alta que el mero elogio literario: las páginas de *Bohemia* servirían quizá de llave que abriera una puerta de salida. Por fin aparecieron los materiales en *Bohemia*, junto con una buena fotografía del Chinolope. Allí, en la entrevista, él proponía soluciones para el problema del escritor revolucionario diciendo que para un verdadero escritor revolucionario la revolución misma presentaba las soluciones. Además prometía unos libros por venir dedicados todos a la literatura revolucionaria –no a una literatura que fuera revolución literaria sino a una literatura de la Revolución. Al responder las preguntas él bien sabía que no tenía intenciones de escribir tales libros, como al mismo tiempo pensaba que la política y la literatura estaban reñidas de por vida y él se sabía ya dedicado a la literatura, que no lo rechazaba. A veces él piensa que estas opiniones expresadas en la entrevista no fueron una gran llave pero sí una llavecita para abrir la gran puerta de la fuga. Lo cierto fue que algunos se acercaron a felicitarlo por las páginas aparecidas, aunque supo de otros –escritores fracasados, como el impotente Samuel Feijoo– que echaron pestes menores y mayores por las opiniones suyas en *Bohemia*.

Un día Ivonne Calvo, su antigua cuñada, que trabajaba en el edificio del INRA, le dijo que una compañera lo quería conocer. (Más tarde supo que ella había visto la fotografía de *Bohemia* y así tuvo que agradecerle al Chinolope este encuentro). Él dijo que encantado. La mujer –joven, bastante bonita y bien formada– se llamaba Olivia Vals y vino a la casa de Luis Agüero y Sara Calvo, donde vivía también Ivonne, y allí se conocieron. Él la invitó a salir una noche, pero ella era casada y no podía salir de noche. Decidieron salir de día. Una tarde ella dejaría el trabajo temprano y se encontrarían. Él propuso el parque frente al Carmelo, por varias razones: estaba apartado del sitio donde vivía Olivia y era muy difícil que alguien de su familia la viera, además El Carmelo quedaba apenas a cien pasos de la casa de Rine, que este le había prestado como sitio de reunión.

Se encontraron en el parque y él asoció buenos augurios a la reunión porque hacía una tarde de una belleza cálida y calma. Al poco rato de hablar en un banco, caminaron –puestos de acuerdo tácitamente: cada uno sabía para qué estaba el otro– hacia la casa de Rine y entraron subiendo las escaleras hasta el último, él con cierta aprensión de ser vistos por la familia de su ex mujer, que vivía en el edificio. Siempre le molestaba el encuentro con la familia de Marta Calvo, pero ahora, viniendo con una mujer, la molestia se haría embarazo.

Entraron en el pequeño apartamento de Rine y se sentaron, juntos, en el sofá. Él se levantó a poner el tocadiscos –después de preguntarle a ella si le gustaba la música y después de decir ella que sí, que mucho– y vino a sentarse de nuevo junto a Olivia. Sin mucho preámbulo él le pasó un brazo por sobre los hombros y ella no dijo nada. Luego se acercó y la besó en la cara. Ella se dejó hacer. Después, buscó sus labios y los besó y, aunque de momento ella no respondió, al poco tiempo se estaban besando, esta vez ella besándolo a él. La besó más con técnica que con ardor y ella –que no había hablado mucho, pero que él sabía por una sola frase hecha de ella que se sentía muy sola– lo besó casi con pasión.

Comenzó a quitarle la ropa sin que ella protestara y finalmente ella se quedó desnuda delante de él, terminando ella misma de quitarse los blúmers. Él estaba vestido todavía y la contempló –lo que le gustaba mucho: ver a una mujer desnudarse y quedarse desnuda le excitaba más que nada– un momento antes de echarle un brazo por la cintura y llevársela hacia el cuarto.

Hicieron el amor de una manera más bien fría, ya que ella respondía poco a sus manos y a su boca y parecía más encaminada a buscar un cariño en sus caricias que a disfrutar del sexo plenamente. Cuando terminaron, ella se cambió enseguida y se fue para la sala, como avergonzada. Luego, cuando él, todavía desnudo, vino a buscarla de nuevo, lo detuvo lo que ella dijo.

–Tú sabes, es la primera vez que engaño a mi marido.

Él creyó que esa era la razón de su pasividad, pero a la siguiente vez que estuvieron juntos su pasividad se había convertido casi en una técnica y él no disfrutó ya de ella.

Además, descubrió con asco que ella padecía de hemorroides. Fue así que no hubo una tercera vez y casi de mutuo acuerdo –tan tácitamente como se habían unido– dejaron de verse de pronto. Él nunca la volvió a ver en todo el resto del tiempo que estuvo en La Habana y sólo supo de ella porque Ivonne le dijo que Olivia estaba muy enamorada de él y le preguntó que cuándo saldría con ella. Él no quiso decirle que ya habían salido dos veces y dejó a Ivonne con la impresión de que él no estaba muy interesado en tener un *affaire* con Olivia. Tal fue la impresión de desinterés, que Ivonne le dijo:

–Haces muy bien. No debes engañar a Miriam.

Unos días después se acordó de Olivia Vals porque se despertó con un fuerte dolor en el ano y comprobó, asqueado hasta la náusea, que padecía de hemorroides él también. No quiso ir a ver al médico con que había hecho amistad en el Calixto García porque le parecía indigno ir a hacerse examinar el ano y estuvo molesto, casi sufriendo, por una semana, al final de la cual se sintió mejor y ya no volvieron a molestarlo las hemorroides. Calculó que debía haber sido algo que comió, pero por otra parte el régimen de Hildelisa –arroz casi siempre con papas: culpa de la libreta de racionamiento– era incapaz de producir siquiera indigestión, mucho menos almorranas: esa era la palabra que no quería pronunciar pero que le parecía exacta para su mal.

Por aquellos días Alberto Mora venía mucho por la casa y a menudo hablaban de literatura, sobre todo de Joyce, de quien él le había regalado, desde Bélgica, su *Finnegans Wake* y una llave de comentarios para abrir las páginas de este libro hermético. Una tarde que Alberto estaba en la casa, lo llamó Silvano Suárez (a quien él siempre por broma llamaba Sssilvano Sssuárez) para invitarlo a ver su nueva producción del Habana Hilton. Él le pidió si podía llevar a Luis Agüero (que también se encontraba de visita) y a Alberto Mora y Silvano respondió que tendría una mesa para tres esa noche –y así los tres hombres casados se fueron solos de cabaret.

Esa noche ocurrió un incidente que pudo haber tenido graves consecuencias. Llegaron al cabaret a tiempo para el show, que era el único de la noche. Vieron a las coristas, bailando al son del Pacá, que era el ritmo que uniformaba musicalmente a todo el show. Oyeron a las cantantes más o menos de moda y todo iba de lo mejor cuando un vecino de mesa se enfrentó a Luis Agüero. «¡Te voy a acabar por eso, cabrón!», le gritó. Alberto Mora intervino y pudo atajar al vecino, mientras contenía a Luis Agüero, que gritaba: «¡Ven! ¡Déjalo que venga!», llamando a su rival a la pelea. Él se puso de pie, sin saber de momento qué hacer. Lo único que realmente temía –la llegada de la policía– no ocurrió. Pero Luis Agüero mostraba un dedo sangrante por donde lo había cogido el vecino de mesa y lo había arañado tratando de arrastrarlo a la mesa: «Haciendo como las mujeres: arañando», gritaba Luis Agüero a su vecino. Alberto le pedía en ese momento una explicación: «Nada, compadre –dijo el vecino–, que este tipo le estaba pasando recaditos a mi mujer». Él no lo quería creer: la mujer era la ideal compañera para el airado vecino: gorda, bajita y fea. Era increíble que Luis hubiera querido tener que ver algo con ella. Por otra parte, Luis estaba medio borracho hace rato. De alguna manera, Alberto logró calmar al vecino de mesa, que volvió a sentarse tranquilo, mientras decía: «Viene uno aquí a divertirse y se aparece un salao de estos que quiere salarle a uno la fiesta». Luis, por su parte, murmuraba extraños desafíos. Finalmente se sentaron los tres. Él, en voz baja, le preguntó:

–¿Qué estabas haciendo, Luis?

–Nada, viejo, nada.

–Vamos, vamos –dijo Alberto, riéndose de medio lado y chasqueando los dientes. Luis también se rio.

–¿Qué te pasó? –le preguntó él.

–Nada, no me pasó nada.

–Pero tú le estabas pasando recados a esa mujer mientras Alberto y yo mirábamos el show, ¿no es verdad?

Luis se quedó callado un momento, luego dijo:

–Bueno, sí. Es verdad.

–¿Pero tú estás loco? –le preguntó él.

–Yo no, ¿por qué?

–¿Tú has visto bien a esa mujer?

Él, hablando más bajo todavía, miraba por encima de Alberto Mora a la mesa vecina, donde la mujer disputada le parecía más fea ahora.

–¿Y qué, compadre? –dijo Luis desafiante.

–Tú estás loco –aseguró él.

–No –dijo Alberto–, lo que pasa es que quería tener una pelea con el marido y no se le ocurrió mejor cosa que tratar de levantarle la mujer.

Los tres se rieron, él discretamente porque estaba enfrente de la pareja vecina.

–Tú estás loco –volvió a asegurar él. Luis se sonrió, luego se llevó el dedo a la boca y lo chupó: estaba sangrando. Los tres decidieron salir antes de que se acabara el show, Luis para atenderse su dedo sangrante en el baño, Alberto –que estaba también un poco tomado– para coger aire fresco y él para evitar más problemas con el iracundo vecino que siguió mirando a Luis Agüero con ojos de odio, mientras Luis le devolvía la mirada retador.

Salieron al pasillo y buscaron el más próximo baño, donde Luis se lavó el dedo y lo vendó con su pañuelo. Él todavía no podía dar crédito a sus sentidos por lo que había pasado.

–Por mi madre que estás loco –le dijo a Luis Agüero.

Alberto se reía y luego dijo:

–Están locos los dos.

–No, qué va –dijo Luis Agüero,

–No que sí –dijo él–. Loco de atar. Mira que tratar de levantar a semejante adefesio, compadre.

Él se pegó a la pared, todavía turbado, para no reírse junto con Alberto, que se retorcía de la risa. Luego él también se rio y le dio un golpe suave en la cabeza a Luis Agüero, que acaba de vendarse su dedo.

–Loco –dijo él–. Completamente loco.

Salieron los tres cuando el show ya se había acabado. Lo supieron porque vieron gente abandonando el cabaret. Afortunadamente, entre ellos no estaba el furioso rival de Luis Agüero. Decidieron ir al bar del Salón Caribe. Allí pidieron más bebida. Él no quería beber más, pero Luis y Alberto insistían en no terminar la noche tan temprano. En un momento en que se dio vuelta para ver a la gente que estaba en el Salón Caribe vio, sentada en una mesa pegada a la pared del fondo, a Olivia Vals. Estaba sentada, hablando íntimamente con un hombre, al que al principio no vio. Pero luego, al mirarlo a él, le pareció que era un hermano de Miriam Gómez. Volvió a mirar para la mesa y, mientras más miraba, más se le parecía a un hermano de Miriam Gómez. Ellos dos estaban muy íntimamente reunidos en su rincón y él volvió a mirar una vez más y volvió a parecérsele al hermano de Miriam Gómez. No podía estar seguro –un miope nunca puede estar seguro de lo que ve–, pero juraría entonces y hasta este día juraría que era el hermano de Miriam Gómez el favorecido con la atención íntima de Olivia Vals, cantante. Entonces sintió celos, no muy definidos pero eran celos, y se dijo que el hermano de Miriam Gómez, que era casado, estaba obteniendo seguramente muy fácil los favores por los que él habría dado algo importante esa noche por obtenerlos. Luego los tres se fueron. Luis Agüero llevado por Alberto Mora en su Volkswagen y él, decidido a olvidar a Olivia Vals y a disipar los efectos del alcohol, se empeñó en caminar solo hasta su casa. Alberto y Luis lo dejaron ir.

Al día siguiente tuvo una invitación a almorzar. Carbonell el viejo, el padre de Pipo Carbonell, lo invitaba a comer en el bar marino de Barlovento. Lo vino a buscar en su máquina de la Confederación de Trabajadores de Cuba, de la que era ejecutivo, y lo llevó por todo El Vedado, por el Malecón y luego por Miramar y más hasta llegar a las playas de Marianao y todavía más lejos, por la carretera de Santa Fe hasta Barlovento, en que se desviaron a la derecha y entraron por las calles desiertas de aquella urbanización batistiana que se había quedado en calles trazadas y avenidas abiertas y edificios a medio construir. Finalmente llegaron a un bar que estaba a la orilla de una rada, en la que había un agua mansa y brillante que reflejaba caldeada el sol de mediodía.

Entraron en el bar, que era fresco y oscuro, y subieron al restaurant en el primer piso, mucho más claro que el bar pero también más caluroso. Comieron arroz con mariscos, esa inevitable paella cubana, y tal vez por comparación con la cocina de Hildelisa, limitada además por el racionamiento, encontró el almuerzo delicioso y hasta había ese precioso líquido en Cuba, cerveza. Él se dispuso a oír lo que tenía que decirle Carbonell, a quien presumió interesado en el destino de su hijo, ya divorciado, pero Carbonell no habló de él aunque por un momento o dos pareció quererlo hacer. Sin embargo comenzó a hablar de Gustavo Arcos, de quien dijo que, por su indecisión de volver cuanto antes a Bruselas, ahora tenía problemas. Él se extrañó de que Carbonell conociera que Arcos andaba mal con el Gobierno, ya que su entrevista con Roa no la había contado a nadie. Presumió enseguida que las dificultades de Gustavo Arcos debían haber salido del ámbito del ministerio, pero no dijo nada, sino que se limitó a asentir y a estar de acuerdo con Carbonell. (Ya días antes y días después, lo vio por la calle Suárez, que parecía que iba a ir con Gustavo a Italia, y muy excitado le habló de la calma pachorra de Gustavo, que no hacía nada por resolver su expediente.

En ambas ocasiones atribuyó el nerviosismo de Suárez a su ansia por salir de nuevo al exterior, condenado como estaba ahora a vegetar en el ministerio. Pero ahora, al hablarle Carbonell, supo que Gustavo tenía problemas verdaderos, aunque él lo negara con su optimismo invencible, que era más falta de imaginación que otra cosa).

Regresó con Carbonell padre a La Habana y no volvió a hablarle de Gustavo, pero él entendió que el almuerzo era como una suerte de aviso para remitir a Gustavo.

Esa misma tarde fue a la casa de los Arcos y se encontró con la vieja Rosina caminando dificultosa sin bastón. Le preguntó qué le había pasado al bastón.

–No me diga nada, señor Cabrera –dijo doña Rosina–, que se me le partió el mango y Suárez se lo llevó para arreglarlo y hace ya tres semanas de esto y el bastón todavía no está listo. ¿Qué le parece el país?

Él casi le contestó que tan lindo como siempre, para echar a broma el malestar de Doña Rosina, pero terminó por asentir también y darle la razón. Gustavo estaba en su cuarto, como casi siempre, y cuando él entró estaba ocupado en darse masajes en la pierna lisiada.

–¿Qué te pasa, Gustavo? –preguntó él.

–Nada, que parece que como el tiempo está de lluvia la pierna me duele más que de costumbre.

–¿Por qué no vas a ver al médico?

–¿Tú crees que los que quedan van a saber algo de lisiaduras por lesión en la columna vertebral?

–No sé. Tal vez.

–Qué va viejo, si lo que quedan son cuatro gatos.

–Está además Cubela –añadió él en broma, refiriéndose a Rolando Cubela, el comandante del Directorio Revolucionario, que se había graduado de médico demasiado pronto después de la Revolución y siendo líder estudiantil de la universidad.

—Menos mal que ese es especialista del corazón —dijo riendo Gustavo—, que, si no, caigo en sus manos.

Se rieron los dos. Eso bueno tenía Gustavo Arcos: su sentido del humor, que no lo abandonaba.

—¿Cómo va la cosa? —preguntó él.

—Ahí. Figúrate que mi ex mujer, esa cabrona mexicana, me tiene en un puño con sus amenazas y apoyada como está por las Mujeres de la Revolución.

Parecía que Gustavo hablaba de un organismo del Estado, pero era cierto que las esposas de los líderes de la Revolución formaban una suerte de entidad con miras a mantener los valores más burgueses de la santidad del matrimonio, la unión de la familia y el deber sacrosanto con los hijos. Todos estos axiomas revolucionarios se aplicaban, por supuesto, a todos excepto a Fidel Castro, que podía tener cuantas queridas quisiera y mantener un conjunto de apartamentos y de casas en qué dormir, una diferente cada noche.

—Pero ¿no puedes hacer nada?

—¿Qué voy a hacer, mi viejo? Lo único que me queda es matarla.

Se rio Gustavo y volvió a sobarse la pierna mala. Él estuvo por contarle la conversación con Carbonell padre, pero no lo hizo. En cambio dijo:

—Y Raúl Castro, ¿no puede hacer nada?

—A Raúl no lo he vuelto a ver. Vamos a ver si ahora por el aniversario del 26 de Julio puedo hablarle. Hablé con Faustino Pérez y le hablé del amigo Ramirito, ¿y tú sabes lo que me dijo?

—No. ¿Qué te dijo?

—Que ya no había amigos.

—Así, ¿con esas palabras?

—Con esas mismas palabras y después añadió otras que todavía no entiendo muy bien. Me dijo que no me confiara de los amigos viejos más que de los nuevos. ¿Qué querrá decir?

—No sé. Sibilino está el comandante.

Gustavo volvió a reírse con ganas. Luego le preguntó:

—¿Qué te trae por aquí?

A veces Gustavo Arcos tenía esos dones de presciencia: ahora sabía que él había venido por algo.

—Nada. ¿No se puede visitar a un amigo?

—¿Nuevo o viejo?

—Más bien entreverado...

Gustavo se rio de nuevo. Después hablaron de otras cosas sin consecuencia y él se fue finalmente a la Unión de Escritores. Allí se encontró con Walterio Carbonell que estaba bebiendo una Coca-Cola blanca con el escultor Tomás Oliva. Walterio le contó de un discurso que Faure Chomón había hecho en la Universidad, en que había hablado de la juventud y les había dado consejos a los estudiantes de no andar con un libro bajo el brazo y vestir a la moda y calzarse con sandalias. Esas tres características, según Chomón, conducían a lo peor: a la mariconería y por tanto a la contrarrevolución. Él sintió una rabia sorda contra Faure Chomón, a quien había conocido al principio de la Revolución, ensalzado como un héroe antiguo por Alberto Mora, y a quien había visto más de cerca como embajador en la Unión Soviética. No hubiera creído a Faure Chomón capaz de semejante discurso, un verdadero preámbulo para la cacería de brujas, y así se lo dijo a Walterio, sin cuidarse de que estaba en la UNEAC, lugar siempre lleno de uno o dos chivatos del G2 o soplones de la dirección. Lo sorprendió, casi tanto como el discurso de Faure Chomón, la posición de Tomás Oliva, que aprobaba el discurso y habló pestes de los homosexuales. A él le sorprendió que precisamente Tomás Oliva, a quien había conocido en sus días de bachillerato y tildado de raro —que en Cuba podía querer decir tantas cosas— se expresara de semejante manera. Además, que siempre le había tenido afecto a Tomás Oliva, no solo por su talento de escultor, sino por su brazo lisiado por la poliomielitis.

Salieron juntos de la UNEAC y caminaron por 17 hasta la Avenida de los Presidentes y por esta avenida hasta la calle 23. Gustavo Arcos tenía razón: iba a llover a pesar del fiero sol. Había un calor insoportable. Siguieron hablando por la calle y al llegar a la antigua farmacia de 23 y Avenida de los Presidentes, se detuvieron. Él se iba para su casa y Walterio y Oliva seguirían su camino. En ese momento se detuvo un Skoda junto a la acera. En él venía René Álvarez Ríos, que ahora era profesor universitario. Saludó a Walterio, de quien era viejo amigo de París, a Oliva y a él. Luego lo llamó a él. «Quiero hablar contigo», le dijo. Habló sin bajarse del auto. Parecía que tenía prisa. Él se acerco a la máquina.

—Óyeme —le dijo Álvarez Ríos—, ¿tú eres amigo de Euclides Vázquez Candela?

—Sí. ¿Por qué?

—¿Tú puedes decirle que se me saque de arriba?

—¿Qué te hace?

—Nada, que se me salga de arriba de una vez.

—Pero, ¿qué es lo que pasa?

—Que me cae arriba y arriba y arriba.

Casi llegó a pensar que René Álvarez Ríos estaba loco.

—Pero dime, viejo, ¿qué te hace?

—Me ha caído arriba. Ahora la ortodoxia del 26 de Julio, empujada por Euclides, se me ha montado encima.

Por un momento casi vio al matemático griego montado sobre las fuertes espaldas de René Álvarez Ríos. Pero no se rio.

—¿Y qué tú quieres que yo haga?

—Nada, decirle a Euclides que yo no soy de la vieja guardia del partido.

He aquí que Álvarez Ríos, que siempre se había sentido cerca del antiguo partido comunista cubano, inclusive en Francia, sobre todo en Francia, ahora renegaba de sus antiguos mentores.

–Bueno, cuando lo vea se lo digo.

–Pero que te haga caso.

Él casi entendió: «Espero que te haga caso».

–Vamos a ver.

–Sobre todo que me dejen enseñar y no se me monten encima.

Ahora René Álvarez Ríos era profesor universitario y Euclides Vázquez Candela también, aunque aparentemente el segundo era más profesor que el primero y se permitía perseguir a un viejo filo, proto o sesquicomunista. Él no cesaba de asombrarse de las complicaciones políticas y personales que engendraba la Revolución.

–Ahora me tengo que ir, que todavía no he almorzado –dijo René Álvarez Ríos–, pero, si tú ves a Euclides, no te olvides.

En su agitación, Álvarez Ríos hablaba en verso sin saberlo.

–Descuida, que no me olvidaré.

Las últimas palabras las había dicho René Álvarez Ríos en alta voz y delante de Oliva y Walterio, que se habían acercado a su máquina. Ahora arrancó y se fue.

–Pobre René –dijo Walterio–, siempre equivocado de ortodoxia.

Él y Walterio se rieron, pero Tomás Oliva no se rio.

–Bueno, si es del viejo partido, que lo jodan –fue lo que dijo.

Él dedujo que Oliva, tal vez impelido por su brazo lisiado, se había convertido en un jacobino total: todo lo que él quería eran persecuciones. Se despidió de ellos y se fue a su casa.

Por la tarde, mientras veía llover, pensó mucho en su madre muerta.

Se acercaba el 26 de julio que este año se iba a celebrar como el 26 de Julio en Santa Clara y no en La Habana o en Santiago. Allí estarían invitados todos los miembros del cuerpo diplomático y los jefes de misión cubanos que se encontraran en Cuba. Él esperaba que lo invitaran a Santa Clara como jefe de misión en Bélgica y de esta manera se afirmaría su posición en el ministerio. Así, cuando recibió una llamada de Protocolo en el ministerio, diciéndole que tenía una invitación allí, él pensó que se trataba de la invitación al 26 de Julio y fue muy contento al ministerio a buscarla. Cuando la abrió se encontró que era una invitación a una recepción que se celebraría en la embajada de Bélgica. Grande fue su decepción, pero más grande fue su asombro cuando el invitado a Santa Clara como jefe de misión en Bélgica en La Habana fue Gustavo Arcos. Como Arcos mismo dijo, era evidente que Roa le temía todavía.

Fue a la recepción belga junto con Gustavo Arcos y allí se encontró con Ricardo Porro, que de ser un ortodoxo asegurado estaba ahora diciendo pestes de la Revolución, tantas que él creyó conveniente alejarse de él casi enseguida. Al poco rato se sintió mal y pensó que le había hecho daño la bebida. Tenía ganas de vomitar y, antes de que se terminara la recepción, se despidió del encargado de negocios y le dijo a Gustavo que se iba.

Por suerte encontró un taxi en la puerta de la embajada, evidentemente esperando el chofer a que saliera alguien capaz de darle una buena propina. Cuando llegó a casa, descubrió que tenía 39 de fiebre y después de vomitar se metió en cama. Vino su abuela, caminando despacio y dolorosamente, preguntándole: «¿Qué te pasa, mi hijo?» y se empeñó en darle un remedio casero. Él lo tomó y al poco rato se quedó dormido. Se despertó por la madrugada y descubrió que ya no tenía fiebre. Él no pensó en la eficacia del remedio casero sino en que había tenido un virus de cuarenta y ocho horas, ya que no se sentía muy bien desde el día anterior. No pudo volverse a dormir enseguida y pensó mucho en Miriam Gómez. Era curioso, antes, cuando estaba enfermo, siempre pensaba en su madre, y ahora que su madre había muerto pensaba que quería tener cerca a Miriam Gómez.

Por la mañana descubrió que había llegado del campo su tía Felisa, a la que quería mucho y, lo que es más, le gustaba, con sus piernas largas y delgadas y elegantes y su elegancia al fumar, mientras hablaba con la mayor cantidad de malas palabras reunidas que era posible. Se rio mucho con sus cuentos y le agradeció que ni una sola vez mencionara a su madre muerta. Felisa conversaba de todo, sobre todo de los incidentes –y casi accidentes– de su larga familia (tenía nueve hijos y no se sabía cuántos nietos), pero era, al revés de Zoila su madre, una persona destinada a la felicidad, a quien venía muy bien el nombre que llevaba.

Más tarde decidió llegarse al hospital a ver a su amigo médico y, esperando a que el médico regresara a su sala, dio una vuelta por los alrededores y cuál no fue su sorpresa al encontrarse allí a Franqui, que iba a ver a un especialista de vías digestivas. Encontró muy mal a Franqui, a quien había dejado de ver sólo unos días, pero que en ese tiempo se había puesto muy demacrado. Franqui padecía una úlcera de estómago, como decía él por escasez de jugo gástrico, y sus amigos pensaban que tarde o temprano se le declararía un cáncer estomacal. Ahora, allí debajo de un árbol, hablaron y Franqui le contó su desamparo oficial como para que él no comentara su situación con el ministerio. Pero fue el propio Franqui el que sacó el tema diciendo que era muy probable que no volviera él a salir como diplomático y que en ese caso debía prepararse para lo que viniera. Franqui tenía esas manías de discreción, hablando con medias palabras, por lo que su conversación resultaba a menudo sibilina y ahora, como otras veces, él no entendió lo que quiso decir, pero sí entendió su tono, y regresó del hospital de lo más deprimido. Tanto que lo pudo ver su abuela, quien le preguntó: «¿Qué te pasó en el hospital, mi hijo?» y él tuvo que decir que nada, que ni siquiera había visto al médico. Lo que era verdad.

Lo llamó Gustavo, que quería que fuera a su casa para hablar con él. Allí se encontró a Gustavo muy preocupado.

—¿Tú sabes lo que me pasó con el encargado de negocios de Bélgica?

—No. ¿Qué te pasó?

—Me habló del caso de un ciudadano americano casado con una belga que estaba preso en el G2, acusado de espionaje. Parece que su mujer es hija de alguien muy influyente en Bélgica.

—¿Tienen una finca en Pinar del Río?

—Sí. ¿Cómo lo sabes?

Por una petición de visado cubano que recibí en Bruselas y que se demoraba bastante. Parece que su padre tiene unas tierras junto a propiedades del rey Balduino.

—Esos mismos son. Pues resulta que al marido (que tiene la mala suerte de ser pariente de Foster Dulles) lo tienen preso en el G2 desde hace cosa de un mes y no lo dejan ver a nadie. El encargado de negocios de Bélgica me pidió que me interesara por su caso y enseguida me puse al habla con el amigo...

—Ramirito —completó él su oración.

Gustavo se sonrió.

—Con ese mismo. Ramirito me invitó a que fuera al ministerio de Relaciones Exteriores a ver las pruebas concluyentes.

—¿Y fuiste?

—De allá vengo.

–¿Qué eran las pruebas?

–La cosa más ridícula. Un radio de onda corta, pero que podemos tener tú o yo, unas cartas escritas a su tía desde aquí pero que no dicen nada significativo y dos o tres cosas más. ¡Ah, y un par de anteojos!

Él se acordó de su costumbre de mirar la calle con sus binoculares y tomó nota para no hacerlo más.

–¿Y qué te dijo Ramirito?

–Qué lo tenían cogido, que lo habían atrapado in fraganti. Luego me pidió mi opinión de las pruebas.

–¿Y qué le dijiste?

–¿Qué le iba a decir? Que no me parecían unas pruebas nada concluyentes.

–Gustavo, Gustavo –dijo él medio en broma, medio en serio.

–¿Qué tú quieres que haga? La verdad es que todo me parece un paquete que le han hecho al americano.

–¿Pariente de Foster Dulles? A un tipo así nada más se le ocurre tener una finca en Pinar del Río.

–Has dado en el clavo. Esa es la cosa. Lo que quieren es confiscarle la finca, que es una de las pocas propiedades extranjeras que quedan en Cuba, y no se les ha ocurrido otra cosa que acusar al dueño de espionaje.

–¿Tú no le habrás dicho eso a Ramiro Valdés, no?

–¡Tú estás loco!

–Los dos estamos locos. Como Goerdeler, debíamos tener estas conversaciones en un carro caminando –y él hizo señas a las paredes y al techo, todos posiblemente llenos de micrófonos.

–¿Quién es ese Gordo?

–Goerdeler, el alcalde de Hamburgo que conspiraba contra Hitler en la conspiración del 20 de Julio, cuyo aniversario se celebra, por casualidad, en este mismo día.

Ahora Gustavo se rio.

–Tú con tus cosas. Te estás contagiando con Franqui.

–Acabo de verlo.

–¿Qué te dije? ¡Micrófonos! ¿Quién se va a molestar a ponerme micrófonos a mí?

–El amigo Ramirito. Por cierto, ¿le preguntaste si le había mirado las manos al americano?

Gustavo se rio de nuevo.

–¿Tú estás loco? Esos chistes yo no los hago en el ministerio del Interior.

–Estás aprendiendo.

Se fue preocupado por la despreocupación de Gustavo Arcos. Muchas veces pensó que las dificultades futuras de Gustavo tenían que deberse a su negativa en reconocer como un espía al americano detenido, y no a la vida que llevaba como se dijo después. (Una de las aparentes acusaciones contra Gustavo fue la de *dolcevitismo*, que quería decir que llevaba una vida alegre y despreocupada en medio de la Revolución: dichoso él si pudo vivir así, aunque Gustavo no tenía imaginación ni disposición para llevar una vida dulce).

Apenas veía a su padre, que estaba demasiado ocupado con su trabajo en *Bohemia* y en el Comité de Defensa y a veces llegaba a casa después de la comida, cuando él ya había salido. Su padre era el único de la casa que vivía una vida acorde con la Revolución, más que nada por su vieja militancia comunista. Si trabajaba tanto ahora sería para olvidar la muerte de su madre, pero a veces pensaba que su padre, que siempre fue muy mujeriego a la matacallando, tal vez tuviera ahora otra mujer por ahí. Con quien conversaba a veces era con Felisa, quien, como su madre, creía en los espíritus y en las influencias de los santos y le dejaba consejos para pasar los malos tiempos. A veces, cuando se desesperaba ante la trampa en que había caído, su abuela salía de su cuartico a decirle: «No te desesperes, mi hijo, que todo se arreglará», y Felisa se burlaba de su abuela, diciendo que nada se arreglaría por sí solo y era entonces que le aconsejaba dejarse guiar por los espíritus. Un día se apareció con una oración terrible, impresa, al Espíritu Santo, que le recomendó firmar con su nombre y traerla siempre arriba como protección y leerla cada vez que fuera a tener un encuentro con los que su tía muy acertadamente llamaba el enemigo.

Había quedado ir por el 26 de julio a la playa de Varadero, con Lisandro Otero y Marcia su mujer, a la casa que tenían ellos allá. Pero resultó finalmente que hubo una confusión, ya que Lisandro tenía que ir a Santa Clara como director que era de la revista *Cuba* y él hubiera tenido que ir a Varadero con Marcia solamente. En ese momento le pareció que la confusión de Lisandro se parecía mucho a los celos futuros, pero se dijo que no era posible que Lisandro creyera semejante cosa de él. Sin embargo, Marcia se quedó en La Habana y fueron junto con Oscar Hurtado, Sarusky y otra gente más a la apertura de un salón de exposiciones y, cuando terminó la ocasión, Sarusky propuso ir a tomar algo a alguna parte y él sugirió, recordando el almuerzo con Carbonell, Barlovento. Ninguno de ellos lo conocía y Marcia menos que nadie. Ella fue con mucho entusiasmo ante su descripción del lugar.

Cuando llegaron él la llevó a ver el pez obispo que nadaba en una pecera gigante detrás del bar y le explicó cómo duraban muy poco en cautiverio y un pez muerto era suplantado por otro pez vivo enseguida. Luego volvieron a la mesa donde Oscar Hurtado contaba un cuento largo de su experiencia como cazador submarino. (Hurtado además conocía mucho de peces, ya que su familia, su tío, tenía una pescadería en la antigua Plaza del Polvorín y allí, vendiendo pescado, había pasado Oscar su juventud, aunque él miraba con rencor esta parte de su vida).

Estuvieron bebiendo y, para malestar de Oscar, él propuso a Marcia ir a ver la rada aledaña al bar y desaparecieron hacia el pequeño muelle. La rada se veía calma como un espejo y una luna llena se reflejaba en ella. Los dos miraron el espectáculo en silencio y él se volvió para mirar a Marcia, cuyos grandes ojos negros estaban prendados del mar. Estaba muy cerca de ella y por un momento se sintió tentado de cogerla por los hombros y besarla. No tenía más que inclinarse y posar sus labios en su hermosa boca rosa y entonces recordó las vacilaciones de Lisandro y pensó que tal vez él no le era indiferente a Marcia. (Muchas veces después se dijo que debía haberla besado y en esas ocasiones estaba seguro de que ella habría respondido a su beso con otro. Pero no lo hizo). Solamente la miró, allí en la semioscuridad del muelle, recortada contra la luz que venía de la terraza, oyendo la melodía que salía del tocadiscos o el radio del bar y la vio más bella que nunca, con un halo de glamour alrededor de su hermoso pelo negro, mirando al mar pero nada indiferente a lo que él había hablado de la belleza tranquila del lugar, ahora callados los dos, ella con su aura de niña bien y su ansia de ser revolucionaria a toda costa: una mujer que no le era nada indiferente y de la que sabía que podía enamorarse. Fue quizás por esto que se decidió a hablar y a decirle que regresaran al bar.

Los dos volvieron a la mesa, donde todavía Oscar Hurtado hablaba de peces y del mar.

El 26 de Julio llegó y pasó y no supo nada del ministerio. Miriam Gómez volvió a llamarlo, preguntándole que qué pasaba, que cuándo regresaría y él tuvo que darle una excusa que no sólo fuera plausible, sino que sonara bien a los oídos de quienes estaban seguramente oyendo su conversación por larga distancia.

Un día quiso volver a La Habana Vieja. No a La Habana Vieja propiamente, sino al recorrido de Neptuno y Galiano hasta el Prado y de allí vuelta a Galiano por San Rafael. Cuando lo hizo se quedó espantado con la pobreza que salía de aquel lugar antiguamente animado por las tiendas y la gente que compraba en ellas. El restaurant Miami estaba cerrado y ahora se llamaba Caracas. Había habido como un fuego allí y en la acera del Louvre no estaban los puestos de periódicos y revistas de antes sino que había una especie de presencia dilapidada, una ruina nueva que surgía de allí, y decidió que no quería volver a ver la calle San Rafael, uno de los parajes favoritos de su Habana desde los días de pobreza de Zulueta 408 y una calle que en sus buenos tiempos recordaba lo mejor de Río, con su elegancia comercial y sus aceras adornadas con mosaicos de colores.

Regresó a la casa y no volvió a salir ese día, leyendo en la terraza hasta que se hizo de noche.

(Lo único que hizo el viaje a La Habana Vieja memorable fue el encuentro con una muchacha que caminaba delante de él por Neptuno llegando a San Miguel. Estaba vestida con un vestido descotado y llevaba los hombros, la espalda y, luego, el pecho desnudos. Su carne joven era casi comestible y se sintió bien por un momento caminando detrás de ella hasta que tuvo que cruzarse con ella que iba camino de Prado abajo. Pensó entonces, como otras veces en esa estancia, que lo único que redimía al país de todos sus pecados históricos era la naturaleza y las mujeres, otra forma de naturaleza).

Había comenzado también a escribir, componiendo fragmentos de su novela, en el cuarto en que dormían sus hijas, sentado a su viejo caballete de delineante, usando la máquina de escribir de su hermano y cogiendo el poco papel que había en la casa. Le pidió papel a su padre para que se lo trajera de *Bohemia* y entonces se enteró de la escasez de papel que había en el país: una más. Pero no dejó de escribir, aunque no le dijo a nadie lo que hacía, escribiendo en secreto mientras cultivaba la imagen de un diplomático soltero en vacaciones.

Otro día vino Ramoncito Suárez por la casa. Como trabajaba para el Instituto del Cine lo había visto poco desde que volvió y le extrañó su visita.

–Tengo que contarte una cosa –le dijo, después de los saludos.

–¿Sí? ¿Qué cosa?

–Estuve en el ministerio del Exterior con César Leante y se habló de ti. No recuerdo cuál es el departamento en que estuve, pero Leante sí conocía a la gente y preguntó que por qué te habían bajado del avión cuando regresabas a Bélgica. Un tipo allí que no me acuerdo de su nombre le dijo que era por unos informes que tú habías mandado sobre el Congo.

Ramoncito hizo un alto y él se quedó callado, pensando. Recordó sus informes de 1964 sobre la rebelión en el Congo y lo que él había dicho sobre Gbenye y su gente y sobre Kasa-Vubu y Tshombe y después Mobutu. Recordó también el día que se aparecieron en la embajada, y él tuvo que entrevistarse con ellos, un belga que parecía un militar vestido de civil y un congolés que vinieron a ofrecerle una nueva rebelión en el Congo si Cuba la auspiciaba y la sufragaba. Recordó además, con precisión, lo que decían sus informes sobre todos estos asuntos.

–Eso es mentira –le dijo a Ramoncito.

–¿Que es mentira? Pero si yo estaba allí.

–No digo lo que tú dices, sino lo que ellos dicen que yo dije. Mis informes sobre el Congo no pueden haberme hecho daño sino todo lo contrario, ya que no podían ser más ortodoxos.

Él le dijo esto a Ramoncito al mismo tiempo que recordaba que sus informes sobre la situación en el Congo no eran ortodoxos desde el punto de vista oficial, sino que contradecían los supuestos cubanos sobre lo que sucedía en esa región, tan apartada de Cuba y tan cercana a Bélgica.

–Bueno –dijo Ramoncito–, eso es lo que dijeron allá. Me pareció interesante que te enteraras. Ninguno de ellos, ni siquiera Leante, sabe la amistad que tenemos tú y yo.

Él le agradeció de corazón lo que Ramoncito le había dicho. Él y Ramoncito no sólo eran amigos que se conocían de muchos años atrás, sino que Ramoncito se había casado con una muchacha con la que él anduvo un tiempo hacía tiempo.

–¿Qué tú crees? –le preguntó Ramoncito–. ¿Cuándo te irás?

–No sé. De veras que no sé. Lo mismo puede ser la semana que viene que el mes que viene. Lo que si sé es que yo regreso a Europa.

Hasta ese momento él no se había formulado una política con respecto a su regreso y ahora, al decir Europa y no Bélgica, supo que él regresaría de todas maneras, pasara lo que pasara. Desde ese día –tal vez empujado por las revelaciones de Ramoncito– se hizo el firme propósito de regresar a toda costa.

Ramoncito se quedó un tiempo más en la casa y hablaron, sentados en la terraza, de películas, de nimiedades. Luego, cuando Ramoncito se fue, llamó a Alberto Mora y le dijo que quería hablar con él y Alberto le dijo que pasaría por su casa al día siguiente.

Cuando llegó, llevó a Alberto al cuarto del fondo y no a la terraza.

–Ven, que quiero hablar contigo.

Cerró la puerta.

–¿Y ese misterio? –le preguntó Alberto.

–Ninguno. Es que quiero hablar en privado contigo.

–Dispara.

–Ya tú sabes lo que ha pasado.

–No. ¿Qué ha pasado?

–La situación mía en el ministerio.

–¿Qué hay de nuevo ahora?

–Nada. Simplemente que cada día me convenzo más de que yo no vuelvo a Bélgica como diplomático.

–¿Cómo lo sabes?

–Yo no sé nada, pero esa es la impresión que tengo. Tengo además la convicción de que es la seguridad del Estado quien se opone a que yo regrese.

–¿Has hablado con Roa?

–No. Precisamente por eso es que me parece que la decisión de no dejarme coger el avión de regreso a Bélgica provino no del Minrex sino del ministerio del Interior.

–Tal vez sea así. Yo no sé.

–No, si te llamo para decirte una cosa: yo me voy a ir de Cuba, como sea. Si no me voy por el aeropuerto legalmente, me asilo en una embajada o me voy en un bote. Pero yo me voy.

Alberto se sonrió.

–Caramba, ¡qué drástico! –dijo. Pero ni la sonrisa ni sus palabras eran en broma.

–No, drástico no. Simplemente que yo no me voy a quedar aquí a merced de *Barbarroja*.

–¿El gallego Piñeiro? Tíralo a broma.

–¿A broma?

–Claro. Eso es lo que es. ¿Tú sabes como lo llaman en el consejo de ministros? ¡James Bond! ¿Tú sabes por qué? Se pasa el día con una maletica, que llega hasta esposarse a la mano, y la lleva a todas partes. Bueno, pues un día se le quedó en el consejo de ministros y luego vino a la carrera a buscarla. Desde ese día nadie toma en serio su maletica misteriosa. Lo han tirado a relajo. Tíralo tú también.

–Yo no puedo darme ese lujo. Si te he llamado es porque no tengo a más nadie de confianza en el Gobierno. Franqui está totalmente desconectado y cada día lo estará más y Gustavo Arcos tiene o va a tener problemas.

—¿Arcos? ¿Con quién?

—Con un tipo llamado Aldama que era agente del G2 o de seguridad del Estado en Bruselas y también con él mismo.

—Gustavo no tiene problemas.

—Bueno, ya tú verás.

—Y tú, ¿qué piensas hacer?

—Para eso es para lo que te llamé. Quiero irme por las buenas. Tengo suficientes pretextos. Mi novela va a salir en España, tengo el dinero del premio guardado en un banco de Barcelona, mi mujer está en Bélgica... Un montón de pretextos, como ves.

—Una cosa. Prométeme que no vas a hacer ninguna tontería.

—Está bien.

—Otra cosa, no le digas nada de esto a nadie. Yo voy a hacer todo lo que esté a mi alcance, pero no quiero sorpresas como las del aeropuerto.

—De acuerdo.

Alberto Mora se fue y no lo vio en muchos días.

Una tarde que estaba Luis Agüero en la casa, llamó urgentemente Raúl Palazuelos. Le extrañó aquella llamada pues Palazuelos, de ser casi su concuñado y haber sido secretario suyo cuando *Lunes* tenía su programa de televisión cuatro años atrás, había pasado a evitarlo, más o menos abiertamente, desde su regreso. Raúl le dijo que habían prendido a Oscar Hurtado y que había que hacer gestiones para sacarlo. Él le dijo que no sabía qué podía hacer y le preguntó dónde estaba Hurtado preso. Parecía que lo habían puesto preso agentes del DIR, que eran los encargados de la investigación de delitos comunes. En cuanto colgó Raúl, hizo intentos de localizar a Miriam Acevedo, su mujer, pero no pudo lograrlo. Más tarde lo llamaron Walterio Carbonell y Jaime Sarusky. Decidieron reunirse en su casa para ir a las oficinas centrales del DIR,

Cuando llegaron a la estación de la calle Egido donde estaba el DIR, eran ya un grupo considerable. Se reunieron en la puerta y entraron al interior de la estación. Walterio y Sarusky eran los encargados de hacer las averiguaciones. Después de hablar con el agente de guardia, este hizo venir al agente encargado de la investigación. Era un tipo joven, pálido, más bien gris, que sólo se distinguía por su uniforme verde olivo. Fue él quien detuvo a Oscar. Por lo que dijo, resultaba que Oscar estaba detenido por el robo de una cartera. Al oírlo todos se miraron extrañados: era imposible creer que Oscar Hurtado fuera capaz de robar algo. El agente explicó que Hurtado negaba los cargos y declaraba que él no se había robado la cartera sino que se la había encontrado. En ese dilema se hallaban las investigaciones, ¿a quién creer? Todos, por supuesto, dijeron que a Oscar Hurtado. (Nadie en ese momento tuvo ganas de pensar en la nota de humor casual que hacía a Hurtado culpado de hurto).

Oscar salió del DIR tarde en la noche –o mejor, muy temprano por la mañana. Fue al otro día, en su casa, que lo explicó todo.

–No es más que una confusión –dijo–. Yo fui a almorzar, como muchas veces hago, a la cafetería del Hotel Capri. Allí ya me conocen. Pero tocó la casualidad que el camarero que yo conozco no estaba de servicio. Esto es esencial. Bueno, yo me senté a comer y al poco rato me doy cuenta de que hay una cartera en el cajón que queda debajo del mostrador, que es justamente para poner paquetes. Pienso en entregarla al camarero, pero, como no lo conozco, prefiero entregársela al que conozco, que tal vez esté trabajando mañana. O séase, al día siguiente. Así, cuando termino, pago y cojo la cartera y la traigo para casa. Cuando llegó, la tiro en un clóset y cerrando la puerta del clóset me olvido por completo de la dichosa cartera. Pero la dueña no se olvidó y regresó a la cafetería a buscarla. Allí le dijeron que nadie había encontrado la cartera. Entonces la mujer pregunta si recordaban quién estaba sentado junto a ella, y el cajero, que me conoce, le dice que era un cliente conocido que venía casi todos los días a almorzar. La mujer se fue, pero parece que en el ínterin hizo la denuncia a la policía y, la próxima vez que voy a la cafetería del Capri, me encuentro a la mujer acompañada por un policía. Me preguntan por la cartera y es entonces que la recuerdo. Por supuesto vine a la casa con el policía y la mujer y abrí el clóset y allí estaba la cartera, que entregué. Solamente que el policía tuvo que admitir la acusación de robo. O séase, que quedé como ladrón.

–Pero Oscar –dijo él–. ¿Cómo se te ocurrió llevarte la cartera para la casa?

–¿No te lo expliqué ya?

–Sí, pero ¿por qué no la entregaste a la gente de la cafetería?

–También te expliqué eso.

–No comprendo. Y la cartera, ¿era buena o nueva?

–No que va, era una cartera vieja, fea.

–Sí, esa era una pregunta ociosa.

Oscar Hurtado salió de la cárcel enseguida por la intervención de sus amigos, entre ellos Lisandro Otero, y no fue llevado a juicio porque la historia era tan increíble que no podía ser inventada. Con todo, el investigador del DIR vino a visitarlo varias veces –una de ellas cuando él estaba de visita en casa de Oscar. Nunca se supo si venía a verlo en gestión policial o por el interés personal de haber conocido a un escritor.

La próxima vez que vio a Alberto, este se apareció en la casa con un cuento que había escrito. Se lo dejó para que lo leyera. Era la historia de un hombre casado que se encerraba largas horas en el baño, sin bañarse. La mujer no comprendía qué hacía su marido en el baño, hasta un día que ella decidió ver qué pasaba. Salió por la ventana, caminó por un estrecho quicio a diez metros sobre la calle y, arriesgando su vida, se acercó a la ventana del baño. Cuando pudo mirar y ver, se quedó pasmada. Dentro, su marido estaba sentado, completamente vestido, con una pistola en la mano. El marido de vez en cuando se llevaba la pistola a la boca y le lamía el cañón.

Él leyó el cuento comprendiendo que era una historia autobiográfica. Cuando regresó Alberto y le preguntó qué le había parecido el cuento, él pudo decirle que era muy interesante. Lo que no dijo era que era interesante como revelación.

Fue una noche con Rine Leal a Tropicana. Al caminar por debajo de la vegetación de los jardines y al entrar al cabaret, tuvo una sensación extraña, una suerte de *déjà vu* literario: él había escrito un relato que pasaba en parte en Tropicana y al regresar, después de años de no ver el cabaret y haberlo recreado en su mente y sobre el papel, reconocía el lugar y podía decirse yo he estado aquí antes, al tiempo que penetraba en él como si fuera la primera vez.

El show le pareció pobre, pero la belleza de las coristas seguía siendo grande. También vio el dúo de hermanas negras que cantaban sin acompañamiento y se hacían llamar Las Capelas y encontró que la hermana menor, casi una niña antes, se había hecho una mujer de rara belleza. En el público, se encontró con Raulito Roa, que estaba con un grupo de visitantes extranjeros. Raulito lo saludó con afecto y él reciprocó el sentimiento. Luego, al final del show, se encontró con Diana Tamayo, que bailaba en el coro. Él la había conocido antes y, dondequiera que se encontraban, ella lo miraba con extrema curiosidad. Sabía además, por un cuento que le hizo un amigo fotógrafo, que era una mujer de una sexualidad desbocada. Así, la invitó a que viniera a su mesa y después salieron juntos y cogieron un taxi y él la llevó a su casa, que quedaba casi detrás del antiguo periódico *Revolución*.

Era un edificio modesto, pero su apartamento no estaba mal. Ella sin embargo fue una amante indiferente y cuando terminaron insistió en que se fuera. Era tarde y él estaba cansado y de buena gana se habría quedado allí en la cama. Fue solamente cuando ella dijo que por favor no le creara problemas con el Comité de Defensa que bastante tenía ya, que se levantó y se fue. No volvió a casa de Diana Tamayo hasta una tarde en que solo y aburrido pensó en hacerle una visita y se fue hasta su casa cerca de la calle Ayestarán. Cuando llegó allí se encontró, también de visita y para sorpresa suya, a Pipo Carbonell. Después de quince minutos de charla insulsa, decidió irse y no volver más.

Su hermano Sabá regresó del ministerio de Comercio Exterior con una sonrisa.

–Regreso a España –le dijo.

–¿Si? ¿Cuándo? ¿Cómo?

–Dentro de dos días. Me han dado permiso para ir, recoger mis cosas y despedirme de mis relaciones allá.

–Pero entonces dan por terminada tu estancia en España.

–Sí, así parece.

Él se quedó pensativo un momento.

–Bueno –dijo su hermano–, dime qué te parece.

–No, me parece bien. Lo que es una lástima que no te dejen quedarte.

–Bueno, eso lo arreglo yo.

–¿Tu? ¿Cómo vas arreglarlo?

–Ya yo me arreglaré cuando llegue a Madrid.

No dijo más. Luego, con el tiempo, él se enteró que Marcelo Fernández había dicho que enviaba a Sabá de nuevo a España porque tenía confianza en él y que a él no le dictaba normas el servicio de Inteligencia. Tal vez sea verdad, tal vez sea mentira, pero así fue como se lo contaron.

Esa tarde fueron los dos al Carmelo de 23 a comprar tabacos (de los que no vendían más que uno por cabeza) y a la salida se encontraron con Alejo y Lidia Carpentier que estaban a punto de entrar en el Riviera a ver una película rusa.

–Hombre, ¿qué tal? –dijo Carpentier–. ¿Cómo te va?

–Bien, Alejo, gracias –dijo él.

–¿Hasta cuándo te quedas por acá?

–Un tiempo más.

–Bueno, ¿por qué no me vas a ver a la Imprenta Nacional?

–Sí, está bien. Uno de estos días me llego.

Ahora Alejo se dirigió a Sabá.

–Y tú, ¿no estabas por España?

–Sí y me voy pasado mañana para allá.

–Bueno, si ves a Adrián dile que qué paso con la maleta.

Ellos se despidieron y entraron al cine. Luego Sabá le explicó qué quería decir Alejo Carpentier con lo de la maleta. Había dejado una maleta con Adrián García Hernández porque cuando llegó él a Madrid se encontró con que tenía sobrepeso. Adrián se ofreció a guardarle la maleta y a llevársela después a la embajada para que se la remitieran a Cuba. Sin embargo, Adrián abrió la maleta y, al encontrarse que había en ella ropa vieja y unas cuantas camisas nuevas compradas en París, decidió quedarse con la maleta y guardarse las camisas para él y luego había tirado la maleta. Los dos se rieron de las aventuras de Alejo Carpentier en Madrid.

Sabá se quería llevar para España el cuadro que había en la casa para entregárselo a Adrián, que no la estaba pasando muy bien en Madrid. Pero él lo disuadió que lo hiciera. Cuando llegó la mañana en que Sabá se iba, este lo llamó desde el aeropuerto.

–Oye –le dijo–, hice mal en no traer el encargo de Adrián. Esto está de lo más tranquilo.

Él le dijo que estaba bien, que era mejor así y colgó. Luego se quedó pensando en la llamada y en sus implicaciones. A los pocos días le devolvió el cuadro a la madre de Adrián.

Por La Habana corría el rumor de que el capitán Emilio Aragonés, que era una figura en el Partido y antes había sido el Organizador Nacional del Movimiento 26 de Julio, tenía problemas muy serios. Se hablaba de problemas sexuales, pero él no sabía nada serio. Luego Franqui le contó. Aragonés estaba acusado de organizar orgías y había pruebas fotográficas, aparentemente tomadas por él mismo o con su consentimiento. El *affair* era un lío bien complicado. Parece que en las orgías se practicaba de todo, lesbianismo y homosexualismo incluido. Esto era increíble para quien conociera a Aragonés y supiera de sus ambiciones políticas. Pero las fotos no dejaban lugar a dudas. Lo que era también complicado era el descubrimiento de las orgías. ¿Participaban con Aragonés otras figuras del Gobierno? Esto no se sabía de fijo. Lo que se sabía era nebuloso además de complicado. Habían intervenido figuras del nuevo bajo-mundo en la Revolución y tenía parte importante una amiga suya, Norka, que era una modelo conocida, además de haber sido mujer de su amigo, el fotógrafo Korda. Parece que uno de los participantes le había enseñado las fotografías a un individuo que era amante de Norka y este se lo había contado todo a ella. Dicen que, cuando ella se enteró, trató enseguida de localizar a Ramiro Valdés para informarle de las fotografías y las orgías (Norka estaba en relación con altas figuras del Gobierno y se decía que había sido amante de Fidel Castro, de ahí su facilidad para llegar al ministro del Interior en persona). Según parece, Ramiro Valdés la había venido a visitar tarde en la noche y luego había puesto preso al amante de Norka y a su amigo, descubriendo finalmente la verdad. Además, luego de la detención de Aragonés, había habido un intento de matar a Norka por dos asaltantes desconocidos. La historia, por otra parte, se complicaba aún más y se decía que Aragonés había sido castigado y enviado a pelear en una guerrilla que se organizaba en Congo Brazzaville contra la República del Congo. Franqui no sabía más. Sabía sin embargo que Norka le había dicho que Ramiro Valdés le había confiado que iba a organizar una campaña en serio contra los homosexuales y otros elementos de la ilegalidad sexual y que ahora se haría de manera metódica, con un censo de delincuentes sexuales llevado a cabo en los centros de trabajo y por los Comités de Defensa en cada cuadra. Era esto lo que preocupaba a Franqui, preocupación que le trasmitió a él, ya que sabía la latitud que podía tener el término delincuente sexual en manos cubanas.

Ahora Franqui estaba enfermo de veras, recluido en una clínica de La Sierra que estaba en la Avenida Mendoza, cuyo nombre nunca recordaba. Fue a verlo con Gustavo Arcos, llevado por Suárez en máquina. Cuando llegaron se encontraron que Franqui tenía otro visitante. Era una mujer que parecía una muchacha por su aire juvenil, rubia, de ojos azules y vestida con una falda de tweed marrón y una blusa blanca de seda. No parecía cubana (nunca pareció cubana: ni siquiera el día que él la conoció en 1958, que le habló en inglés, bajándose de un taxi él y Jesse Fernández en la esquina de Infanta y San Lázaro para conocerla) excepto cuando hablaba, cuando más que cubana parecía habanera y revelaba su origen humilde. Era por supuesto Norka, que estaba más bella que nunca con su melena corta y sus largas piernas saliendo al aire por debajo de su falda corta. Franqui se la presentó a Gustavo, quien parecía conocerla, lo que no era raro pues Norka era la modelo más conocida de Cuba desde 1959.

Estuvieron hablando con Franqui un rato y cuando Norka se iba él dijo que la acompañaba y se despidió de Franqui y de Gustavo y de Suárez. Caminaron por toda la Avenida Mendoza a buscar la antigua calzada de Columbia y bajar a la izquierda hacia el puente y la calle 23. Era tarde en la tarde y el sol se ponía rápidamente a sus espaldas.

Caminaban lentamente hacia la casa de Norka en las Alturas del Bosque. Cuando cruzaron el puente, el sol naranja se reflejaba todavía en el Almendares. La tarde era, como casi todas las tardes de Cuba en verano, dulce y suave. Él se sentía muy bien caminando junto a Norka, aspirando su perfume, oyéndola hablar tan cubana mientras el aire de la tarde movía el pelo que ella se sacaba de la frente con un movimiento rápido de la mano. Norka, desde que salió, comenzó a contarle la historia de su descubrimiento de las orgías oficiales.

–Óyeme tú –dijo ella, hablando con su acento y sus modales tan masculinos que contrastaban con su profunda feminidad–, a mí me metieron dos tipos en la casa. Yo me levanté, eran ya como las dos de la madrugada, porque sentí ruido y al encender la luz de la sala veo un negro enorme que venía para arriba de mí mientras llamaba a alguien que estaba en la cocina, que resultó ser otro negro con un cuchillo en la mano. Cuando el tipo me viene para arriba, el que estaba desarmado, yo lo trabo en una cogida de judo y lo levanto por encima de mi espalda y lo disparo contra el otro negro, el que tenía el cuchillo. El primer negro, el grande, cayó contra el cuchillo del otro y se clavó. Entonces ¿qué hace el segundo negro? Sale corriendo y abre la puerta de la calle y se va, dejando al otro negro herido tirado en el suelo tinto en sangre.

Mientras los dos caminaban y ella hablaba, él pensaba en la voz de Norka, en sus inflexiones tan masculinas que correspondían con su judo pero que contrastaban tanto con su andar y su imagen de bella modelo nórdica.

–Pero viejo –siguió ella–, te juro por mi madre santa que no te estoy metiendo paquete. En cuanto salió echando el otro negro, cogí el teléfono y llamé al número privado que me había dado Ramirito y en menos de cinco minutos estaba parqueando frente a la casa con dos perseguidoras. Se llevaron al negro herido para el hospital y Ramirito me estuvo haciendo preguntas y su gente registró los alrededores y se encontraron que esos dos tipos que me atacaron habían estado mucho tiempo metidos en mi jardín, esperando, y hasta uno de ellos se había defecado –a él le gustó esa incursión breve a los términos cultos, tanto como lo sorprendió que Norka no hubiera dicho cagado en vez de defecado– entre las rosas.

–¿Y eso cómo fue?

–Parece que de miedo, tú. Yo qué carajo sé. Lo cierto es que pasé un susto tremendo y lo primero que hice fue sacar a los muchachos de casa y llevármelos para casa de mi hermana.

Ya iban llegando a casa de Norka, que era una casa bastante elegante en un barrio de casas elegantes. Se preguntó quién se la habría dado: ¿Fidel Castro o Ramiro Valdés? Ella a su vez le preguntó que si no quería entrar a darse un trago. (También estaba bien provista). Él dijo que no, que todavía tenía que ir a casa a comer, que lo esperaban. Ella dijo, ya entrando, que por qué no salían una noche, iban al cine, y él dijo que la iba a llamar. En realidad quería dejar a Norka cuanto antes, ya que le repugnaba todo el cuento que le había hecho Franqui con la terminación que le había agregado Norka.

Al otro día por la mañana lo llamó Gustavo Arcos por teléfono.

–Oye –le dijo–, quiero hablarte de la muchacha de ayer. ¿Tú no sabes que ella está metida en un lío gordo?

Él le dijo que sí, que lo sabía. Era de eso solamente que Gustavo quería hablarle, pero no por teléfono. Finalmente acordaron que, si él sabía de qué se trataba, no había necesidad de hablar. Con todo, él fue a casa de Gustavo y estuvieron conversando acerca de todos esos rumores, que para Gustavo eran algo más que rumores: él se había enterado de que toda la historia de Aragonés era cierta. Se rieron del barroquismo de organizar orgías con fotos y señales. Luego Gustavo recibió una llamada de Rebellón, que lo invitaba a visitar una granja modelo que era la más preciada de Fidel Castro en persona. Gustavo le dijo a Rebellón que él estaba allí de visita y Rebellón lo invitó a él también. Irían todos en el carro de Rebellón al día siguiente. Después de colgar, Gustavo le contó algunas anécdotas de Rebellón, ahora en alza con Fidel Castro. Aparentemente Fidel Castro usaba a Rebellón para probar sus experimentos culinarios, que ahora consistían en sopas de yerbas que usualmente no comía más que el ganado. Una de estas sopas era una suerte de cocción de yerba pangola, que Rebellón tuvo no sólo que probar sino que decir que era muy buena, aunque aparentemente sabía a rayos. Otra anécdota fue la del día que Rebellón llegó media hora tarde a una cita con Fidel Castro en su finca. Fidel Castro no dijo nada por la tardanza, pero cuando terminó la reunión llevó a Rebellón en su automóvil hasta una caseta al fondo de la finca donde guardaban herramientas y lo hizo bajarse del auto y entrar en la caseta. «Ahora –le dijo Fidel Castro, a Rebellón–, te quedas dos semanas preso aquí. Por llegar tarde». Y Rebellón, sin chistar, se pasó las dos semanas preso en la caseta al fondo de la finca.

A él le pareció inicuo el cuento, no sólo porque le caía bien Rebellón desde que lo conoció en Bruselas, sino porque la anécdota revelaba el carácter definitivo de caudillo latinoamericano que tenía Fidel Castro, que actuaba como cualquier monarca absoluto.

La finca era grande pero no demasiado. Había toda clase de animales pero se le prestaba mayor atención al ganado vacuno, en especial a una vaca, importada de Holanda, que era atendida por una veterinaria. Él se preguntó si esta vaca, como las del cuento de Walterio Carbonell, también estaría tuberculosa, aunque se veía muy grande y muy fuerte. Recorrieron todas las dependencias de la granja modelo hasta que se hizo de noche y cuando regresaban a la casa-quinta oyó un murmullo entre un sembrado de maíz y preguntó qué era. «Ratones –dijo Rebellón–. Ese es uno de los problemas que no hemos podido resolver: no podemos acabar con los ratones». Entonces los vio, yendo y viniendo del maizal a una excavación muy grande que Rebellón explicó que sería para unos silos. Eran miles de ratones del campo, de todos tamaños, confiados, hambrientos y audaces. Llenaban todo el campo al atardecer y también invadían los senderos y hasta el camino real de la finca. Él se quedó fascinado con el reino de los ratones: nunca había visto tantos ratones juntos y menos en el campo.

Regresaron a la casa-quinta y comieron la comida que comía todo el mundo, que no era buena pero era mucha. «Todo se cosecha aquí», dijo Rebellón con orgullo, como si revelara un misterio antiguo. En realidad, la comida no tenía nada exótico que no se pudiera cultivar o hacer crecer en una granja cualquiera. Más tarde por la noche, como no había nada que hacer y aparentemente Rebellón pretendía que ellos tuvieran un conocimiento completo de la granja, incluyendo los mosquitos, las mariposas nocturnas y los cocuyos, por lo que no regresarían a La Habana hasta tarde y para matar el tiempo jugaron al dominó. Él siempre había detestado este juego, y era un pésimo jugador además, pero tuvo que jugar para no desentonar. Estuvieron jugando este juego que él consideraba estúpido hasta las once o las doce de la noche. Fue entonces que Rebellón decidió regresarlos a sus casas.

Lo sorprendió la visita de Mariposa, la esposa de Pipo Carbonell, que no se llamaba Mariposa sino que ese era su apodo que se probó más efectivo que su nombre verdadero. La había conocido –como a Carbonell y a Suárez y a

Gustavo Arcos y a Aldama y a Díaz del Real y al Pollo Rivero– en Bruselas y siempre la había encontrado graciosa, tan menuda y tan cubana hablando, y todavía recordaba su anécdota favorita de ella cuando en la mesa, comiendo bacalao fresco, declaró que a los pescados europeos les faltaba sal. Ahora le dijo que trabajaba en la Confederación de Trabajadores de Cuba, en un puesto conseguido por el viejo Carbonell.

–¿Y Pipo? –le preguntó él, a pesar de que lo había visto no hacía mucho.

–Yo no sé –dijo Mariposa–. Nosotros nos divorciamos.

–Ah, no sabía.

–Oh sí, hace tiempo.

–Y ahora, ¿qué haces?

–Ahora estoy libre y sin compromiso –le dijo ella de una manera tan particular que era a la vez un dato y una sugerencia. Pero él pretendió que no la había oído o que no había entendido: no quería tener nada que ver con Mariposa aunque él siempre había sospechado, desde Bruselas, que le gustaba a Mariposa. Hablaron tonterías y al poco rato ella se despidió. Volvió a venir otro día, y la conversación fue tan inútil, tan insulsa, como la vez anterior, y después ella no volvió a venir por la casa. Más tarde la veía a menudo en El Carmelo, acompañada siempre por la hermana de Germán Puig, siempre juntas, sin tener un acompañante masculino jamás.

Fue a visitar de nuevo a Carmela, la madre de Miriam Gómez, a quien no veía hacía rato. Siempre le gustaba conversar con su suegra, que contaba tantas cosas graciosas. Pero ese día estaba Richard, el hermano de Miriam Gómez, quien comenzó a hacer chistes con frases que él creía reconocer de alguna parte, hasta que se dio cuenta que las había escrito él, que eran de las cartas a Miriam Gómez. No le gustó nada saber que Richard las estuviera leyendo y le pidió a Carmela si se podía llevar toda la correspondencia que ella le guardaba a Miriam. «Llévatela –le dijo Richard– que ya yo me la leí toda, todita». Lo único que lo hacía perdonable era la juventud de Richard. Luego fueron los dos hasta una panadería vecina, a comprar un pan que Carmela le aseguró que era muy bueno y que, al revés de tantas cosas, no estaba racionado. Fueron los dos hasta la esquina de 23 y 16, donde estaba la panadería, que estaba cerrada y rodeada, como un enjambre, por asientos de abejas. Nunca le gustaron las abejas, que le habían picado muchas veces cuando niño, y trató de salir del portal de la panadería cuanto antes, sin siquiera averiguar si vendían pan o no por la tarde esa tarde. Regresó a su casa sin el pan y con las burlas de Richard, que se paseaba tranquilo entre las abejas, sonándole en los oídos.

Franqui estaba de regreso en su casa. Aparentemente la enfermedad había sido una falsa alarma y él pensó que Franqui no estaba enfermo en realidad, sino que lo estaban matando poco a poco las preocupaciones propias de un político caído en desgracia. Fue a visitarlo varias veces y un día se encontró con la hermana de Margot y su familia, entre ellos un muchacho de unos 18 años que estaba haciendo su servicio militar. Este se quejaba de que, a pesar de que se había graduado de artillero y cumplía con su servicio, no lo dejaban tranquilo los orientadores políticos, porque él oía música moderna. (Fue entonces que se enteró que por música moderna querían decir los jóvenes en Cuba música pop, que estaba expresamente prohibida de radiarse o de tocarse en Cuba. Ahora comenzaban a querer prohibir también la audición de discos que de una manera misteriosa aparecían en el país y se pasaban de mano en mano entre los jóvenes). Le pareció que había aquí una generación, enteramente educada por la Revolución, que mostraba que la semilla de la rebeldía, si no había fructificado en Cuba, tampoco había muerto. Ese día se fue con un extraño contento para su casa.

Tal contento fue aumentado por una visita a la Imprenta Nacional, aunque no tenía que ver directamente con la Imprenta Nacional.

Llegó y al primero que vio fue a Felito Ayón, por quien siempre había sentido una gran simpatía no sólo desde los días de El Gato Tuerto (el restaurant cantante que Felito abrió frente al parque de El Maine) sino más atrás, cuando Felito era el único impresor realmente moderno que había en Cuba, y todavía más atrás, tiempos atrás, cuando visitó una exposición de cuadros de Carlos Enríquez y se encontró con Felito Ayón por primera vez (también era una de las primeras veces que asistía a una exposición) y creyó que Felito, con su atuendo y su melena, era en realidad el pintor. Se dieron, ahora, un abrazo. Felito estaba encantado de verlo y se veía feliz con su trabajo de diseñador-jefe de la Imprenta Nacional. Estaba trabajando con él, para hacer la ocasión óptima, nada menos que Cecilia Valdés. Siempre le gustó terriblemente Cecilia Valdés, desde el día de conocerla en un cóctel en la Barra Bacardí, al que fue con Rine Leal. Ya ha olvidado por qué era la ocasión pero no ha olvidado a Cecilia y a su zípper roto, mostrando su morena carne íntima. Desde entonces consideró a Cecilia el epítome de la belleza mestiza cubana y se vieron varias veces y salieron muchas más. Todavía recuerda su olor y el dolor de sus besos apasionados, tanto como recuerda unos senos vistos y saboreados en la escalera de su casa, una noche de visita, tanto como recuerda las tonterías por las que su relación no llegó a nada, tanto como recuerda una de las últimas veces que vio a Cecilia, por la calle 23 casi llegando a N, enfrente del edificio en que él vivía entonces, diciéndole: «Me he enterado que te casas con Miriam Gómez», una mano metafóricamente en la cadera y un pie impaciente golpeando la acera. «¡Qué gusto, muchacho. Con esa mujer tan flaca». Lo recuerda también ahora en la Imprenta Nacional porque

Cecilia Valdés está muy delgada y tiene el pelo cortado muy corto y ha perdido gran parte de su imagen de mulata fatal. La saluda encantado y ella responde fríamente: es evidente que nunca le perdonó que se casara con Miriam Gómez. Con todo, está contento de verla: ella es un paradigma de la mujer moderna cubana: lo era mucho antes de que la Revolución la liberara, mucho antes del matrimonio actual que luego sabrá casi en ruinas, mucho antes de convertirse casi en una mujer fácil, tan distinta de la difícil muchacha de otros días, de otras noches.

En la Imprenta saluda también a Edmundo Desnoes (que en realidad se llama Juan Edmundo Pérez Desnoe y a quien siempre llama para sí Juan Pérez) y a Ambrosio Fornet, que se han vuelto un dúo inseparable, opinando y diciendo lo mismo y trabajando en el mismo lugar y yendo a los mismos sitios juntos. También se encuentra con Sarusky, a quien desde el día aciago que lo asaltó visualmente en el aeropuerto de Bruselas se encuentra en todas partes y a quien él muchas veces saluda con el slogan: «Sarusky, el que se le escapó a Hitler». Está además Luis Agüero, no sabe por qué, aunque luego sabrá que pretende, como tantas otras gentes, los favores de Cecilia Valdés, encarnación de uno de los mitos cubanos más imperecederos: la mulata esencial.

Saludará a otras gentes que luego no recordará antes de pasar al despacho del director, Alejo Carpentier.

–Hombre –le dice este–, qué gusto de tenerte por acá.

Carpentier en realidad dice hombgre y no hombre, introduciendo en todas partes su erre francesa, excesivamente húmeda para oídos cubanos. Pero parece sentirse verdaderamente contento de tenerlo en su oficina. A continuación pasa a enumerarle todas las obras maestras de la literatura universal que ha hecho editar, los innúmeros ejemplares que ha tirado y el éxito de venta (sin olvidar la utilidad política) que han tenido y tienen sus libros, con ediciones agotadas el mismo día de salir a la calle, ediciones de decenas de miles de ejemplares, cosa que nunca había ocurrido en Cuba y que jamás la mente más fantástica hubiera pensado que ocurriera solamente tres años atrás. Carpentier está satisfecho de su labor y aunque no habla de los libros que no le han dejado editar ni de los cortes efectuados, por ejemplo, a *Moby Dick,* cuyo centro, que es Dios, ha desaparecido para los nuevos lectores cubanos, no así para los viejos que no han dejado de anotar la eliminación y así se lo han contado a él. Él por supuesto no dice nada: no ha venido a antagonizar a Carpentier sino a visitarlo. La visita termina con una mirada a uno de los grabados colgados en la pared, detrás del escritorio de Alejo, quien lo ve mirando un grabado particular que tiene a unos bellos efebos, tumbados semidesnudos en una balsa, rodeados de feroces tiburones:

–Eso que se ve al fondo –le dice Carpentier, en una frase que no dejará olvidar jamás– es La Habana, chico.

Y, efectivamente, detrás, al fondo de la balsa cuajada de náufragos se puede ver El Morro y casi la entrada de la bahía de La Habana.

Luego, como es media tarde y ya se ha despedido de Alejo Carpentier, va con Sarusky y Luis Agüero y Desnoes y Fornet a un café de la calle Galiano, a tomar Coca-Colas blancas, y aunque Sarusky se sabe dónde queda cada uno de los puestos-piloto que venden café en La Habana, no hay café. Allí conversan un buen rato y él se sorprende que Desnoes y Fornet puedan pasarse tanto tiempo fuera del trabajo, tanto como recuerda la invitación a su casa que le ha hecho Felito Ayón, quien se ha quedado trabajando, y tanto como recuerda no haberle dicho ni siquiera adiós a Cecilia Valdés, quien también se queda trabajando.

–Ah –explica Fornet, con su pronunciación pedante, conseguida en los años en que estuvo viviendo en Madrid, gozando de una beca del Instituto de Cultura Hispánica–, es que nosotros somos de confianza.

Insinuando que la confianza es, para su asombro, política. Casi está tentado de preguntar: «¿Y Felito Ayón?», pero no lo hace. La conversación deriva hacia libros y escritores y una antología de cuentos que prepara Fornet para México:

–Tú no puedes faltar –agrega, dirigiéndose a él.

Él no dijo ni que sí ni que no, pero Fornet insistió:

–Quiero además una introducción en que tú expliques qué es para ti un cuento.

–Una cosa contada –dijo él.

–No, así no –dijo Fornet–. Tiene que ser una explicación literaria.

–Ah –explicó él.

Pero se pusieron de acuerdo cuando Fornet le dijo que le pagaría cien pesos. Él dijo que tendría el cuento y la explicación la semana que viene y, aunque luego se demoró más de una o de dos semanas, Fornet tuvo finalmente su cuento con escolio. Luego él pasó a hablar de lo que había presenciado en casa de Franqui, acerca de la nueva generación. Desnoes estuvo cauto, pero Fornet se explayó:

–¡Ayayay! Esa generación que viene es tremenda. Tremenda. Están locos con la música moderna, sobre todo americana. ¿Y tú sabes lo que hacen? Se consiguen entre todos un radio de onda corta o de onda larga, que entonces ponen a tocar por la madrugada, cuando no hay interferencia cubana, y con una grabadora graban los programas musicales y después hay otro que se consigue unas cuantas radiografías viejas, las placas, y se meten en una estación de radio, por las noches, y graban sus programas en las placas que recortan redondas y ya tienen sus discos. Esos discos se pasan de mano en mano y, cuando vienes a ver, media Habana joven los ha oído y se saben todas las letras de memoria. ¡A esos no hay quien los venza!

–Sí –dijo Desnoes–, no son como nosotros, una generación vencida.

–Nosotros –dijo Sarusky– no somos una generación vencida, somos una generación comprometida.

–¿A lo Sartre? –preguntó Luis Agüero en sorna.

–A lo Revolución Cubana –dijo Sarusky, como poniendo punto final a la conversación.

–Yo no sé qué somos nosotros –dijo él–, si una generación vencida o una generación vendida.

–¿Qué tú quieres decir con eso? –preguntó Fornet.

–Que debimos poner nuestras cartas sobre la mesa.

–¿No lo hicimos en la biblioteca?

–Apenas –dijo Luis Agüero.

–Lo hicimos antes de la biblioteca –dijo él–. Cuando protestamos por el secuestro de *PM*. En la biblioteca lo que hicimos fue llegar a un compromiso: déjenos, por favor, seguir viviendo y nosotros prometemos ponernos en un rincón. Ese fue nuestro compromiso: un puesto al sol pero cerca de la sombra.

–Otra gente hizo menos –dijo Sarusky, a quien él no recordaba muy decidido en la biblioteca.

–De acuerdo –dijo él–. Pero pudimos haber hecho más. Siempre se puede hacer más. Por ejemplo, Walterio estuvo brillante en la Casa de las Américas, cuando la discusión con la gente de Teatro Estudio, sin embargo no estuvo a esa altura en la biblioteca.

–También que Franqui se desapareció –dijo Fornet.

–Pero nosotros estábamos allí –dijo él–. Nos quedamos pero no nos quedamos para hablar, sino para oír hablar y el Caballo tuvo la última palabra.

–La hubiera tenido de todas maneras –dijo Luis Agüero.

–Tal vez no –dijo Desnoes–, si hubiera habido un verdadero debate.

–Tal vez sí –dijo él–. Quien tiene la razón es Oscar Hurtado, que señaló como Fidel se quitó el cinturón y la pistola y los puso sobre la mesa como diciendo aquí están mis cojones.

—Pero Hurtado no se señaló precisamente por su oratoria —dijo Fornet.

—La oratoria de todos nosotros —dijo él— fue bien pobre.

—Allí no había más oratoria —dijo Desnoes— que el silencio.

Todos estuvieron de acuerdo con Desnoes, pero él precisó que a él mismo no le habían permitido el silencio.

—Yo tuve que ir, enfermo y todo como estaba, porque Rine Leal me llamó varias veces por teléfono, desesperado, y tuve que hablar sin estar preparado. Es más, como dijo Walterio, estábamos maniatados, nos maniatamos todos al acordar con Franqui en *Revolución* que no íbamos a poner la precisa y a tirar el periódico por el mismo hueco que tiramos *Lunes*.

—Total —dijo Luis Agüero—, para que el periódico terminara por desaparecer también. Lo cierto es que estábamos condenados de antemano.

—Bueno —dijo Sarusky—, eso es el pasado. Todavía tenemos mucho futuro por delante. Aquí estamos todos y tenemos todavía bastante influencia.

—¿Influencia? —preguntó incrédulo Luis Agüero.

—Mira —dijo Sarusky—, tú no te quejes, que por lo menos manejas la revista *Unión*.

—La *Gaceta* —corrigió Luis Agüero.

—Bueno, la *Gaceta*.

—Y esa la maneja Guillén —añadió Luis Agüero—, como maneja Carpentier la editora. Tú no me vas a decir que la controlan acá Fornet y Desnoes.

—No —dijo Sarusky—, pero tienen bastante influencia. En Rusia todos estaríamos en Siberia.

—Eso es verdad —dijo Fornet.

—Bueno —dijo él—, a mí me mandaron a la Siberia cubana: Bélgica. Más lejos no pude haber ido.

Todos se rieron, pero Sarusky añadió enseguida:

–Tú no te puedes quejar. Nada más cómodo que un cargo diplomático.

–O nada más incómodo –dijo él.

–Bueno –dijo Sarusky–, pero no lo pasaste mal en Bruselas.

–Al principio sí –dijo él–. Luego vino a arreglar las cosas mi mecanismo de adaptación. Pero ten por seguro que fue, al principio, un destierro como otro cualquiera.

–Así quisiera que me desterraran a mí –dijo Sarusky.

–Padilla salió peor que tú –dijo Fornet–. A ese lo desterraron a Moscú. Tú por lo menos estabas en el mundo occidental.

–Pero a Padilla le gusta Europa –dijo él–. A mí no.

–Padilla lo que quiere –dijo Luis Agüero– es sentir un abrigo...

–Un sobretodo –corrigió Fornet.

–Sobre la espalda –terminó Luis Agüero.

Todos se rieron: era verdad. Padilla era un loco por los abrigos, los impermeables: los sobretodos.

–Bueno, caballeros –dijo Fornet–, hora de regresar al trabajo.

–Sí –dijo Desnoes–. Ya va siendo hora de volver.

–Volver –cantó Luis Agüero, en tiempo de tango– con la frente marchita y nieve en las sienes. Sentir que veinte años no es nada.

–Eso debe cantarlo Alejo –dijo él. Se rieron todos y Sarusky llamó al camarero, que esta vez era el dueño, y pagó él.

–Generoso está el judío –dijo él.

–Generoso –cantó Luis Agüero–, qué bueno baila usted...

Regresaron él y Luis Agüero en el carro de Sarusky, subiendo por San Lázaro a alcanzar la calle L. Yendo por San

Lázaro volvió a fijarse él –por primera vez en casi cinco años– en las apariciones del paralelo muro del Malecón visto a través de las bocacalles que atravesaban. Tomó nota mental, sobre todo de cómo subía y bajaba el nivel del muro, caprichosamente. Siempre se veía el mar, azul y verde.

Norka lo llamó por teléfono. Lo invitaba al cine. Fueron al Teatro Payret a ver una película rusa que olvidó al momento de encenderse las luces. Fue solamente para complacer a Norka, que le gustaba cada vez más. A la salida se encontraron con Rebellón, quien los trajo hasta El Vedado en su máquina. Por el camino, Rebellón debió preguntarle algo íntimo a Norka, porque él (que iba detrás, mientras Norka viajaba delante) oyó cómo Rebellón decía, bajito: «Ah, no es más que un amigo». Así no le extrañó cuando Rebellón decidió dejarlo a él primero. (En realidad su casa quedaba más cerca viniendo de La Habana). Se bajó, dio las gracias a Rebellón y las buenas noches a Norka, que le dijo: «Hasta luego, querido. Nos vemos». «Sí –dijo él–, nos vemos». Vio cómo la máquina se iba no camino de casa de Norka, calle 23 arriba, sino Avenida de los Presidentes abajo. Entró al edificio: la llave era la que abría la puerta de la calle.

Al otro día lo llamó Gustavo Arcos. Rebellón los invitaba a comer a los dos en La Roca, que era todavía un restaurant de moda. Esperando en la terraza a que vinieran a buscarlo, se le acercó Anita, que le preguntó qué esperaba. Él le dijo. Entonces ella dijo: «Papi, qué suerte tienes que te invitan a almorzar siempre». Él sintió una furia incontenible y se volvió para abofetear a su hija, que se fue llorando para adentro de la casa. Había detestado con toda su alma la manera tan vulgar, cubana, chusma, con que su hija le había hablado, pero no sabía por qué le había pegado. Tampoco podía entender su rabia sorda. Por fin vino el carro de Rebellón y él bajó y se fue. Afortunadamente, Rebellón no le habló de Norka.

Almorzó en La Roca toronja y callos con arroz y ensalada de aguacate y una cerveza y de postres: helado de mamey. Estaba muy bien la comida y vio en el restaurant caras que evidentemente pertenecían a la nueva clase: no conocía a ninguna pero casi todas ellas conocían a Rebellón. Pidió un tabaco y fumó contento. Gustavo Arcos también estaba contento: no había cosa que le gustara más que que lo invitaran: siempre era motivo de risa entre los amigos la tacañería de Gustavo. Cuando regresó tenía un recado de Alberto Mora, que pasaría más tarde.

Lo esperó y Alberto llegó casi de noche. Estaba ligeramente violento porque quería haber salido pero le interesaba lo que Alberto tuviera que decirle.

–Tengo noticias para ti –le dijo al llegar.

–¿Buenas o malas?

–Hay de las dos. He empezado las gestiones. Voy a hablar directamente con el presidente Dorticós, pero hasta ahora he hablado con Carlos Rafael Rodríguez, que acogió con buena cara tu petición. Ahora, estuve en una recepción en la embajada china y estaba *Barbarroja* y hablamos de ti. ¿Tú sabes lo que dijo? Dijo que se cortaba los cojones si tú salías de Cuba.

–¿Eso dijo Piñeiro?

–Eso mismo.

–Grave.

–No, hombre. Eso es una frase. Ya verás como tú sales.

–No, grave, grave.

–Bueno, no vengas ahora con tu pesimismo. Para impedir que tú salgas tiene que pasar por encima de Carlos Rafael y de Dorticós. Es un salto muy grande.

Él no dijo nada. Por pura casualidad había estado leyendo *Operación Cicerón*, que relataba las aventuras de un espía en la embajada inglesa en Ankara que vendía secretos a los alemanes. Había llegado a la parte en que el contacto alemán del espía, el agregado Moyzisch, regresa a Berlín y es retenido allí por causas que ignora, hasta que se entera que es el servicio de contrainteligencia quien trata de que no salga de Alemania por rivalidades internas. Se había identificado con el agregado, que era el autor del libro, y se veía atrapado en La Habana, sin salida posible.

Alberto se iba y le preguntó si podía dejarlo en alguna parte. Él dijo que no. Esa noche no salió pero tampoco leyó. Se quedó hasta tarde en la terraza, mirando una tempestad que había a lo lejos, en el mar. No quiso verla con anteojos.

Estaba otra vez sin dinero, pero no quería volver a pedir prestado a la hermana de Miriam Gómez y la otra persona a quien podía pedir dinero era Rine Leal y tampoco quería hacerlo. Decidió vender sus discos de jazz y le preguntó a Marta Calvo si ella conocía a alguien que estuviera interesado. Marta Calvo le dijo que tal vez alguien en la Casa de las Américas quisiera comprar discos de jazz. Si ella encontraba comprador, ¿podía cobrar un diez por ciento? A él le pareció bien y le dijo que sí. Unos días después Marta había conseguido un comprador en la Casa de las Américas que estaba dispuesto a dar doscientos pesos por todos los discos. No era gran cosa pero era algo. Vendió los discos, le dio el diez por ciento de la venta a Marta y pagó los cien pesos que debía a la hermana de Miriam Gómez, que al principio no quería cobrar. Con la venta de los discos ocurrió un incidente que lo tuvo preocupado unos días. El comprador le había enviado por intermedio de Marta una invitación para oír los discos comprados y otros más que tenía en su casa. Iban a ir también Guerrero y Luis Agüero. Él decidió no ir, entre otras cosas porque no conocía al comprador de los discos. Dos días más tarde se apareció Luis Agüero en la casa.

—¡Compadre –le dijo–, de la que me he salvado!

–¿Qué pasó?

–Nada, que un tipo de la Casa de las Américas me invitó a oír unos discos en su casa junto con Guerrero.

–¿Si? –él estaba interesado.

–Sí, pero yo no pude ir y resulta que al tipo y a Guerrero se los han llevado presos del DTI.

–¿Cómo?

–Así como lo oyes. Parece que se pusieron a fumar…

–¿Mariguana?

–¿Qué iba a ser? ¿Un tabaco? Claro que mariguana. El tipo dueño de la casa estaba peleado con su mujer y parece que ésta lo denunció al DTI y cuando estaban él y Guerrero oyendo sus disquitos, se aparecieron dos agentes del DTI. Tocaron a la puerta nada más y entraron. Los cogieron a los dos infraganti. ¡Y yo que iba a ir oír discos esa noche a esa casa! ¡De la que me salvé!

Él no le dijo a Luis Agüero que él también estaba invitado a oír discos en esa casa, ni siquiera le dijo que los discos habían sido suyos, pero pensó que tal como cogieron a Guerrero y al comprador de los discos, podían haber cogido al vendedor. Finalmente supo que a Guerrero le habían echado dos años de cárcel y cuatro al dueño de la casa. Guerrero salió al poco tiempo por la intervención de Lisandro Otero. Muchas veces se preguntó qué intervención habría habido para él.

Su tía Felisa se fue como vino, silenciosa y de repente. Pero le dejó la Oración Contra el Enemigo y el contacto con una mujer que vivía en algún lugar por detrás de la casa, a la que ella llamó La Maga y a la que Hildelisa apodaba La Bruja. La Maga o Bruja vino una tarde en que él estaba en la terraza mirando a los pocos viandantes con sus anteojos y, después de hablar con su abuela, vino a verlo a él. «Yo le vaticiné el viaje a Europa a Zoila», dijo ella después de hablar de cosas sin mayor importancia. A él le asombró no el vaticinio sino el uso de una palabra tan culta por una mujer tan evidentemente inculta. Pero estas contradicciones se dan a menudo en Cuba y en otros países de habla española. «Lo predije –dijo ella– mucho antes de que se le diera». También era notable cómo mezclaba las palabras cultas con términos populares. «¿Sí?», respondió él cada vez. «Sí», dijo ella. «Tu viaje también está cerca. Tienes muchos enemigos, muchas malas influencias, pero vas a regresar a donde viniste. No tienes más que hacerme caso. Lee tu oración cuando vayas a ver a la gente importante. También tienes que hacer la limpieza del huevo y confiar en el gran poder de Dios». Él no sabía lo que era «la limpieza del huevo», pero ella le explicó. «Coges un huevo y te vas una noche, preferiblemente un viernes, y te llegas a una calle de cuatro esquinas. Mira bien que no vuelvas a pasar por allí, coge una calle por donde no pases. Tú llevas tu huevo en la mano y en la esquina, como a las doce de un viernes, te pasas el huevo por todo el cuerpo, diciendo limpia huevo limpia y luego lo tiras por la espalda. No te pares a mirar dónde cayó, sino vete de allí cuanto antes. Esto acaba con las malas influencias». Él creyó que ella iba a cobrar mucho por la consulta, pero no le cobró nada. «El problema –dijo él medio en serio, medio en broma– es el huevo». La Maga no sabía cuál podía ser el problema. «Conseguir un huevo –dijo él– con el racionamiento». «Aquí hay huevos», dijo desde el cuartico su abuela. Y ella, La Maga, añadió: «Si no lo tienes, dime cuándo vas a hacerlo y yo lo traigo. Yo siempre consigo huevos». Otra como la madre de Miriam Gómez, se dijo él. Campeonas de la bolsa negra. Pero no dijo más nada. Al poco rato la Maga se fue y él se dio cuenta de que había usado para ella el nombre que le dio su abuela, no el que le daba Hildelisa. ¿Creyó en ella entonces?

Ya había notado la pobreza de la música popular cuando estuvo en el cabaret del Habana Libre viendo las producciones de Silvano Suárez, y luego cuando fue a Tropicana, en que ambos espectáculos parecían pobres parodias de los shows de antes de la Revolución y de algunos de los primeros años de la Revolución. Pero en todo este tiempo desde 1959 no se había creado ningún nuevo ritmo en Cuba, tampoco había melodías nuevas. Lo único nuevo eran los himnos revolucionarios y muchos de ellos estaban compuestos, como el Himno del 26 de Julio, mucho antes de la llegada de la Revolución al poder. Esta ausencia de música le parecía tan sintomática como la transformación de la garrulería criolla en puro laconismo. Había, sí, una nueva orquesta, dirigida por Pello, apodado el Afrokán, que trataba de introducir un nuevo ritmo llamado, extrañamente, Mozambique. Él no había oído la orquesta del Afrokán, pero los organismos publicitarios del Estado trataban de popularizarla a toda costa, quizás conscientes, como él, de la desaparición de la música, que era el arte cubano por excelencia, el único que se había conservado desde los primeros tiempos de la colonia en el siglo XVI hasta casi nuestros días. Así, cuando un día Maritza Alonso lo invitó a ver los ensayos finales de un espectáculo que saldría en gira europea, él fue con verdadero interés.

Aunque el teatro en agosto y sin aire acondicionado era como un horno –el Amadeo Roldán que él se empeñaba en llamar todavía Auditorium– se quedó a ver y oír todo el espectáculo. Lo constituía principalmente un ballet cubano de Alberto Alonso, en el que vio las mismas cosas que Alonso hacía antes para la televisión comercial, tal vez hasta más pobres porque el tiempo había pasado y no por gusto. Luego cantaron dos o tres cantantes indiferentes y un grupo, Los Zafiros, que aunque estaban atrasados con respecto a la música que se oía en Europa Occidental, tenían buenas voces y se agrupaban, a veces al unísono, otras en contrapunto, con bastante buen gusto. Luego le tocó el turno a las estrellas del espectáculo, Pello el Afrokán y su conjunto, que era más bien una colección de tambores que hacían un ruido infernal sin jamás organizarlo en música. Se quedó sorprendido de la popularidad oficial de que gozaba esta orquesta, pero no le dijo nada a Maritza Alonso, sabiendo que ella era solamente una agente de artistas, aunque sancionada por el aval oficial: todo le pareció de una pobreza que daba ganas de llorar y lo vio como un símbolo de lo que pasaba en Cuba entonces, donde las mejores intenciones se convertían en males irremediables.

A la salida –o tal vez en el intermedio, impulsado por el calor– se encontró con Humberto Arenal, que le dijo que él iba con la excursión artística, esas fueron las palabras de Arenal, por Europa, que si no quería algo para allá. Él dijo que tal vez le mandaría una carta a Miriam Gómez. No habló más porque vino Maritza Alonso a preguntarle qué le parecía todo. Él le dijo que muy bueno, todo. Ella estaba encantada. Finalmente le preguntó si no se verían por Europa y añadió: «Nosotros nos vamos el domingo». «Tal vez –dijo él– nos encontraremos por allá». Pero sabía que decía mentira y, lo que es peor, sabía que Arenal sabía que él sabía que decía mentira. Finalmente se despidió y Arenal le dijo que pasaría por su casa antes de irse.

Desde esa tarde en que regresó, solo, caminando primero por toda la calle Línea y después subiendo por la Avenida de los Presidentes hasta su casa, comenzó a pensar en la carta que tenía que hacer, cómo redactarla de manera que Arenal pudiera llevársela sin contratiempo, y cómo, al mismo tiempo, decirle a Miriam Gómez todo lo que estaba pasando y, a la vez que pareciera conminarla al regreso, decirle que no volviera, que se quedara en Europa, que su única salvación estaba en tenerla a ella del otro lado. Empleó mucho tiempo y papel redactando la carta, hasta que finalmente consiguió una hoja de papel escrita en que resumía su situación veladamente, al tiempo que advertía a Miriam Gómez de la necesidad de que ella se quedara en el exilio para poder unirse con ella cuanto antes fuera posible.

Arenal vino como había prometido y él le entregó la carta en un sobre abierto. «Léela, por favor», le dijo. Pero Arenal le contestó que no hacía falta, que él confiaba en él y la cerró delante suyo. Cuando se fue Arenal, se quedó pensando en la carta, en si había traicionado la confianza de este, pero pudo decirse que no, que la carta podían leerla los agentes del G2 que seguramente acompañaban a los artistas en la gira y hasta podía ser interceptada por la policía del aeropuerto y hubiera parecido una carta de amor más o menos desesperado pero tenido bajo control. Como era en realidad.

Ivonne Calvo se casaba otra vez. Esta vez su ex cuñada se casaba por poder por teléfono, con el futuro marido en México: era su expediente para salir de Cuba. Con todo, la boda se celebraría como si fuera la primera vez que Ivonne se casaba, como si fuera una boda ordinaria y no por persona interpuesta, como si se tratara de una boda en la Cuba de antes. Fueron invitados todos los ex cuñados de Ivonne, que incluían a Rine Leal (que asistió) y a Juan Blanco (que no asistió) más los amigos de Sara Calvo, de Luis Agüero, de Marta Calvo y de Ivonne Calvo. La pequeña fiesta –modestamente organizada y acompañada por unas pocas botellas de ron que eran regalos de Alberto Mora y de Carlos Figueredo, un invitado extraordinario del que hay que hablar– tuvo lugar un viernes por la tarde, más bien por la noche, porque la llamada a México, para hablar con el novio, hizo demorar la boda hasta bien entrada la noche.

Él hacía tiempo que no veía a Carlos Figueredo, que ahora trabajaba para el ministerio del Interior. Había conocido a Carlos Figueredo el día del asalto al Palacio Presidencial el 13 de marzo de 1957. Se había aparecido como a las cuatro de la tarde junto con Dysis Guira y su primo Joe West-brook. Carlos venía cojeando pero no tuvo mucho que caminar desde la máquina de Dysis, parqueada junto a la acera, hasta la casa. Venían él y Joe Westbrook de otro asalto, a la CMQ, que también había fracasado. De regreso del asalto a la emisora se habían encontrado con una perseguidora y uno de los acompañantes, Manzanita Echeverría, había sido muerto por la policía y Carlos resultó herido. Él se extrañó al verlos llegar, pero enseguida comprendió: venían a buscar refugio en su casa. Lamentablemente allí no se podían quedar, ya que tenían una criada que era novia de un soldado y no confiaban en ella. Pero hallaron refugio en el mismo edificio, en el apartamento de Sara en el cuarto piso. Aunque el edificio estaba pegado a la casa del segundo jefe de la policía motorizada, estuvieron allí refugiados sin problemas, hasta que se fueron a todavía mejores refugios. Carlos Figueredo fue al refugio menos seguro, mientras que su primo Joe Westbrook iba al refugio más seguro. Este estaba en el número 9 de la calle Humboldt y días después fue descubierto, mediante una delación, por la policía, que allanó el apartamento y mató a todos los refugiados allí, entre ellos a Joe Westbrook. El refugio menos seguro en que estaba Carlos Figueredo resultó el más seguro y Carlos vio el fin de la dictadura de Batista sin mayores problemas. (Él lo había vuelto a ver, poco antes de la caída de Batista, comprando cigarros en la bodega que estaba en la esquina de su casa, pero después no lo volvió a ver más hasta el triunfo de la revolución). Después de que la Revolución estaba en el poder, Carlos Figueredo apareció con galones de comandante. Luego se casó con una muchacha muy bella y todo iba de lo más bien, hasta que un día, en un ataque de celos, le pegó fuego al apartamento en que vivía y donde tenía una colección de armas y municiones, que estallaron, provocando una conmoción pública. Carlos fue a parar a la cárcel, pero luego salió y reapareció en el ministerio del Interior, ahora como interrogador de supuestos y reales enemigos del régimen.

La fiesta duró hasta después de que Ivonne habló con su novio –ahora su marido– y, cuando apenas quedaba una docena de personas, Carlos Figueredo invitó a todo el mundo –menos a Rine Leal– a su casa. Fueron todos en su automóvil y en el de Alberto Mora. Cuando llegaron, él se quedó pasmado: Carlos Figueredo vivía ahora en una mansión. «Era de uno de los presidentes del Chase Manhattan Bank», le explicó Alberto. La sala era inmensa y estaba dominada por un gran piano de cola. Entraron hasta el fondo, donde Carlos tenía su cuarto de música, que era un estudio alfombrado y con aire acondicionado, en el medio del cual había una batería con toda clase de tambores. También había un gran tocadiscos de alta fidelidad y, a la izquierda, un estante con puertas de cristal, lleno de cámaras fotográficas –otro de sus hobbies. Carlos entró seguido de dos de sus eternos acompañantes, que eran auxiliares o segundos, pero parecían la camarilla que rodea a un torero de éxito. Carlos sirvió trago y desapareció por un momento al cuarto de al lado, su cuarto de vestir. Había llevado a la fiesta un traje de seda cruda italiana y ahora se cambió para unos pantalones y un pulóver de verano. (Más tarde, se cambiaría dos veces más de vestuario, pero naturalmente, sin ostentación, como el que está acostumbrado a hacerlo. Hay que decir aquí que esta costumbre la adquirió Carlos durante la Revolución, ya que antes era solamente un camarero del restaurant Monseñor que siempre tenía en su taquilla, debajo del uniforme, una pistola cargada, esperando que viniera alguna figura del régimen a comer al restaurant y matarla).

Carlos salió un momento para hacer oír a Sara el timbre de su piano. Fue entonces que él entró en el cuarto de vestir y pudo asombrarse del elegante y próspero ropero. Cuando regresó, Alberto le pidió que tocara los tambores, lo que él hizo y lo hizo muy bien. Al poco rato –ya eran cerca de las tres de la mañana– fue al cuarto de vestir y salió con su uniforme verde olivo puesto: la fiesta se había terminado. Cuando salían, él le preguntó que a dónde iba a esa hora y él respondió, simplemente: «Tengo un trabajo que hacer». Fue luego, hablando con Franqui, que supo qué clase de trabajo hacía Carlos Figueredo: él era uno de los primeros interrogadores del servicio de contrainteligencia del ministerio del Interior. Tenía una técnica propia como interrogador: hacía su trabajo desnudo de la cintura para arriba, usualmente en una celda muy calurosa y a menudo se rascaba debajo del brazo o el pecho y haciendo una bolita con el sudor y los detritus del cuerpo la arrojaba a la cara del entrevistado.

Un día recibió una llamada de Miriam Gómez: del ministerio de Relaciones Exteriores le habían enviado un pasaje de regreso a Cuba por avión, junto con un cable en que la conminaban a regresar. Él –cuidando siempre lo que hablaba por teléfono, sobre todo por larga distancia con el extranjero– le dijo que no hiciera caso ni del cable ni del pasaje de regreso y que se mantuviera en Bélgica hasta que él la avisara. Cuando colgó, sintió una ira irreprimible y maldijo su suerte. Desde la cocina le dijo su abuela: «Ay, mi hijo, no te desesperes, que todo se arreglará». Él no lo creyó así y llamó a Alberto Mora, que vino por la tarde. Él le explicó todo.

–Déjalo de mi parte –le dijo Alberto–. Voy a hablar con Dorticós.

–¿Todavía no has hablado?

–No he tenido oportunidad, pero ahora lo voy a hacer. Ese mierda de Roa esta siendo intimidado por Piñeiro.

–Bueno, mejor no dices nada. Ya yo he hablado con Miriam y le he dicho que se quede en Bruselas de todas todas.

Alberto pareció pensarlo un momento.

–Está bien, no voy a decir nada de lo de Miriam, pero voy a aprovechar el impulso que tengo para hablar con Dorticós.

–Me parece bien –dijo él. Después que se fue Alberto, se llegó a casa de Franqui, que pareció enfermarse al darle él la noticia, que había tenido que darle, cosa curiosa, con el tocadiscos a todo volumen. Una vez más pensó en Moyzisch y en los destinos diplomáticos paralelos.

Ahora a menudo su casa era centro de reunión de artistas, intelectuales y aspirantes, que venían a verlo o a hablar con él. Pero él no se confiaba a nadie y, excepto con Franqui o Alberto Mora, a nadie hablaba de su real situación. Por supuesto que las visitas no añadían nada bueno a su reputación de disidente, pero él no hacía nada por evitarlas. Una noche vinieron Virgilio Piñera, Antón Arrufat, José Triana, José Estorino y Raúl Martínez, extrañamente acompañado por Richard, el hermano de Miriam Gómez. No había ni podía haber una relación entre ellos, pero Richard había conocido a Raúl en casa de unas muchachas (que él no supo quienes fueron) y se habían hecho amigos. A él le preocupaba esta relación porque Richard era muy joven, inexperto y confiado, y Raúl Martínez había sido expulsado como profesor de las Escuelas de Arte acusado de corromper menores, y aunque él sabía que la acusación tenía más que ver con la filiación artística de Raúl que con sus actividades sexuales, no por ello dejaba de reconocer que las últimas eran bien reales.

Esa noche hubo una discusión entre él y Raúl, que había pasado de ser un pintor abstracto a ser un artista pop más o menos al día. La discusión tuvo antecedente en las conversaciones de la biblioteca y en el Primer Congreso de Escritores y Artistas de Cuba, ocurridos ambos en 1961, cuando el presidente Dorticós, entre otros, virtualmente acusó a los artistas abstractos de ser «malos revolucionarios» y predijo la desaparición del arte abstracto en Cuba. Entonces él y *Lunes de Revolución* librarán una batalla porque pintores como Raúl Martínez y su grupo (entre los que estaban Guido Llinás, Tapia y ———, que estaban exilados desde hacía tiempo) pudieran expresarse con toda libertad. Ahora, al encontrarse con Raúl Martínez convertido de partidario de la abstracción en cultivador de la representación más evidente, él había dicho que Dorticós se había adelantado, que con sólo esperar un par de años se habría visto librado de los pintores abstractos al cambiar estos como cambiaban las tendencias artísticas en el extranjero, especialmente en los Estados Unidos. Este comentario suyo, hecho hace poco, había llegado a oídos de Raúl Martínez, quien, un poco borracho, venía a buscar una explicación.

–Me he enterado que dices que yo no estaba esperando más que el viento cambiara afuera para convertirme de pintor abstracto en representacional.

–Yo no he dicho eso –dijo él–. Por lo menos no lo he dicho de una manera tan burda.

Raúl se rio.

–Es mi lenguaje, pero la idea es la misma.

–Más o menos –dijo él–. Yo lo que dije es que Dorticós (es decir, el compañero Presidente, perdón) se equivocó, que su guerra contra los pintores abstractos no debió tener lugar, que todo lo que tenía que hacer era esperar.

–Eso es una mierda –dijo Raúl. Estorino se rio, él se sonrió–. Porque no es verdad.

–¿No es verdad? ¿Y qué es lo que estás haciendo ahora?

–Lo mismo de siempre –dijo Raúl–. Pintura.

–Que rima con figura –dijo él. Todos se rieron, incluyendo a Raúl.

–Bueno, ¿y qué? –dijo Raúl.

–Nada, pero me parece recordar que antes de irme, no hace ni tres años, tuviste un problema con un mural encargado por el Instituto del Cine para el vestíbulo de la Cinemateca y que fue eliminado por ser una «muestra del decadente arte abstracto». También recuerdo que el mural de las oficinas de *Lunes* desapareció destruido al poco tiempo de cerrar el magazine.

–Sí, es verdad. Pero no es eso lo que ha hecho evolucionar mi arte, sino su propio movimiento.

–Que coincide con el movimiento pop de afuera, ¿no?

–No necesariamente –dijo Raúl.

–¿Sí o no?

–Bueno, puede haber coincidencias. Pero nada más.

–Es decir, que has cambiado de adentro hacia afuera y no al revés.

–Exactamente.

–¡Qué coincidencia!

Raúl se sonrió. Los otros –incluyendo a Richard, que no tenía idea de lo que se hablaba– se rieron.

–Bueno –dijo Raúl–, ¿no hay nada que tomar en esta casa?

–Tú sabes que somos abstemios. Además que no necesitas beber más.

–Era muy diferente cuando tu madre vivía.

Él no dijo nada. Los demás se quedaron callados también.

–Sí –dijo él finalmente–, era muy diferente.

La reunión no terminó ahí, pero él no habló más de pintura y la conversación se deslizó hacia un terreno neutral, poco interesante y terminó en el aburrimiento de todos. Pero por un momento él sintió que había tenido lugar un intercambio vivo, que Raúl Martínez participaba poco del carácter de zombies que había encontrado en todas partes y que tal vez representaran, entre sus amigos intelectuales, Edmundo Desnoes, activamente, y Humberto Arenal, de una forma pasiva: un zombi entre los zombies.

Otro día había otra reunión en su casa por la tarde, pero era más pequeña, ya que estaban solamente Oscar Hurtado, Antón Arrufat y Virgilio Piñera. Conversaban tal vez de literatura y estaban sentados no en la terraza, sino en la sala, cuando sonó el timbre de la puerta de entrada al edificio. Se asomó por la terraza para ver quién era y se encontró con que venían a visitarlo Marta Frayde y Bebe Sifontes. Abrió la puerta y entraron. Saludaron a los visitantes y luego Marta le dijo:

—Pasábamos por enfrente, vimos que recibías visita y no pudimos resistir la tentación.

Él siempre se preguntó cómo Marta pudo ver desde su automóvil que estaba en casa y con visita.

—Venimos también a invitarte a almorzar, con perdón de la concurrencia.

—No hay por qué pedir perdón –dijo Virgilio Piñera. Oscar Hurtado se sonrió y también Antón Arrufat.

—Pero –dijo Marta, casi sin hacer pausa– me alegro de encontrarlos reunidos aquí para decirles algo. ¿Por qué no son ustedes más militantes?

—¿Qué tú quieres decir, Marta? –preguntó Virgilio, sonriendo, sin dejar de fumar su cigarrillo.

—Que sean más activos. Es a ustedes los intelectuales a quienes les toca llevar la bandera de la militancia.

—¿Revolucionaria? –preguntó él con sorna.

—No –dijo Marta–. La verdadera militancia, que es cuestionarlo todo y pedir explicaciones al Gobierno por lo que hace mal.

—Ay, Marta –dijo Virgilio.

—Nada de ay Marta, lo que ustedes tienen que hacer es enfrentarse con la realidad. A ver –se dirigió a Oscar Hurtado–, ¿por qué no hace usted más que sentarse en El Carmelo a comer helados y a hablar de marcianos?

La sonrisa de Oscar Hurtado se heló en sus labios. No dijo absolutamente nada. Al poco rato pudo encender un cigarrillo.

–A ver –volvió a repetir Marta Frayde.

Nadie dijo nada.

–A que no se atreven ustedes a asumir sus responsabilidades como intelectuales que son.

–Ya eso lo hicimos una vez –dijo él– en la Biblioteca Nacional y fuimos derrotados ruidosamente por el enemigo. Ahora no queda más que vivir sin el menor ruido posible.

–Pues no señor –dijo Marta–. Hay que pelear. Y si el enemigo no nos deja, escoger las armas y pelear con las que tengamos a mano.

Él no quería decir nada que fuera insultante para Marta Frayde, a quien conocía desde hacía años y a la que vio luchar contra la dictadura de Batista muy valientemente y a la que, ahora, veía empeñada en una lucha más peligrosa que la que libró contra Batista. Así, cuando Marta se levantó abruptamente y dio por terminada la visita, sintió un verdadero alivio: esta interrupción podía haber sido nociva para sus planes de astucia y de silencio.

–¡Uf! –exclamó Virgilio cuando se fueron Marta y Beba, la última sin decir más nada que los saludos de rigor.

–Pero esta mujer –dijo Antón Arrufat–, ¿qué cosa es? Debe de ser un agente del G2 cuando se permite estar hablando esas cosas.

–No –dijo él–. Ella no es agente de nada. Marta es así.

Lo que no explicaba mucho, pero aunque Virgilio la tuteaba, era él quien mejor conocía a Marta Frayde.

–Bueno –dijo Arrufat–, no será un agente del Gobierno, pero seguramente que es una agente provocadora.

Oscar Hurtado no había dicho una palabra desde que entró Marta, excepto quizá saludarla y, sin embargo, él sabía que había una amistad estrecha entre Miriam Acevedo y Marta, a través de Alberto, el hermano médico de Miriam, a quien Marta admiraba mucho –y no sólo como colega. La reunión terminó casi tan abruptamente como la visita de Marta Frayde y él se preguntó si convenía recibir gente en su casa. Tal vez, como antes, cuando clausuraron *Lunes* y él se quedó sin trabajo, cuando su casa se convirtió en centro de reunión de disidentes, ahora le convendría recibir a descontentos. Aunque, se dijo, las circunstancias no son las mismas y tal vez no fueron sus visitantes los que le abrieron el camino del exilio oficial la primera vez. Ahora, decidió, se reuniría con sus amigos solamente en lugares públicos. Sin embargo, tenía que asistir al almuerzo con Marta y Beba y no podía dejar de visitar a Gustavo Arcos y a Franqui. Esas fueron las únicas excepciones que hizo.

El almuerzo con Marta y Beba fue una ocasión discreta, solamente recordada por la excelencia de la comida. Cuando él preguntó a Marta que cómo se las arreglaba para tener en su mesa lo que se consideraba en Cuba como exquisiteces –y una exquisitez podía ser entonces hasta el muy criollo aguacate. «Conexiones», le dijo Marta. «Conexiones». Luego él supo que no se trataba de conexiones oficiales, de las que Marta tenía cada vez menos, sino que ella era médico de diplomáticos y a través de estos podía conseguir de vez en cuando comestibles para su mesa. Él recuerda aquel almuerzo –desde el cóctel de camarones para empezar hasta el exótico *roast beef*– como una ocasión especial, sentado allí rodeado por la abundante colección de cuadros cubanos de Marta, que había sido en el pasado una buena compradora y amiga y médica de muchos pintores locales, recuerda tanto lo comido como la atmósfera en la casa tan cubana de la calle 19, con sus paredes encaladas y sus mosaicos de variados colores en el piso, lo recuerda tanto como recuerda la disculpa de Marta «por lo ocurrido el otro día», que ella explicó como un mal momento, la conjunción de ese momento y el encuentro con Oscar Hurtado, cuya frecuentación con marcianos y otros entes del más allá literalmente la reventaban.

De esos días de agosto de 1965 él recuerda el tedio de la espera, pero también recuerda las ocasiones extraordinarias. Una de ellas fue un *garden party* –que no se llamaba una fiesta en el jardín sino una «reunión de compañeros escritores y artistas»– que tuvo lugar en el amplio patio de la UNEAC, la Unión de Escritores y Artistas de Cuba cuyas siglas, decía él, le recordaban a la urraca o al cuervo. El *party* fue a las seis de la tarde de una tarde de verano espléndida.

Él fue a la fiesta con Alberto Mora y juntos entraron al palacete de la UNEAC y, enviados por el portero, fueron hasta el patio. En el patio y casi debajo del mango en que Guillén le había hecho sus confidencias político-literarias había una larga mesa cubierta con un mantel blanco. Sobre ella había una ponchera grande, llena de ponche, y muchos vasos, también había fuentes con bocaditos de jamón y queso. Ellos se llegaron hasta la ponchera donde dos camareros servían el ponche y repartían los bocaditos. El patio se había llenado de gentes, muchas de las cuales él conocía, aunque no conocía a otras. Estuvieron bebiendo y comiendo hasta que vino Ingrid González y se acercó a ellos. Ya Alberto la conocía, así que no tuvo que presentársela, Ingrid se acercó a él y le dio un beso en la cara, muy cerca de la boca. Olía muy bien. Estuvieron hablando inconsecuencias y trivialidades con ella y con Mariano el pintor y su mujer Celeste, que también se acercaron. Más tarde él descubrió al fondo del jardín a la muchacha que había visto un día con el pulóver ajustado y los grandes senos. Ahora llevaba otro pulóver que también revelaba sus senos sin sostén.

—¿Quién es esa muchacha? —le preguntó a Ingrid, señalando con la cabeza.

—¿Cuál? —dijo Ingrid,

—La que está al fondo, con el pulóver.

—Ah. Se llama Oceanía.

—¿Oceanía?

—Sí y es amiga de José Mario.

Ya él había oído hablar de José Mario anteriormente: era
el jefe del grupo El Puente, que había caído en desgracia totalmente aunque era el grupo literario de la gente más joven,
formada toda ella bajo la Revolución. El Puente había sido
liquidado como grupo literario por la UNEAC, se decía que
bajo órdenes directas de Fidel Castro. El rumor aseguraba
que Fayad Jamis había leído un libro de poemas de alguien
del grupo —tal vez del mismo José Mario— que contenía poemas homosexuales. Fayad se había llevado el libro para su
casa y esperó a que viniera a visitarlo Fidel Castro, que viniera a visitarlo no a él sino a su mujer, Marta, que era viuda
del mártir Fructuoso Rodríguez y a quien Fidel Castro mostraba mucha distinción. En la visita, Fayad le había enseñado el libro a Fidel Castro, mostrándole los poemas homosexuales y llamándole la atención sobre el hecho de que era
un libro editado bajo la égida de la UNEAC. Fidel Castro
montó en cólera —siempre, como Zeus en la mitología grie-
ga, Fidel Castro montaba en cóleras monumentales— y ordenó que se suprimiera al grupo entero, aunque se trataba de
los miembros más jóvenes de la UNEAC. Así todo el grupo
había caído en desgracia y sus miembros estaban ostraciza-
dos públicamente, casi todos ellos sin trabajo y viviendo de
la picaresca revolucionaria.

—¿Y está aquí José Mario?

—Sí. Lo vi horita. Por el fondo.

Alberto Mora se interesaba también por la muchacha.

—¿Ella es miembro del grupo El Puente también?

–Si no lo es –dijo Ingrid–, está muy cerca. Siempre anda con ellos.

–Preséntamela –dijo él.

–Sí, sí –dijo Alberto.

–Está bien –dijo ella y de la manera más discreta se acercó a la muchacha. A los pocos segundos regresaba con ella.

–*Bring 'em back alive!* –dijo él y Alberto se rio.

Cuando estuvo entre ellos, Ingrid hizo las presentaciones. No se dieron la mano y él estuvo todo el tiempo mirando fascinado aquellos grandes senos erguidos y libres bajo el pulóver. Hablaron y bebieron y se rieron y finalmente él le dijo a ella:

–Vamos a dar una fiestecita privada en casa de Ingrid. ¿Quieres venir?

Ingrid miró con cara de enterarse en ese momento que ella daba una fiesta –como era en realidad.

–Bueno –dijo Oceanía–, yo en principio voy, pero les digo enseguida.

Y se fue.

–¿Cuál es esa fiesta que yo voy a dar? –preguntó Ingrid.

–Oh, una privada. En tu casa –dijo él.

–¿En mi casa? Allí no cabe nadie con lo chiquito que es el apartamento.

–Pero cabemos nosotros –dijo Alberto.

–Es una fiesta privada –dijo él–. ¿Entiendes?

–Sí –dijo Alberto–, es una fiesta privada.

–Bueno –dijo Ingrid, resignada–. Está bien. Daré una fiesta privada.

Los tres se rieron. Entonces regresaba Oceanía.

–Tengo que hablar contigo –le dijo a Ingrid.

–¿Qué quieres? –dijo Ingrid.

–Ven acá.

Ingrid fue y Oceanía le habló bajo la mata de mango, el árbol de las revelaciones. Ingrid regresaba.

—Dice que ella va, pero que tiene que ir José Mario.

—¿Qué? —dijeron casi al unísono él y Alberto.

—Que tiene que ir José Mario con ella —dijo Ingrid.

—Es decir, con nosotros —dijo él.

—Exactamente —dijo Ingrid.

—No puede ser —dijo él. Alberto no dijo nada.

—Me lo temía —dijo Ingrid—. ¿Se puede saber por qué? Para decírselo a ella.

—Esa clase de promiscuidad no me gusta. Ni a Alberto tampoco.

Alberto negó con la cabeza.

—Bueno —dijo Ingrid—. Qué se le va a hacer. Le diré a ella que no.

—Dile que venga ella sola, con nosotros.

—Bueno. Voy a ver.

Ingrid conferenció más con Oceanía. Él vio que la boca de Oceanía se contraía, pero no podía decir por qué a la distancia. También vio que desde lejos Mariano se sonreía y le hacía señas admonitorias con el dedo. Vio también como Oscar Hurtado se unía a las admoniciones de Mariano, pero solamente con la cabeza. Él se rio con ellos.

—De eso nada, monada —dijo Ingrid regresando.

—Bueno, qué se le va a hacer. No estaba para mí.

—Pero tú sigues dando la fiesta —le dijo Alberto a Ingrid.

—Bueno, sí. Supongo que sí. Aunque será una fiesta un poco coja: para tres.

En eso entró en el patio Lido, salvadora.

Él no recuerda si Ingrid la llamó, con una seña imperceptible, o si ella vino motu proprio, pero lo cierto es que ella se acercó al grupo cuando Oceanía ya se había ido. ¿O estaba todavía allí? Él no recuerda. Lido vino y él se la presentó a Alberto, que sonrió su tímida sonrisa ladeada. Luego él le ofreció ponche a Lido y ella aceptó. Por lo que él podía ver no había ningún comandante presente. Luego, cuando ya era de noche, Lido, Ingrid, Alberto y él se fueron a casa de Ingrid en el atiborrado VW de Alberto.

Ingrid vivía en un pequeño apartamento que él conocía bien porque había pertenecido a Rine Leal antes y porque en él, momentáneamente, había vivido Nidia Ríos, una modelo que era la rival de Norka en los años cincuenta y amiga suya. Entró en él no sin nostalgia, que pronto fue sustituida por una forma de lástima: Ingrid no tenía ningún mueble en él, excepto dos colchones que hacían de cama en el cuartico visible desde la puerta.

Pronto la conversación se hizo íntima y, sin que nadie organizara nada, él y Alberto convirtieron la cama en dos colchones, uno de los cuales fue a dar a un rincón de la salita y el otro se quedó en el cuarto como estaba. Misericordiosamente, Ingrid apagó la luz. Él se quitó la ropa y le pidió a Lido que se la quitara ella, lo que hizo sin tener que insistir demasiado. Pronto se olvidó de que Ingrid y Alberto estaban casi en el mismo cuarto para concentrarse en Lido: ella seguía teniendo su mismo perfume, igual suavidad en la carne, idéntica emoción en su ritmo.

Cuando terminó, oyó que Ingrid y Alberto hablaban. Él había encendido un cigarro o se lo había encendido a Ingrid, no supo bien qué fue porque no miraba, pero si oyó claro como Ingrid decía: «Pero no tienes por qué preocuparte...». No quiso oír más y habló con Lido, aunque tenía en sus oídos la frase de Ingrid y pensó, entonces y muchas veces luego, en qué era lo que preocupaba a Alberto y en su mente le dio muchas respuestas aunque él sabía que no había más que una sola.

—¿Dónde te has metido? —le preguntó a Lido.

—Oh, por aquí y por allá. ¿Por qué?

—No te he visto hace rato.

—Yo sí te he visto a ti.

—Pero estabas muy ocupada para verte yo a ti.

–Exactamente. Pero eras tú el que estabas ocupado.

–¿Yo?

–Sí. Al menos tanto como yo.

–Vaya. ¿Cuándo te vuelvo a ver?

–¿No me estás viendo?

–Quiero decir volverte a ver.

–No sé. Mañana, pasado. Un día de estos.

–Vaya.

Él se echó a un lado.

–¿No estás contento con verme hoy?

–Sí –dijo él–. Mucho. Hacía tiempo que no lo pasaba tan bien.

–Me alegro.

–¿Y tú?

–¿Y yo qué?

–¿Lo pasaste bien?

–¿No lo sentiste?

–Sí, pero quería oírtelo decir.

–Lo pasé bien.

–¿No muy bien?

–Lo pasé bien, de veras.

Él se calló porque sabía que iba a seguir con su insistencia infantil. Ella no habló durante un rato y él decidió que era mejor vestirse. Lo hizo enseguida y ella lo siguió. A él le hubiera gustado seguir un rato más con ella, pero estaba preocupado por Ingrid y Alberto, sobre todo por Alberto, y se dijo que esa era la dificultad del amor en grupo: deseaba estar solo con Lido en la casa o en otra parte, pero era evidente que ella había salido con él por un impulso del momento y que tal vez no se volvería a dar.

Se fueron los cuatro a comer juntos. Cosa curiosa: aunque recordó muy bien aquella noche, nunca ha podido recordar dónde fueron a comer ni qué comieron.

Alberto lo invitó a ir a la playa, a una casa que tenía en

Guanabo una amiga de su mujer cuyo nombre él nunca pudo recordar, aunque ella, al serle presentada, le dijo que era amiga de Miriam Gómez desde los días en que ella empezó en el teatro. Él le preguntó a Alberto si podía llevar a sus hijas y Alberto dijo que sí, que cómo. Fueron todos en el VW de Alberto, esta vez más atiborrado que nunca. Llegaron a la playa y sus hijas se bañaron –él siempre advirtiéndole a Ana que no metiera la cabeza en el agua, recordando la otitis pasada–, pero él como siempre no se bañó, no le gustaba bañarse en el mar y aunque le gustaba ir a la playa nunca se metía en el agua.

Después del almuerzo dejó a sus hijas jugando cerca de la casa y él se acostó en la sala, a dormir la siesta. Se despertó poco tiempo después al oír que Alberto y su anfitriona conversaban. Oyó que ella decía algo que siempre le sonó así: «Por qué, si son ustedes tan diferentes, eres tan amigo de él?», y que Alberto respondía: «No sé, a mí siempre me conmovió cómo le gustaba el nombre de mi padre». Los años han pasado y él nunca ha podido jurar si esos fragmentos de conversación se referían a él o a otra persona, pero sabiendo que a él le gustaba el nombre del padre de Alberto, Menelao Mora, podría jurar que ellos hablaban de él y que Alberto en esa conversación no le mostraba la amistad que él creía que él le tenía. Por otra parte, siempre pensó que era muy cubano no admitir un afecto profundo por un amigo y que quizás este sentimiento nacional determinó la respuesta de Alberto –o tal vez no se refirieran a él. Maldijo su costumbre de hacerse el dormido cuando no lo estaba, por exceso de astucia, tanto como maldijo la costumbre que tenían sus amigos de conversar sobre él creyéndolo dormido: no era la primera vez que le pasaba esto y, aunque las anteriores conversaciones fueron extraordinariamente elogiosas, esta última lo dejó preocupado mucho tiempo. Más que nada porque sabía que su destino inmediato estaba en manos de

Alberto y le molestaba esta dependencia de alguien que no fuera firmemente un amigo.

Regresaron tarde en la tarde y a él le molestó la manera extremadamente arriesgada con que Alberto condujo todo el viaje de regreso a La Habana, tanto que lo comentó en la casa y entonces pensó que había en Alberto una tendencia suicida –que él había descubierto hacía mucho tiempo, ya desde los días de la lucha clandestina contra Batista– que a veces amenazaba en convertirse en un cierto hecatombismo: el suicidio como un homicidio colectivo. Lo que le pareció peor es que Alberto arriesgara la vida de sus hijas y pensó que, a pesar suyo, él se estaba convirtiendo por fin en un padre.

Franqui lo invitó a ir con Ricardo Porro a ver los edificios de las Escuelas de Arte, que Porro había diseñado y que estaban en el antiguo Country Club. Fueron desde casa de Franqui que, como estaba en Miramar, quedaba bastante cerca. Llegaron como a las cuatro de la tarde, con el sol todavía alto y el cielo interminable cubriendo el verde extenso de los viejos campos de golf. Caminaron hasta los edificios, que semejaban cúpulas estilizadas o minaretes bajos, en un conjunto plástico más que en una construcción arquitectónica. Caminaron por los senderos de piedras sueltas que la yerba silvestre comenzaba a cubrir y pronto advirtió un indistinto aire de abandono: las escuelas habían sido abandonadas, como construcción, antes de estar terminadas. Fueron hasta un frontón que parecía la pared central de un anfiteatro y según se adentraban en la construcción aumentaba el desagrado de Porro, acompañado por los movimientos de cabeza compasivos de Franqui. Ahora comprendió por qué Porro estaba tan amargado el día de la recepción en la embajada belga. Era evidente que le habían quitado el proyecto de las manos, elaborado en su totalidad pero todavía sin terminar. Los edificios servían todavía como escuelas, pero el gran diseño, que era orgullo del arquitecto y admiración de los visitantes extranjeros y que había aparecido en muchas revistas de arquitectura en todo el mundo, no sería completado. El aire de la tarde, el canto lejano de un sinsonte y el sol que comenzaba ya a ponerse, le dieron un carácter particularmente nostálgico a la presencia de ellos entre las ruinas futuras: era este carácter de ruina voluntaria lo que hacía que él no permaneciera impávido y así se lo dijo a Porro. El arquitecto le dio las gracias. Regresaron a La Habana en un silencio que era la reacción primera y última a todas las injusticias que se cometían.

Dos días después se encontró con Walterio Carbonell en El Carmelo, que había vuelto a frecuentar. Walterio estaba solo y le extrañó no encontrar a Magaly con él.

—Oye —le dijo Walterio—, te vieron con una persona el otro día.

—¿Sí? ¿Quién?

—No importa quién, lo que importa es que esa persona está señalada.

—¿Por quién?

Walterio bajó la voz.

—Por Lacras. No creo que te convenga.

—Eso mismo opino yo. No salí con ella.

—Ni lo hagas. Tú sabes que esa persona es detenida sistemáticamente por Lacras. La última detención le advirtieron que le iban a formar causa si no colaboraba. ¿Tú sabes lo que es la colaboración?

—No tengo idea.

—Decir con quién sale y señalar las faltas particulares de la gente que conoce.

—¿Cómo que las faltas?

—Las costumbres sexuales, por ejemplo. Están muy interesados sobre todo en eso.

—Bueno, si quieren yo puedo contarles las mías y hacerles dibujitos, si eso los ayuda.

–Lo importante es que no saliste con ella. Tú sabes que no tiene dónde vivir y se va a dormir con quien le ofrezca una cama.

No sabía. Luego se lo dijo a Rine Leal, quien le dijo que La Habana estaba llena de unas muchachitas muy jovencitas, salidas casi todas ellas de las Escuelas de Arte, expulsadas más que salidas, que como eran del campo se quedaban en La Habana y dormían donde podían. Rine se llevó una de ellas para su apartamento una noche. Ella se metió en la cama llevando nada más que sus pantaloncitos y, cuando Rine le puso una mano encima, dijo que no, que no quería nada, que la dejara dormir, que hacía tres días que no dormía por no tener dónde, y Rine la dejó dormir. «¿Qué pasó después?», le preguntó él a Rine. «Yo no sé. Se fue por la mañana temprano y después no la vi más». Ese cuento le hizo recordar cuando fue de visita una noche al Hotel Nacional, para ver cómo resistía el paso del tiempo, y se encontró con Isabelita –una amiguita de su hija Anita, que era una niñita cuando la dejó al irse para Bélgica y que ahora era una mujercita recortada aunque no tenía más de trece años. Estaban ella y otra amiguita de Anita, Migdalita cree él que se llamaba, porque siempre le daba risa el nombre, las dos haciendo cola desde las once de la noche para alquilar una caseta junto a la piscina cuando abrieran por la mañana. Se preguntó por sus madres, por qué hacían esas niñas en la calle a esa hora, dispuestas a pasar toda la noche en la calle, cuando se acercó un muchacho, un muchachito, y comenzó a pedirle a ella los cinco pesos que les había dado. No dejaba mucho a la imaginación aquella situación para que él comprendiera que las dos niñas eran prostitutas o estaban ya en camino de serlo. Sintió un sentimiento mezclado cuando Migdalita le preguntó que qué hacía Anita, si se iba con él para el extranjero, y cuando él le dijo que sí, ella respondió: «Ah, usted no sabe lo que yo daría por ir con usted. Daría cualquier cosa porque me llevara», y ella no tuvo que decirle qué haría porque se le veía en la cara, en toda la figura menuda. También había sabido de las jóvenes prostitutas que cercaban los hoteles buscando extranjeros que tuvieran cigarrillos americanos o ingleses y medias de nylon. Las había visto personalmente las veces que fue al Habana Libre y sabía que también estaban en los alrededores de los otros hoteles, por todas partes en La Habana. Se dijo que esa era una de las lacras que perseguía Lacras Sociales, aunque este organismo perdía el tiempo investigando a los artistas, haciendo fabulosas listas de homosexuales y empeñada en la caza de disidentes, ya fueran sexuales, políticos o intelectuales. Era evidente que la Revolución preparaba una represión de la corrupción que ella misma había creado: Oceanía, Isabelita, Migdalita eran hijas del régimen y era muy raro que se las pudiera encontrar en La Habana de antes, a pesar de la fama de depravación que tenía la ciudad en todas partes. Él había conocido, sí, muchas prostitutas, pero ninguna lo hacía por cigarrillos Camel, por medias, por cajas de chicle. Además, el fenómeno que representaba Oceanía era totalmente nuevo: la sirena política, el proyecto de encantadora que conduce a la perdición pública, la soplona creada por los propios organismos destinados a combatir su clase de crimen. Walterio Carbonell había terminado con una revelación particular: Oceanía le había dicho que hasta ahora había podido rechazar los ofrecimientos de los agentes de Lacras Sociales, pero no sabía si podría hacerlo en el futuro, ella misma dudaba de su capacidad de resistencia y recomendaba a sus amigos que se apartaran de ella.

Harold Gramatges daba una reunión en su casa, que sería una fiesta, un *party*. Anunciaba que entre los invitados estaría la cantante Ela O'Farrill, Odilio Urfé, el musicógrafo, tal vez el pianista Frank Emilio y otros invitados musicales. Habría entonces música. Él fue porque Harold y su mujer Manila eran viejos amigos. A esta le decían en La Habana chismosa, después de la Revolución, «Menuditos» porque siempre que daba comidas en su casa, que era a menudo, decía que había hecho los platos con menuditos, queriendo decir las entrañas de las aves que le habían tocado por la libreta de racionamiento. Ni más ni menos, pero Harold, que había sido embajador en París y todavía tenía muy buenas conexiones en el Minrex, debía conseguir la comida por canales oficiales –y, como esa noche, también la bebida.

Hubo más de cuarenta personas en el *party*, muchas de las cuales él no conocía. Fue con Alberto y Marian y llegaron más bien temprano. Pronto la casa se llenó de gente y hubo un concierto de música popular, muy bien cantado, con canciones de la época del *feeling*, muy anteriores a la Revolución: era que, exceptuando los himnos, no había una canción revolucionaria que valiera la pena musical.

Él, como le ocurría en Bélgica en las recepciones diplomáticas, comenzó a beber para poder entrar en ambiente, como se dice en Cuba a ser sociable. Cuando la fiesta iba bien por la mitad ya estaba bastante borracho. Fue entonces que se le acercó la nueva esposa de Mayito, el sobrino de Manila, y comenzó a hablarle de su madre. Él no la conocía a ella, pero ella decía que lo conocía y, lo que era más importante, que conoció mucho a su madre. Estaban en el amplio balcón de la casa que miraba hacia el parque de los enormes ficus, pero él no recuerda los árboles ni la noche sino la conversación de aquella mujer que hablaba de su madre muerta con las palabras más dulces. De pronto comenzó a llorar, comenzaron a llorar los dos, llorando a todo pulmón, casi gritando, entraron en el salón, allí donde estaba el dibujo con que Picasso adornó el paquete en que envió un cuadro para ser vendido en París como ayuda a Cuba cuando el paso de Flora, un ciclón devastador, dibujo que Harold se había quedado con él, a pesar de ser acusado por otros funcionarios de la embajada de habérselo robado: esa era una de las causas por las que Harold no era ya embajador en París ni en ninguna otra capital, pero el dibujo, hecho sobre papel de estraza, estaba allí en la pared, en medio del salón, importante, principal: firmado por Picasso.

Entraron los dos en el salón llorando. Él, a pesar de la amnesia del alcohol, recuerda no haber llorado nunca tanto y, al tiempo que sentía una profunda vergüenza por estar llorando en público, lloraba más, el llanto aumentado por la pena doble: pena del alma y pena de la mente. Tuvieron que llevárselos a los dos para un cuarto al fondo de la casa para que se calmaran, pero cada vez que veía a aquella mujer, aquella muchacha llorando, lloraba más. Hasta que finalmente no tuvo más lagrimas que llorar y se calmó. Luego, al poco rato, pudo salir a la sala de nuevo, pero ahora no quería participar de la reunión, que se había vuelto más pequeña, más íntima, sino que quería irse para olvidar la vergüenza por la que había pasado. Así recuerda la noche de la fiesta como una de penas, que en Cuba se le llama pena también a la vergüenza. Era una lástima, porque había estado hablando con Marcia, que lucía más bella que nunca esa noche en el balcón y le hubiera gustado hablar más con ella, tanto como le gustó la vez que conversaron a solas en el bar de Barlovento. Finalmente, Alberto lo devolvió a su casa tarde en la noche, que no pudo dormir, pensando en su madre, en la muerte, en la tragedia que había traído a su vida la muerte de su madre, en el miedo a que el destino golpeara más de una vez a su puerta, y pensando en la *gaffe* social y pública que había cometido: desde entonces consideró a aquella mujer, cuyo nombre no recuerda ni quiere recordar, como una agente provocadora.

Fue unos pocos días después que lo llamó Enrique Rodríguez Loeches por teléfono y le dijo: «Oye, un noticion. Estoy aquí en el ministerio y me entero que Luis Ricardo acaba de renunciar y de pedir asilo en Inglaterra». Luis Ricardo era Luis Ricardo Alonso, el embajador de Cuba en el Reino Unido, a quien él conocía muy bien y a quien había visto, en una reunión de jefes de misión de Europa Occidental, a principios de año, en febrero, en Madrid. Preguntó él: «Y de Pablo Armando, ¿se sabe algo?». Pablo Armando era Pablo Armando Fernández, su íntimo amigo y consejero cultural en Londres. «No, no se sabe nada. Bueno te vuelvo a llamar cuando tenga más noticias». Enrique no lo volvió a llamar, pero él tuvo más noticias.

Arriba de su casa, en el cuarto o quinto piso, vivía Bolaños, un muchacho que trabajaba en el ministerio –él creía que trabajaba en Política VI o cerca de este departamento–, que había conocido por intermedio de sus padres y que hablaba a menudo de él con su madre cuando estaba todavía en Bélgica. Lo vio esa tarde cuando estaba sentado en el parque de la avenida y Bolaños salía del edificio. Lo llamó y le preguntó si sabía lo que había pasado en Londres. Bolaños no sabía. Él le contó. Entonces Bolaños dijo una frase casi sibilina: «Ah, entonces van a llamar a Pablo Armando». «¿De regreso?», preguntó él. «Sí –dijo Bolaños–. De vuelta a Cuba». «¿Y por qué? –insistió él–. ¿Qué tiene que ver Pablo Armando con Luis Ricardo Alonso?». «Yo no sé lo que tiene que ver –dijo Bolaños–. Pero Pablo Armando tiene una acusación muy grave encima». «¿Pablo Armando?». «Sí, a Pablo Armando lo acusan de habérsele tirado encima a un correos?». Así dijo, no dijo que le había hecho avances al correos, pero era evidente que la frase implicaba una situación sexual. «¡Oh no! ¡Eso es ridículo!», dijo él. «Ridículo o no, fue acusado por un compañero correos, que lo tuvo que rechazar». A pesar de la gravedad de la situación no pudo evitar reírse para adentro al pensar en una situación sexual en que el correos no resistiera los avances sexuales sino que cediera a ellos. Lo hacía reír el aspecto de matasietes que tenían los correos todos, gente de una zafiedad y una incultura apabullantes. Lo que era previsible, ya que los correos salían de una de las zonas más bajas de la población habanera. Al principio de la Revolución, cuando hicieron falta correos diplomáticos –aparentemente no los había antes–, consultaron del ministerio, tal vez el propio Roa, sobre quiénes debían ser los nuevos correos. Entonces se decidió que los comunistas eran de mayor confianza que nadie, y a ellos se les consultó. El Partido decidió que, como los correos tenían que viajar, era mejor enviar a gente acostumbrada a viajar –y escogieron como candidatos a correos a los conductores y choferes de los ómnibus habaneros «que eran expertos en viajes». Los candidatos –todos guagüeros pertenecientes al partido– fueron escogidos como funcionarios del Minrex. Todos, sin excepción, eran verdaderos guagüeros: la chusmería personificada. Para colmo, él no recordaba un solo correos que fuera tan bien parecido que justificara la acusación. «Eso es absurdo», dijo él. «Bueno, Viejo –dijo Bolaños–. Yo te digo lo que sé: a Pablo Armando lo van a llamar ipso facto».

El día primero de septiembre decidió que ya era hora de decirles a sus hijas que su madre, su abuela, había muerto. Las llamó a la sala y habló con ellas.

–Tengo que decirles algo –dijo.

–¿Qué cosa, papito? –dijo Anita, pero Carolita no dijo nada.

–Ustedes saben que su abuela ha estado muy enferma. Bueno, tengo que decirles que ella se murió.

–¿Sí? –preguntó Carolita y no dijo más.

–¿Se murió? –dijo Anita–. ¿Abuela?

–Sí –dijo él–. Se murió y mañana vamos al cementerio.

Hacía días que él y su padre habían planeado ir al cementerio al cumplirse los tres meses de la muerte de su madre. Ahora iría acompañado de sus hijas y dejaría de atormentarlo el hecho de que nunca había dicho a sus hijas que su abuela había muerto. Ahora que se lo había dicho, sentía un alivio profundo. Le interesó conocer más de cerca la reacción de sus hijas, aquella que había creído tan terrible que había tratado de protegerla de su consecuencia desde el momento en que regresó a La Habana y decidió que era mejor que las niñas no supiesen la noticia de la muerte tan repentina de su abuela y que era mejor esperar bastante antes de dársela. Entonces pensó que esa noticia se la daría en Bruselas, lejos en el espacio, ahora lo hacía lejos en el tiempo. Pero no notó una reacción particular en sus hijas. Anita, que era la mayor, debía sentirlo más, pero no fue así y pareció que era Carolita, que había estado apegada a su abuela en los últimos años, quien más lo sintió. Luego, en el futuro, Carolita recordaría a su abuela diciendo: «Pobre abuela». Pero Anita no diría nada. Por otra parte ninguna de las dos volvió a mencionar la muerte de la abuela, de su madre.

Al otro día por la mañana fueron los cuatro al cementerio. Su madre estaba todavía en la tumba que pertenecía a la familia Mora –o tal vez a la familia Becerra: no sabía si la tumba pertenecía a la familia del padre o de la madre de Alberto– y no tardaron en encontrarla. Él les explicó a sus hijas que ahí estaba enterrada su abuela. Su padre, por su parte, cambió unas flores mustias que había en la tumba por flores nuevas que había comprado en 12 y 23, justo al lado del cementerio. Él sintió una pena atenuada por la curiosidad de saber qué pensaban sus hijas al visitar la tumba de su abuela, que había sido en realidad una madre para ellas. Pero si algo particular pensaron las niñas no supieron decirlo. Él lo que recuerda más de esta visita es el intenso olor a podrido que salía de la tumba, evidentemente mal cerrada o tal vez mal ajustada su losa. Pensó que ese olor desagradable, que tuvo en su nariz por muchos días, era lo único que quedaba de su madre –excepto, por supuesto, el cuerpo corrompido que producía aquel hedor, pero para él lo único presente era el mal olor, ya que el cuerpo no era visible en absoluto. Salieron todos del cementerio sin decir una palabra y regresaron a la casa. Al bajarse de la guagua, su hija Anita le preguntó si le iba a comprar un tocinillo del cielo hoy, ya que no lo hacía hace días. Él dijo que sí.

Al día siguiente se celebraría por fin la misa en memoria de su madre. Sería una misa temprana, la única que pudieron conseguir y en la iglesia del Ángel, que quedaba lejos de la casa. Afortunadamente, las vecinas que habían gestionado la misa tenían todavía automóvil y los llevaron a él y a su padre hasta la iglesia. Antes de entrar miró curioso aquella parte de La Habana Vieja que nunca visitaba y que tan famosa había sido en una novela, tal vez el más conocido de los libros cubanos. Entró a la iglesia casi cuando comenzaba el servicio y no oyó claro el nombre de su madre cuando el cura, hablando en latín, ofrecía la misa. Nunca había entrado en la iglesia del Ángel y le sorprendió que fuera tan parecida a otras iglesias de La Habana Vieja: sin saber porqué, la había imaginado diferente siempre. El servicio no fue más largo, ya que era evidente que el cura debía todavía celebrar otras misas en esta iglesia que era una de las pocas que quedaban en La Habana –y tal vez en todo el país– abiertas al culto.

Cuando salió, ya la mañana estaba más avanzada y había más gente en las calles, muchos de ellos que iban camino del Palacio Presidencial. Seguramente empleados del Gobierno, se dijo. Las vecinas regresaron a él y a su padre a la casa, portándose a la vuelta como a la ida, discretas y serviciales y católicas. A él le sorprendía que pudiera más la amistad y el sentimiento de vecindad que el foso político que separaba a aquellas mujeres de su padre, quien después de todo era el presidente del Comité de Defensa de la barriada. Se despidieron, con muchas gracias, en los bajos de la casa.

El día 4 lo llamó Franqui por la tarde, diciéndole que quería hablar con él y con Sarusky y con Walterio Carbonell y con Hurtado. No le dijo para qué pero le dijo que era importante. Él se encargo de conectar a Hurtado y a Sarusky y, a través de este último, a Walterio. Decidieron reunirse en El Carmelo y él fue temprano en la noche. Franqui había dicho que la reunión mejor se celebraba tarde, después de las diez. Como a las nueve se aparecieron Sarusky y Walterio y los cuatro se sentaron a hablar. Él vio varias muchachas jóvenes y bellas, solas y acompañadas, sentadas en otras mesas. Por un momento miró a una muchacha particular y supo que la había visto antes, tal vez ahí mismo. Ella –delgada, morena, de cara larga enmarcada por un cerquillo y una corta melena negra, tenía ojos negros y largos que, junto con la barbilla perfecta, le daban a su cara un aire antiguo, egipcio– estaba junto con otra muchacha –menos alta y más gorda que la otra, de cara blanca y casi redonda y pelo largo ondeado– y las dos estaban sentadas en la mesa que quedaba junto a la salida de la terraza a la calle D. Dio la casualidad que la máquina de Sarusky estaba parqueada en esa misma calle y salieron por esa salida. Al salir, la muchacha morena jugaba con una pulsera de madera que se sacaba y metía en su brazo. Sarusky o tal vez Walterio le dijeron algo y ella contestó. Inmediatamente se organizó un pequeño concurso –él nunca supo propuesto por quién– que consistía en ver a quién le engarzaba ella su pulsera en el dedo. Sarusky y luego Walterio ofrecieron sus respectivos dedos índices como palito para la argolla, y en ambas ocasiones ella falló. Hurtado declinó su turno y él ofreció a su vez su dedo índice. La argolla vino volando, se enroscó alrededor de su dedo y quedó enganchada en el índice enhiesto.

–¡Vaya! –dijo la muchacha morena.

–Gané, ¿no? –dijo él.

–Así parece –dijo ella. Su amiga se rio.

–¿Cuál es el premio? –preguntó él.

–Ah, el premio –dijo la muchacha–. Se sabrá más tarde.

–Tiene que ser ahora –dijo él y miró a Oscar Hurtado, que esperaba impaciente en la acera, mientras Sarusky balanceaba las llaves de su carro en un dedo y Walterio le decía algo, que él no entendió, a la acompañante de la muchacha morena.

–Ahora no –dijo ella–. Más tarde sí.

–Vámonos, caballeros –dijo Hurtado, acercándose.

–Bueno –dijo él–, tenemos que irnos. Es una lástima.

–Sí lo es –dijo la muchacha.

–Hasta luego –dijo él.

–Hasta luego –dijo ella y añadió–: Buena suerte.

–Gracias.

Caminaron hasta la máquina y entraron en ella. Cuando se iban, él miró hacia el restaurant y pudo verla a ella en la terraza, jugando de nuevo con su argolla pulsera.

Llegaron a casa de Franqui y sonaron el timbre de la puerta. No vino nadie. Volvieron a sonar y tampoco vino nadie. Sonaron otra vez. Nadie. Él se alejó de la casa y miró abajo y arriba. No había luz en ninguna de las plantas de la casa.

–Parece que no hay nadie –dijo Sarusky.

–Este Franqui –dijo Walterio.

Ni él ni Hurtado dijeron nada. Volvieron a sonar. Nada. Esperaron un rato más, volviendo a llamar y tampoco vino nadie.

–¿Qué hacemos? –preguntó él.

–Irnos –dijo Oscar Hurtado.

–Vuelvan a tocar, caballeros –propuso Sarusky.

Él sonó y no vino nadie.

–Mejor llamamos por teléfono. Él me dijo que iba a estar en la casa después de las diez.

–Son casi las once –dijo Sarusky.

–Vamos a llamar por teléfono –dijo Hurtado.

–¿De dónde? –preguntó Sarusky.

–Vamos a regresar a El Carmelo –propuso él–. Llamamos desde allí y, si está, volvemos. Si no está, nos quedamos allá un rato.

–Es lo mejor –dijo Walterio y él se preguntó si él y Walterio estaban pensando lo mismo.

–Bueno, vamos –dijo Sarusky.

Volvieron a entrar en el carro y regresaron a El Carmelo. Entraron, como la otra vez, al interior del restaurant y se sentaron.

–Voy a llamar –dijo él y salió a la terraza. Fue hasta los teléfonos y marcó el numero de la casa de Franqui. No respondían. Dejó que el teléfono siguiera sonando. Finalmente descolgaron.

–¿Aló? –oyó la voz de Franqui.

–Carlos, ¿qué pasó?

–¿Cómo qué pasó?

–Estuvimos ahí y nos cansamos de llamar y no salió nadie.

–Pues yo estaba aquí todo el tiempo. No he oído nada.

–Bueno, está bien. Vamos para allá entonces.

–Está bien.

Colgaba el teléfono cuando vio a la muchacha morena y a su acompañante ir en dirección de la salida a la calle Calzada. Dejó el rincón de los teléfonos y se acercó a ellas, prácticamente interceptando su salida.

–Hola –dijo–. ¿Se van ya?

–Sí –dijo la acompañante–. Nos vamos.

–¿Quieres venir? –preguntó la muchacha morena.

–¿A dónde? –preguntó él.

–Eso no se pregunta –dijo la muchacha.

–No –dijo su acompañante–. Vamos a tomar café en el puesto de al lado de Las Vegas.

Hacía tiempo que él no oía el nombre de ese night-club, ni recordaba haber ido por allí en mucho tiempo, aunque en un tiempo fue muy importante para él ir por allí. Pero no pensó en eso en ese momento, sino que dijo:

–Está bien.

–Ven –dijo la acompañante–, mi máquina esta parqueada allí.

Caminaron hasta la máquina. No era un Ford latoso como el de Sarusky, sino un Buick pero igualmente viejo: debía tener por lo menos cuatro o cinco años. La acompañante entró por la parte del timón y luego abrió la puerta delantera del pasajero. Él pensaba abrir la puerta de atrás, pero la muchacha morena se le adelantó y le hizo a un lado, dejando un espacio para que él se sentara. Entró y se sentó y, antes de que la máquina arrancara, la muchacha morena dijo:

–Yo me llamo Silvia. Silvia Rodríguez y ésta es mi hermana Elsa.

–Mucho gusto –dijo él y dijo su nombre, también saludó a Elsa, quien echó a andar el automóvil. No pararon hasta Infanta y Hospital, donde dejaron el carro parqueado. Se bajaron y caminaron hasta el puesto de café, que estaba lleno de gente a esa hora. Entre los tomadores de café se encontró con Eric Romay, un actor negro que lo saludó. También saludó a Silvia y a su hermana Elsa. A Silvia la saludó, pensó él, especialmente.

Esperaron su turno para tomar el café y lo tomaron. Estaba caliente y sabroso y los tres salieron complacidos. De vez en cuando él miraba a Silvia y una vez miró a Eric, que le guiñó el ojo de una manera particularmente cómplice: Eric sabía que él estaba casado con Miriam Gómez. Cuando terminaron se despidieron todos de Eric, y Elsa le dijo, llegando a la máquina: «Bueno, ahora te devolvemos al Carmelo». La máquina dio vuelta atrás y en un tiempo que él considero demasiado corto estaban de nuevo en El Carmelo, a la entrada por Calzada.

–Muchas gracias –dijo él.

—De nada —dijo Elsa.

—¿Cuándo nos volvemos a ver?

Silvia le dio el número de su casa.

—¿Por qué no me llamas?

—¿Cuándo?

—Mañana o pasado. Cuando tú quieras. Yo estoy casi siempre allí por las tardes.

—Está bien. Hasta luego.

—Llámame, por favor.

—Sí —dijo él y entró a El Carmelo. Fue hacia el interior y habló con el trío que lo acompañaba como si acabara de dejar el teléfono.

—Franqui está en la casa. Nos espera allá.

—¿Cómo te demoraste tanto? —preguntó Oscar Hurtado o tal vez fuera Walterio Carbonell.

—Ah. Tengo una razón especial. ¿Se acuerdan de la muchacha del arito y su acompañante, que es su hermana? Me llevaron a tomar café al puesto que está al lado de Las Vegas.

—¿Cómo no me dijiste nada? —dijo Sarusky—. Yo te hubiera acompañado.

No sabía si Sarusky lo decía interesado en salir con Elsa o en tomar café, pues Sarusky tenía que tomar café a cada rato para levantarse la presión, que siempre la tenía muy baja.

—No se me ocurrió —dijo él, a quien de veras no se le había ocurrido que Sarusky pudiera acompañarlo.

—Ah, viejo —dijo Sarusky—, debiste pensar en ello.

Todavía cuando iban en su máquina rumbo a casa de Franqui se lamentaba Sarusky de que no le hubiera dicho nada de la salida con Silvia y su hermana. Él siguió bromeando con Sarusky, pero este estaba serio. Aparentemente, se lo había tomado muy a pecho.

—Debiste decírmelo, compadre —volvió a decir Sarusky, picado.

–Debí decírselo también a Walterio y a Oscar –dijo él–. Debimos haber ido todos con ellas en comisión.

Por fin, después de atravesado el túnel de Miramar, Sarusky se rio.

–La próxima vez no me dejes fuera –dijo.

–Lo prometo –dijo él.

Cuando llegaron a casa de Franqui esta vez estaban las luces de abajo encendidas. Tocaron el timbre y enseguida abrió Franqui. Los hizo subir al segundo piso.

–Bueno, ¿qué pasa? –dijo él.

–Nada –dijo Franqui y en realidad no pasaba nada, no supo si echárselo en cara o agradecérselo. En realidad debía hacer esto último, ya que sin la reunión convocada por Franqui no habría ido a El Carmelo esa noche o de haber ido nunca habría salido por la puerta de la calle D a la hora en que lo hizo y así no habría conocido a Silvia jamás. No es que ahora, en este momento, él diera mucha importancia a este conocimiento, pero, pensando retrospectivamente, así es como trabaja el diablo.

Franqui quería cambiar impresiones con ellos, pues se sentía aislado en su casa, sin ningún contacto con el Gobierno excepto por las veces que llamaba a Celia Sánchez y cuando, si quería, Celia Sánchez le hablaba de Fidel Castro. Pero en realidad ninguno de los cuatro convocados sabía mucho de lo que pasaba. Tal vez el que estaba en posición de estar mejor enterado era Sarusky, que se movía entre la Unión de Escritores, la Imprenta Nacional y, a veces, el Consejo de Cultura. Pero Sarusky, que tenía que mencionar a Lisandro Otero para cualquier revelación gubernamental, no lo hacía porque sabía que Franqui estaba peleado con Lisandro y detestaba que lo mencionaran en su casa. Así, la hora o las dos horas que pasaron con Franqui se fueron más bien en chismes más o menos oficiales, pero nada en concreto se dijo. Él, astutamente, no mencionó para nada las gestiones que le hacía Alberto Mora y pensó que no las habría mencionado aunque estuviera solo con él: él también creía que la casa de Franqui estaba cubierta por micrófonos instalados que llevaban cualquier conversación con él directamente al ministerio del Interior, ya a las oficinas de Ramiro Valdés o a los cubiles de *Barbarroja* Piñeiro. Salieron de casa de Franqui bien tarde en la noche. Llegando a su casa, recordó que había olvidado decirle a Franqui lo que le había dicho Bolaños de Pablo Armando, pero se dijo que se lo diría en otra ocasión.

Lo despertaron bien temprano en la mañana –serían poco más de las seis– para decirle su abuela que tenía una llamada por teléfono. Preguntó que quién era pero su abuela le dijo que no dijo.

–Oye, ya estoy aquí –dijo la voz por teléfono y reconoció a Pablo Armando inmediatamente.

–¡Qué bueno! ¿Cuándo llegaste?

–Acabo de llegar.

–¿Cuándo te veo?

–Dentro de un rato voy para allá.

–Ven para acá enseguida.

–No, primero tengo que pelarme. Traigo el pelo muy largo y no quiero salir así a la calle para no tener problemas.

Él comprendió que Pablo Armando tenía razón: era mejor que se cortara el pelo y que después viniera para su casa. Así se lo dijo.

Pablo Armando llegó poco después de las nueve. Le dio un fuerte abrazo y abrazó y besó a la abuela, a quien casi se le salían las lágrimas, y les dio besos a las niñas.

–Tenemos mucho que hablar –le dijo Pablo Armando y era verdad. Le contó como había sido lo de la petición de asilo de Luis Ricardo Alonso, a quien los dos no llamaban el embajador ni por su nombre completo, sino simplemente Luis Ricardo, demostrando la relación que los dos tenían con él. Luis Ricardo no le había dado a entender nada a Pablo de que pensaba renunciar y mucho menos de que iba a pedir asilo en Inglaterra. El día que lo hizo esperó a que Pablo estuviera en una función cultural, para llamar a Maruja y entregarle todas las llaves de la embajada, diciéndole que renunciaba. Fue cuando regresó Pablo Armando que se enteró de todo, pero ya entonces Luis Ricardo no aparecía en ninguna parte y Pablo tuvo que dar cuenta al cónsul y al centro comercial cubano en Londres de que el embajador se había fugado. Esa misma noche designaron a alguien que no tenía estatus diplomático para encargarse de la embajada, encargo que pertenecía por derecho y escalafón a Pablo Armando. Ésta fue la primera irregularidad. La segunda fue cuando el encargado de negocios a la fuerza empezó a cablegrafiar a La Habana. Según Pablo Armando todos sospechaban que él sabía la intención que tenía Luis Ricardo de renunciar y pedir asilo, pero Pablo Armando le juró a él –y él lo creyó– que no se había enterado absolutamente de nada, que hasta el último momento el embajador había estado con él como siempre, tal vez lo notara preocupado pero no con una preocupación excesiva. Esto, por supuesto, no lo creyeron los dogmáticos del centro comercial y mucho menos el autoencargado de negocios. Fue este el que envió el cable a La Habana que hacía quedar mal a Pablo Armando. Por supuesto que él no le quiso decir lo que le había contado Bolaños y cómo ésta era la causa primera para que lo hubieran devuelto a Cuba. En principio Pablo Armando creyó que había venido para consultas, pero esto era algo que seguramente él no creía de veras. Al menos no le dijo nada al respecto.

Ahora Pablo Armando quería, cuanto antes, ir al cementerio a poner unas flores en la tumba de Zoila, como dijo con todo cariño. Pero él no quería volver al cementerio y le dijo que lo acompañaba hasta la puerta, el viejo Guillermo lo llevaría hasta la tumba. Fueron y Pablo Armando compró flores en 12 y 23 y allí en los destartalados puestos florales le dijo: «¡Ay Dios mío! Esto se parece a Alabama. ¡Que pobreza, Dios mío!». Pablo Armando se refería a la parte pobre de Alabama, tal vez a los barrios negros, donde había estado muchos años atrás. Él no pudo decir más que «¿Verdad?», mientras miraba la pobreza en que se había convertido 12 y 23 en solamente cinco años. Después del cementerio, él quería que Pablo Armando fuera a su casa a desayunar, pero Pablo no quiso, diciendo que él ya había desayunado pero añadiendo que había suficiente leche en su casa. Era evidente que Pablo no quería abusar de la hospitalidad y tomar la poca leche que había en casa de él. Fue ahora que regresaban a su casa que él se dio cuenta de que Pablo llevaba el pelo muy corto, como antes.

–¿Quién te peló? –preguntó él–. ¿Pepe Pintado?

–Sí, el mismo –dijo Pablo.

–Yo también me tengo que ir a pelar –dijo él y recordó que hacía tres meses que no se cortaba el pelo y no convenía andar en la nueva Habana burocrática con el pelo demasiado largo ni con los pantalones muy estrechos, que él los llevaba bastante estrechos con su traje de corte italiano (que ahora usaba cada vez menos, entre otras cosas para conservarlo, ya que había observado que empezaba a luirse por los fondillos) y no quería provocar una reacción contraria.

Esa mañana la pasaron juntos, pero luego Pablo se fue, cerca de la hora del almuerzo, pretextando que tenía que visitar a Marcia y a Lisandro y ver si podía ver a Yeye, refiriéndose a Haydée Santamaría. Él comprendió que Pablo no quería quedarse para el almuerzo y, recordando las habilidades culinarias de Hildelisa y la poca comida que había, no se lo echó en cara. Pablo Armando quería también reunirse con Virgilio Piñera y Antón Arrufat, tal vez en casa de Pepe Rodríguez Feo, ya que Virgilio vivía al lado, pero él le aconsejó que mejor lo dejara para más adelante y sin tener que añadir nada Pablo Armando comprendió por qué lo decía y estuvo de acuerdo en visitarlos más tarde.

El domingo fueron él y Pablo a pasarse la tarde en casa de Franqui. Había comido poco y aceptó los tragos de ron y agua que Franqui le brindó, por lo que a media tarde estaba bastante mareado. Cuando Pablo y Franqui ya no hablaban de los problemas de la embajada y del Minrex, sino del posible ciclón que pasaría cerca de La Habana, de creer al Observatorio Nacional, no tan preciso ahora que ya no lo dirigía el capitán de corbeta Millás, que se había exilado hacía tiempo. Los dejó reunidos en el patio cerca del garage (que era el sitio ideal de reunión de Franqui, huyéndole a la casa y a los posibles micrófonos) y aprovechó para llegarse a la sala y llamar por teléfono a Silvia. No había anotado el teléfono y rogó a Dios que el número que recordaba fuera el correcto. Así era y salió ella al teléfono. Le dijo quién era y después de cambiar unos cuantos cumplidos casi en broma, ya que ella tenía muy linda voz por teléfono, le preguntó si podían verse ese día. Ella dijo que no, que lo sentía mucho pero tenía un compromiso: iba con el agregado cultural de Ghana a una exposición de pintura y luego venía para la casa temprano. Acordaron entonces que se verían al día siguiente en El Carmelo. Ella colgó con un muy dulce adiós, aunque en realidad dijo hasta luego.

Él recuerda que llegó temprano por la noche ese lunes a El Carmelo y se sentó en una mesa en la terraza que hacía esquina, pero de frente a las vidrieras del restaurant, de manera que dominaba las dos entradas de la tierra, ya que no sabía por dónde vendría ella. La vio venir caminado cimbreante por la terraza que daba a Calzada. Venía sola y lo saludó con una grata sonrisa. Él se levantó y le dio las buenas noches. Ella movió la cabeza arriba y abajo en señal de correspondencia y se sentó.

–¿Qué tal? –dijo él.

—Muy bien. ¿Y tú?

—Bien, muy bien.

—¿Qué vas a tomar?

—¿Qué se puede tomar? —preguntó ella con sorna. Él se sonrió.

—Hay cocacola y cocaola —dijo.

—Tomaré de lo primero —dijo ella. Se quedaron un momento en silencio, luego ella dijo.

—Le dije a mi hermana…

—¿Cómo está ella? —interrumpió él, nervioso.

—Muy bien —dijo ella—. Pasará a buscarme más tarde. Le dije a ella —insistió ella— que tú eras muy amable.

—Ah, gracias.

—Pero le dije que tú eras muy amable del verbo amar, alguien a quien se podría amar.

Esta declaración lo cogió totalmente por sorpresa, tanto que durante unos cuantos segundos no dijo nada, no podía decir nada, no decía nada hasta que ella dijo:

—Di algo por favor.

Él pensó lo que debía responder, pero no se le ocurría nada.

—Garcías, quiero decir, gracias.

Ella se rio aunque él no quería haber hecho un chiste: en realidad se le habían trastocado las palabras. Después de dejar de reír, bajó un poco la cabeza y la movió de un lado al otro en un gesto que él pronto comprendería que era muy suyo.

—Vaya —dijo ella—. Un poco adelantada la niña.

Hablaba de ella misma, declarándose lo que se llamaba en Cuba popularmente empujadora. Él tampoco supo qué decir. Sentía que todas las miradas del restaurant y de la terraza convergían sobre ellos, y lo que no sintió cuando ahí mismo había conversado con Isabel, la actriz, o cuando había levantado a Lido, lo sintió ahora.

—¿Vamos a estar aquí toda la noche? –le preguntó a ella y ella dijo:

—No, ¿por qué?

—Por nada, pero ¿por qué no damos una vuelta?

—Está bien –dijo ella. Él llamó al camarero, pagó y se fueron.

Caminaron por la calle Calzada y bajaron hasta la Avenida de los Presidentes y allí torcieron a la izquierda, cruzando la calle y yendo hacia el Malecón. Allá, a través de la avenida antes llena de autos veloces, vio a cinco muchachos negros que jugaban en el muro, se empujaban unos a otros y se reían con risas que atravesaban la calle.

—¿Te das cuenta? –le dijo ella–. ¿Te das cuenta lo que sería este país sin los negros? ¡Sería simplemente insoportable!

A él le gusto que ella dijera esto porque eso mismo opinaba él, que le había dado ya gracias al padre Las Casas por haber hecho importar negros de África, haciendo de Cuba lo que era y no la isla insufrible que hubiera sido sin el aporte negro. Él no dijo nada pero se sonrió. Ella siguió hablando. Dijo que le gustaba mucho La Habana, que le gustaba Cuba y él pensó preguntarle que si conocía otros países pero no le dijo nada porque estaba seguro de que ella no había salido nunca de Cuba. De todas maneras pensó que así mismo era él cuando no había viajado todavía. La dejó hablar porque también le gustaba su voz y le gustaba la manera tan cubana en que ella hablaba, ligeramente masculina no en el timbre sino en el uso de la voz y en las palabras que escogía para expresarse. En cierto sentido ella le recordaba a Norka, aunque no era tan vulgar como Norka. Caminaron juntos un gran rato y luego ella dijo que su hermana ya debía estar en El Carmelo y regresaron al restaurant sin prisa.

Era cierto, allí estaba Elsa esperándolos sentada en una mesa, sola.

—Hola –dijo él.

—Quiay –dijo Elsa muy agradablemente.

Se sentaron.

—¿Hace mucho que estás aquí? –preguntó Silvia.

—Hace un ratico –dijo Elsa.

—Estuvimos dando una vuelta –dijo él sin que nadie se lo preguntara. Elsa se sonrió a manera de respuesta.

—¿Quieres tomar algo?

—No, gracias. Ya tomé una cocacola.

—¿Y tú? –le preguntó a Silvia.

—No, nada. Creo que nos vamos. Al menos mi hermana quiere irse, ¿no es verdad?

—Me tengo que levantar mañana temprano a trabajar.

—Ahora mi hermana no solamente quiere irse –dijo Silvia–, sino que me echa en cara que yo no me tengo que levantar temprano porque no trabajo.

Elsa miró a su hermana y sonrió una sonrisa mecánica, falsa, que cambió enseguida para su cara seria.

—Qué mona es mi hermana –dijo Silvia–, ¿no es verdad?

—Monísima –dijo Elsa–. ¿Nos vamos?

—Nos vamos.

Ellas se levantaron. Él también.

—¿Nos vemos mañana? –preguntó él.

—Sí, claro –dijo Silvia–, aquí mismo, a la misma hora.

Él se despidió y no dijo más nada porque vio que a Elsa le disgustaba su función de chaperona de su hermana. Ellas se fueron hacia la calle Calzada y él se quedó unos momentos más en la terraza y, como no vio a nadie conocido con quien le interesara hablar, se fue caminando hasta su casa. Cuando llegó a la casa sintió ganas de llamar a Silvia a esa hora, pero luego pensó que era muy tarde y mejor lo dejaba para otra ocasión.

Al día siguiente vio a Rine Leal. Le quería pedir dinero prestado y además la llave de su apartamento, seguro de que Rine no se la negaría. Cuando pidió el dinero y dijo que eran cien pesos, Rine hizo una mueca casi imperceptible, pero no dijo nada.

—Bueno, te los doy mañana cuando los saque del banco. ¿Para cuándo quieres la llave?

—Para hoy.

—¿Por cuánto tiempo?

—No sé. Una semana o cosa así. ¿Te molesta? No voy a usar el apartamento más que cuando tú no estés ahí.

—No, no me molesta, pero quería saber.

Él sabía que Rine, a pesar de lo amigo y servicial que era, no estaba muy contento de prestarle su apartamento por más de un día, pero él no tenía otra solución: no podía ir con Silvia a un hotelito como había hecho con Lido. Decidió pues no hacerle caso a las posibles negativas de Rine, aunque no hubo ninguna.

Esa noche volvió a El Carmelo y se encontró con que Silvia ya lo estaba esperando sentada a una mesa.

—Hola, qué tal.

—Hola, amable.

Él hizo como si no la hubiera oído, aunque le agradaba mucho que ella lo llamara así: le recordó cuando venía a buscar a su abuela en su automóvil para llevarla al médico, antes de irse a Bélgica. Recordó cómo su abuela había dicho refiriéndose a él que era muy amable y su tía Felisa, que entonces estaba de visita en casa, empezó a llamarle Amable de nombre. Había en el adjetivo convertido en nombre una asociación que le gustaba porque era cariñosamente familiar. Ahora Silvia le añadía un leve toque erótico y aunque eso lo puso fuera de balance anoche, cuando ella lo dijo por primera vez, ahora lo aceptó como un saludo apropiado.

—¿Y Elsa?

—Vendrá más tarde. Si viene. Mi hermana tiene problemas amorosos.

—¿Sí?

—Sí, como los tengo yo.

—No me digas.

—Así como lo oyes.

Él no insistió en conocer sus problemas amorosos porque estaba seguro de que tenían que ver con él, pero luego, cuando habían salido a dar su paseo, él le dijo:

—Tengo que decirte algo.

—¿Sí?

—Sí. Creo que es mejor que te lo diga de una vez para evitar malentendidos. Yo soy casado. Mi mujer está en Europa y yo voy a regresar allá muy pronto.

—¡Ah, caray! —dijo ella—. ¡Qué suerte tengo!

—¿Por qué?

—No, por nada. Yo tengo que decirte que tengo un amor. Él es húngaro y está ahora en Hungría. Está casado pero se va a divorciar para casarse conmigo. ¿Estamos?

—Parejos —dijo él y se sonrió. Ella no se sonrió sino cuando dijo que qué suerte tenía. Ahora caminaban en silencio. No sabía si había hecho bien o mal en decirle que era casado y pensó que no había tenido que decirles nada ni a Lido ni a Leonora Soler. ¿Por qué se lo había dicho a ella? Tal vez porque ella era diferente o él quería ser diferente con ella. De todas maneras, ella no estaba muy contenta. De pronto se volvió hacia él y le dijo:

—Te dije que qué suerte tenía porque los hombres que me interesan están siempre casados. Te lo digo porque yo soy muy franca.

—Yo también.

—Ya lo veo.

Siguieron caminando rumbo al Malecón. No se oía el oleaje pero se sentía el olor del mar.

—¿Qué edad tú tienes?

Pensó que ella iba a decirle que eso no se le preguntaba nunca a una mujer, pero ella dijo:

–Dieciocho.

–Tú sabes que puedes ser mi hija.

–¿Sí?

–Sí. Yo tengo treinta y seis.

–Sandor, así se llama él, también es mayor pero no tanto como tú.

–Soy casi un viejo –dijo él.

–No, en absoluto, pero sí eres una persona mayor.

–Gracias –dijo él sonriendo.

–No hay de qué –dijo ella y sonrió.

Caminaron por el Malecón y torcieron por la calle C. Iban a pasar por casa de Rine y él toco la llave en su bolsillo con la punta de los dedos. Pasaron frente al 69, iluminado el número por una bombilla.

–Aquí vive un amigo mío. ¿Quieres que le hagamos la visita?

Era un subterfugio, ya que él sabía que Rine no estaba en su casa esa noche.

–No, no tengo ganas de hacer visitas –dijo ella–. Mejor hablamos.

–Bueno, como quieras.

Cruzaron hasta el parque y se sentaron en un banco. Desde donde estaban se podían ver las terrazas de El Carmelo, el Auditorium y el edificio donde vivía Rine. También se veía muy bien la pérgola del parque y la fuente seca con su estatua de Neptuno. Pensó en el avatar de un Neptuno tierra adentro y en seco.

–¿Tú sabes cómo lo conocí?

–¿A quién? –preguntó él que pensaba en Neptuno.

–A Sandor, a quién va a ser.

–Ah, no. ¿Cómo lo conociste?

–En el Hotel Habana Libre. Yo era telefonista y él estaba hospedado ahí y tocaba la casualidad que siempre me pedía los números a mí y me encantaba su voz y su acento.

—Vaya —dijo él. Le aburría que ella hablara del otro.

—Luego cuando lo vi resultó mejor que su voz.

Era una noche de confesiones. ¿Sería a esto a todo lo que llegaría con ella?

—Pero, ¿tú sabes qué? —dijo ella y se calló.

—¿Qué? —dijo él por fin.

—Que por él me botaron del hotel. Quiero decir, del empleo. Regla número uno: no se puede compartir con los huéspedes y me cogieron saliendo de su habitación.

—Mala suerte.

—O buena suerte. Eso fue lo que le decidió a casarse conmigo. De todas maneras el trabajo del hotel era muy aburrido, todo el día con el teléfono en la boca conectando a gente estúpida con gente tonta. Y Sandor regresó a Budapest de vacaciones, pero en realidad a divorciarse de su mujer para casarse conmigo.

—¿Cuándo viene él? —preguntó él, calculando sus posibilidades.

—Dentro de unos días.

—¿Te escribió?

—No, no me escribió, pero yo sé que viene dentro de poco.

«A lo mejor antes de que yo regreso», pensó él. «Debo apurar esto».

—¿Qué hacemos? —preguntó él.

—¿Cuándo?

—Ahora.

—Regresamos. Ya mi hermana me debe de estar esperando ahí en El Carmelo.

Se levantaron y vadearon la fuente seca, camino de El Carmelo. Desde lejos vio a Elsa sentada en una mesa con Walterio. Ella también los vio.

—Pobre tu amigo —dijo ella—. ¿Cómo se llama?

—¿Quién? ¿Walterio?

—¿Así se llama?

–Sí.

–Bueno, el pobre. Cree que va a llegar a algo con mi hermana y ella detesta a los negros. Es una tonta, mi hermana. Además, está enamorada del capitán...

Se calló en medio de la frase.

–Bueno –dijo ella–. Te lo digo. Del capitán Juan Nuiry. Aunque él también está casado. Es de familia, tú sabes.

–¿Qué cosa?

–Eso de enamorarse de hombres casados.

Ella dijo bien claro enamorarse y él lo oyó, pero prefirió no decir nada. De todas maneras ya estaban llegando al restaurant.

–Hola, qué tal –dijo ella, muy cariñosa, a Walterio, que se puso de pie. Walterio había sido diplomático y todavía conservaba rastros de una buena educación que cada día se veía más extraña en Cuba. Así, él no se sorprendió de que de las mesas alrededor lo miraran y se rieran. Él apresuró a que se sentaran todos. Pero no hablaron mucho rato.

–Bueno –dijo Elsa–, ¿tenemos que irnos, no?

–¿Por qué tan temprano? –preguntó Walterio.

–Tengo que trabajar mañana –dijo Elsa, mientras Silvia movía los labios diciendo la frase en mímica al mismo tiempo que su hermana. Luego se arrimó a él para decirle al oído: «Me la sé de memoria». Elsa no oyó pero miró en dirección de su hermana y su mirada expresaba disgusto.

–Nos vamos –dijo Silvia en alta voz.

–Bueno –dijo él–, hasta mañana.

–No, mañana no –dijo Elsa.

–Ya tú lo oyes, así que no tengo que repetirlo –dijo Silvia.

–Mañana yo no puedo venir –dijo Elsa.

–¿Por qué no vienes tú sola? –preguntó él.

–Ja ja –dijo Silvia. Imitando una risa irónica–. ¿Y tú te casas conmigo? Porque a mi casa no me dejan volver sola. No, en serio: todavía no me dejan salir sola de noche.

–Bueno –dijo él resignado y ahora al recordarlo pensó que los cubanos, o al menos los habaneros, comienzan toda oración declarativa con un bueno–. Entonces, pasado mañana.

–Está bien –dijo Silvia, mordiéndose los labios, en otro gesto que le era típico–. Pasado mañana. Aquí mismo. A la misma hora.

–Bueno –dijo Elsa a Walterio–, he tenido mucho gusto.

–El gusto es mío –dijo Walterio.

–Versallescos estamos –dijo Silvia y él se rio, pero Elsa ni siquiera sonrió. Él pensó que eran unas hermanas muy mal llevadas. Por fin se fueron. Cuando se hubieron alejado, Walterio le preguntó:

–¿Qué, se avanza?

–Al parecer –dijo él.

–Felicitaciones, compañero –dijo Walterio–. La hermana es dura de pelar.

–No –dijo él–, es que está enamorada. Adivina de quién.

–¿De quién? –dijo Walterio.

–De Juan Nuiry.

–Ah, del amigo Nuiry. Vaya una pareja: les gustan los hombres casados.

–Así parece –dijo él. En realidad le había dicho a Walterio que Elsa estaba enamorada de Juan Nuiry porque no quería ver a Walterio haciendo un papel desairado. Pero ahora, después de lo que dijo Walterio, pensó que mejor no le hubiera dicho nada: le había molestado la réplica de Walterio, pero se dijo que él era muy susceptible.

–¿Te quedas por aquí? –le preguntó a Walterio.

–¿Por qué? ¿Tú te vas ya?

–Ajá .

–Bueno, vámonos.

–Vámonos caminando hasta la calle 23 –le dijo a Walterio, insistiendo en pagar él: sabía que Walterio estaba sin trabajo desde hacía años y que no tenía dinero. Caminaron por Calzada hasta la Avenida de los Presidentes y por ella subieron hasta la calle 23. Allí se despidieron: él no lo sabía entonces pero esa fue la última oportunidad que tuvo de hablar a solas con Walterio antes de que cayeran sobre él todas las furias políticas.

Recibió una carta de su hermano Sabá en la que le decía que apuraban su regreso a Cuba y le preguntaba que cuándo regresaría él a Europa. La carta había venido en la valija del ministerio de Comercio Exterior, pero nadie la había abierto. Se la trajo su cuñada Regla, quien le avisó que vendría a visitarlo Ceferino Atocha, un agente comercial español que se había hecho amigo de Sabá en Madrid y había visitado a Zoila su madre varias veces. Atocha estaba de paso por La Habana en gestiones comerciales.

Él lo recibió en su casa y lo sentó en la terraza una tarde en que el verano se mostraba más suave y encantador que nunca. Atocha le dio el pésame y él sintió que lo recibía como si no hubieran pasado tres meses desde la muerte de su madre. Luego hablaron de Sabá. El visitante le confió que Sabá estaba muy mal en Madrid, que no le daban ningún trabajo y parecía un fantasma en la oficina comercial. Su opinión era que Sabá debía regresar cuanto antes y le dijo que así se lo había dicho a él en Madrid. Él estuvo de acuerdo, aunque de dientes para afuera, con que su hermano debía regresar a Cuba, y el visitante español se fue con la convicción de que su interlocutor era una persona sensata que opinaba como él. Esta era precisamente la impresión que quería que Atocha se llevara, pues nunca se sabe con quién va a hablar nadie y, aunque no creía que este llegara a nadie alto en la jerarquía del ministerio, sabía por experiencia propia que las voces pequeñas son las que llevan más lejos el chisme político: no era por gusto que los agentes del G2 o del servicio de inteligencia siempre eran terceros o cuartos secretarios, sino eran menos en la escala diplomática.

La próxima vez que salió con Silvia le habló claramente del apartamento de Rine. Le dijo que por supuesto no era de él, pero que se lo prestaba un amigo que era muy reservado. Él no le dijo a qué subirían al apartamento, pero era obvio que ella lo sabía y le dijo que no, redondamente. Él no le preguntó por qué no porque sabía que esto llevaría a una discusión y aunque estaba seguro de que Silvia pertenecía a una generación mucho más espontánea y libre que la suya en materia sexual y que ella no era una de esas cubanas, que tan bien él había conocido en el pasado, que se negaban hipócritamente hasta el último momento, diciendo que no con la cabeza aunque estaban ya desnudas y con el pretendiente encima, también sabía que ella tenía motivos personales para no llegar a una situación sexual con él. Al menos, eso esperaba él, no todavía. Esa noche ella decidió hablar de su vida personal.

–¿Tú sabes que yo soy una expulsada de las escuelas de arte?

–No, no lo sabía.

–Pues así es. Mi expulsión fue una cosa cómica –y ella se rio con su risa sarcástica– y lo más bonito es que no había motivos para que me expulsaran.

–¿No?

–En absoluto.

–¿Fue antes de conocer a Sandro? –él le había equivocado el nombre ex profeso.

–Sandor.

–Perdón. Sí, Sandor.

–Mucho antes. ¿No te dije que cuando lo conocí yo era telefonista en el Habana Libre?

–Sí, perdona. Se me había olvidado.

Ella lo miró como sabiendo que él no lo había olvidado, sino que le había preguntado para cogerla de atrás para adelante y sorprender alguna revelación imprevista.

Estaban de nuevo en el parque y caminaban alrededor de la fuente, conversando. Ella hablando y él oyendo y mirando de vez en cuando la fuente sin agua o tal vez observando las terrazas de El Carmelo.

–Había una muchacha que había acusado de lesbianismo, que es una acusación terrible en las escuelas de arte, pero que bien se la pueden hacer a cualquiera. Esta muchacha era o es lesbiana y yo lo sabía, pero también sabía que la iban a expulsar y que una vez expulsada no tendría donde estudiar y ella tenía mucho talento. Tiene todavía, aunque no sé dónde anda ahora. Así que hubo una reunión en que se decidió expulsarla y yo me paré y dije que no estaba de acuerdo, que no se había probado ninguna de las acusaciones. ¡Para qué fue eso! Entonces otras alumnas pidieron mi expulsión y así salí yo junto con esta muchacha. Lo irónico es que no importó que me expulsaran. En casa cayó como una bala, pero a mí no me importó. Más me importó que expulsaran a esta muchacha, porque ella tenía talento y yo no tenía ninguno. Lo único malo es que ahora no puedo estudiar en ninguna parte y, después de que me botaron del empleo del Habana Libre, tampoco puedo trabajar en el trabajo que me interesa a mí, que es el que tiene que ver con visitantes extranjeros. Yo sé inglés, ¿tú sabes?

–No sabía.

–Yes, my darling. Lo estudié yo sola y aquí hay ahora tan poca gente que hable inglés que podía haber trabajado en el Instituto de Amistad con los Pueblos o en otro lugar así, ya que aquí hay mucha gente que habla ruso y checo y eso, pero poca gente que hable inglés. Quiero decir, muchachas jóvenes, que son las que más usan como guías. Así que aquí me tienes –dijo ella y se dio media vuelta, encarándolo con las manos en la cintura–, hecha un verdadero parásito: vivo de mi familia, aunque eso no se puede llamar vivir. Ah, ¿por qué no te casas conmigo? No, tú no puedes, ya estás casado.

Además, tú me has hecho olvidar que me iba a casar con Sandor.

Él se sonrió y sintió que lo hacía tímidamente, no tenía nada que decirle, excepto que le daba mucha pena que la hubieran expulsado de las escuelas de arte. Se lo dijo.

–Ah no, mi vida –dijo ella–, que no te dé pena. A mí no me da ninguna. Me lo tengo merecido. Eso me pasa por ser, ¿cómo se dice?, buena samaritana. Ya hasta me he olvidado de mi religión cristiana.

Inmediatamente, cambió de conversación, como si temiera tenerse lástima .

–¿Tú sabes que yo tengo una vecina genial? Vive al lado. No al lado, al fondo de casa, en una cuartería, y ella es una mulata que dice las cosas más sensacionales. Tengo que decirte todos los días las cosas que dice, antes de que se me olviden, pues dice tantas genialidades que no me puedo acordar de todas. Ahora dice que tiene un cáncer en salvasealaparte y tú sabes cómo dice –él movió la cabeza momentáneamente–. ¡Tengo un cáncer bollal! ¿No te parece genial?

Ella se rio mucho y él se rio más en simpatía con su risa que compartiendo el neologismo.

–Sí –dijo–, es una frase única. Al menos yo no la había oído antes. Esto me recuerda a dos muchachitas que yo me encontré una vez por la calle 23, por 23 y B o algo así. De esto hace tiempo y una quería cruzar la calle antes de que pusieran la luz verde y la otra se vira para ella y le dice: «Ay niña, ¡pero qué *apurativa* tú eres! ¿Te das cuenta? ¡Apurativa!

Ella se rio estruendosamente.

–¿Eran negras? –preguntó entre la risa.

–No. Eran como mulaticas.

–¡Son geniales! ¡Geniales!

La próxima vez que salieron, él inventó una excursión en que saldrían con Sarusky en su máquina. Sarusky con Elsa y él con Silvia. Fueron a unos de los pocos night-clubs que todavía estaban abiertos y estuvieron bebiendo. Como a las doce de la noche, él ideó que le fueran a hacer una visita a Rine Leal. Sarusky estuvo de acuerdo, pero Elsa preguntó:

–¿Y quién es ese?

–Un inventor amigo nuestro –dijo él y se rio. También se rieron Silvia y Sarusky y por poco no van a casa de Rine porque a Elsa no le gustaron nada las risas, creyendo que se burlaban de ella. Luego Silvia le dijo: «Tienes que tener cuidado, porque mi hermana es de lo más cortada». Y era verdad. Él la convenció diciéndole que Rine inventaba inventos imposibles y ella accedió a ir, como había accedido a salir con Sarusky, en parte para darle celos al capitán Nuiry, si se enteraba, y en parte porque ella misma estaba muy celosa esos días, ya que Nuiry apenas se ocupaba de ella. Ella, como todas las mujeres enamoradas, creía que su amor no hacía más que ocuparse de ella y así pretendía que el capitán supiera de su salida con Sarusky.

Afortunadamente, Rine se acuesta tarde y no estaba durmiendo todavía cuando llegaron. Estaba leyendo, según dijo, y salió a recibirlos con su mejor sonrisa (él siempre envidió los dientes perfectos de Rine) y, como hacía calor, salieron a la azotea contigua que Rine había convertido en terraza con dos o tres sillas de playa y una silla de extensión. Ellos dos –es decir, Silvia y él– ocuparon la silla de extensión, que estaba a un extremo de la azotea, mirando hacia el parque. Los demás se acomodaron a charlar. En la oscuridad de la azotea le dio a Silvia lo que él recuerda como el primer beso, que ella devolvió con creces.

Estuvieron allí bastante tiempo, él besándose con Silvia y ocasionalmente conversando y, a veces, oyendo la conversación entre Elsa, Rine y Sarusky. Por las risas de Elsa parecía que Rine le había caído bien y él aprovechó que momentáneamente se habían olvidado de ellos dos.

Era ya bastante tarde cuando de pronto comenzó a caer un chubasco de madrugada. Los otros tres ocupantes de la azotea corrieron hacia el refugio del apartamento, pero él y Silvia se quedaron donde estaban, recibiendo la lluvia en las caras y en los cuerpos y en las ropas. Ahora él no pensó en su madre muerta cuando empezó a llover.

Al poco rato entraron a la casa completamente empapados.

—¡Jesús, mira para eso! —gritó Elsa, viéndoles entrar—. Van a coger un catarro.

Sarusky se sonrió, se rio y Rine recomendó, con muy buen juicio, que pasaran al cuarto a secarse. En cuanto entraron en el cuarto, él muy sigilosamente echó la llave y volvieron a besarse, más arduamente que en la azotea, frenéticamente casi. Después él trató de quitarle las ropas mojadas a Silvia, pero ella no se dejó. Él estaba realmente desaforado y trataba por todos los medios de desnudarla, pero con igual tenacidad resistía ella, tanto que dejó de insistir en quitarle la ropa.

—¿Quieres desahogarte? —preguntó ella y él recordó que esta palabra lo sorprendió—. Bueno, pues no, para que te jodas.

Fue la primera vez que la oyó decir una mala palabra y pensó lo bien que quedaban en su boca perfecta las malas palabras. Después, en el transcurso de los días, la oiría decir malas palabras muy a menudo, pero nunca con la sorpresa de esta vez, tanto que pensó que realmente ella quería decir lo que había dicho. Pero entonces ella volvió a besarlo, duro, en la boca y él le devolvió el beso y le besó el cuello y siguió besándola y bajando la boca con los besos hasta que estuvo besándola entre los senos color de yodo que salían de entre el escote. Por fin ella hizo un gesto desesperado y comenzó a quitarse la blusa y en un momento se había quitado los ajustadores y los pantaloncitos y estaba completamente desnuda y tiritando entre sus brazos. Él se quitó la camisa (ya había dejado el saco sobre la cama) y los pantalones y los calzoncillos breves, y la empujó hacia la cama, en la que cayó con él encima. Ella dejó de tiritar para moverse debajo de su cuerpo y por un momento se sorprendió de la fácil penetración.

Ahora oían la conversación de Elsa, Sarusky y Rine en la sala (que en el apartamento pequeño quedaba prácticamente ahí al lado) y él se alegró de que ella hubiera respondido discretamente, sin gritos ni alharacas. Él tenía una pregunta en la punta de la lengua y aunque la había hecho otras veces ahora dudaba de si hacerla o no. Finalmente, la pregunta se deslizó de entre sus labios sin casi darse él cuenta que la hacía –tanto la había repetido mentalmente que ahora le pareció no que la decía en alta voz, sino que la repetía una vez más en silencio. Sólo que no dijo exactamente la pregunta que tenía en mente, sino:

–¿Tú eras virgen la primera vez?

Él esperaba que ella reaccionara como otras mujeres, casi con violencia o con enojo, pero la vio sonreírse y decir «Claro» y fue entonces que se dio cuenta de que su pregunta la había formulado mal.

–Quiero decir con Sandro.

Ahora se había equivocado de veras: estaba nervioso.

–Sandor –dijo ella.

–Sí, con Sandor.

–Sí.

Él trató de tirarlo a broma.

–Ah, ¡cíngaro desgraciado!

Pero fue solamente ella quien se rio. No habían apagado la luz y le gustó cómo se movían sus grandes senos cuando se reía. Ella no tenía los senos grandes en realidad, pero como era muy delgada se veían grandes por contraste. Era toda de color de yodo, excepto por las marcas de una trusa bikini sobre los senos y el pubis.

—¿Tú vas mucho a la playa?

—Yo iba todos los días a la piscina del Habana Libre hasta que me botaron.

Tenía ganas de hablar con ella, al revés de lo que le había pasado con Leonora Soler, con ——— —— y hasta con Lido, que tenía la carne del color de la carne de Silvia.

—Te queda muy bien ese color.

—Ajá —dijo ella, admitiendo que lo sabía.

De afuera venían risas y él miró su reloj: eran las tres de la mañana.

—¿Quieres que salgamos ya?

—¿Lo preguntas por mí?

—Bueno, sí.

—Por mí no tienes que hacerlo: no soy tan hipócrita como mi hermana. Ella sabe que yo te quiero.

Como no podía decir lo mismo —no todavía— él se quedó callado un momento.

—Mejor salimos —dijo él.

—Está bien

Cuando salieron, Elsa charlaba animadamente con Sarusky y con Rine y no miró para ellos. Él salió cortado, sin saber qué decir, pero Silvia sonreía su sonrisa de boca cerrada de siempre, casi desafiante: había hecho lo que quería, sin ostentación pero sin hipocresía. Él decidió que tenía sed y fue hasta la pequeña cocina a tomar agua. Al regresar a la sala vio a Silvia unida al grupo, hablando también.

Al poco rato Elsa miró su reloj y dijo: «¡Uy, qué tarde es!». Después dijo que ya era hora de irse y Sarusky se preparó a regresarla a ella y a Silvia a su casa. Él fue con ellos y Rine se quedó en su casa, envuelto en las exclamaciones de Elsa de lo bien que había pasado la noche. Antes de irse, Rine lo miró y sonrió. Cuando ya iban por el segundo piso, él dijo que lo esperaran, que tenía que decirle algo a Rine. Subió y casi encontró a Rine listo para irse a la cama.

–Tengo que pedirte una cosa.

–¿Sí?

–La llave, ¿puedo quedarme con ella unos días más?

–Sí, lo que no siempre yo salgo de noche.

–¿Y por las tardes?

–Voy a *Bohemia*.

–Entonces yo me arreglaré para venir por las tardes. Es mejor así

–Bueno, está bien.

–Otra cosa. ¿Tú eres que me puedas prestar cien pesos?

Rine se quedó callado un momento. No le gustaba desprenderse del dinero ni aun en préstamo.

–¿Para cuándo lo necesitas?

–Mañana. A más tardar pasado.

–Bueno, déjame ver. Yo puedo ir mañana al banco... Está bien.

–Un millón de gracias, viejo –dijo él y se fue.

Elsa y Sarusky iban delante conversando todavía y él y Silvia iban detrás. De vez en cuando se daban un beso. Así fueron hasta que llegaron a la casa de ellas.

–Llegamos –dijo Elsa.

–¿Nos vemos mañana? –preguntó él.

–Mañana no podemos, Silvia –dijo Elsa.

Pero él esperó a ver qué decía Silvia.

–¿Pasado mañana? –preguntó ella–. Recuerda a mi padre. No puedo salir tanto de noche.

–¿Y por qué no nos vemos mañana por la tarde?

Silvia lo pensó un momento.

–Está bien. ¿Dónde?

–En el Carmelo –dijo él.

–Mañana a qué hora.

–A las tres, ¿te parece?

–Está bien. Mañana a las tres.

Ni Sarusky ni Elsa habían dicho nada. Todos se despidieron. Cuando regresaban, Sarusky le dijo:

–Compadre, usted no pierde tiempo.

Él se sonrió.

–Se pasó esta noche –dijo Sarusky y a él le complació que Sarusky, que a lo mejor no había nacido en Cuba sino en Rusia, fuera tan cubano que inclusive usaba esa tercera persona popular. No se lo dijo, pero volvió a sonreír.

–Vamos –dijo Sarusky–, di algo.

–¿Qué te puedo decir, que no hay que dejar para mañana...? Mejor tomamos un café.

–Voy en esa –dijo Sarusky complacido y dobló en dirección del extremo del Vedado, de 12 y 23 donde había una cafetera piloto que estaba abierta toda la noche.

Al otro día Lisandro Otero invitó a Pablo Armando y a él a almorzar. Fueron a La Roca pero decidieron tomar un trago antes y se llegaron al Club 21. Como Tropicana, los alrededores de Las Vegas y La Rampa, el Club 21 figuraba prominentemente en su libro. También figuraba el Saint Michel, que era una especie de boîte para homosexuales abierta en 1958 y que la Revolución se había apresurado a cerrar. Pero el Club 21 estaba abierto todavía. Como todos los bares y cabarets no iba a estar abierto mucho tiempo más, pero ese septiembre de 1965 funcionaba todavía. Entraron y se sentaron en las banquetas junto al bar. Pidieron tres daiquirís que todavía hacían buenos en el Club 21 tanto como en el Floridita. El club era, como muchas cosas en Cuba, un fantasma de sí mismo: ahí estaban las mesas y las sillas y la barra, en el sitio de siempre, pero de alguna manera el club no era el mismo. Para acentuar la decadencia, el mostrador, que era de cuero mullido, mostraba por unos huecos la estopa interior y había que colocar los vasos con cuidado, bien lejos del borde blando.

–¿Qué les parece esto? –dijo Lisandro, y en su voz había

el mismo tono que tenía su mujer Marcia cuando le preguntó a él que qué le parecía La Habana. La pregunta era casi una respuesta por la tristeza contenida que había en ella.

—Se está cayendo a pedazos —dijo Pablo Armando.

—Todo está igual —dijo Lisandro.

Hablaban libremente pero en voz baja, aprovechando que el camarero estaba ocupado haciendo los tragos y que el club estaba vacío a esa hora.

—¿Y no hay manera de arreglar esto? —preguntó él.

—¿Para qué? —dijo Lisandro—. Si cuando todavía no has terminado de arreglar aquí, se rompe por allá —y señaló al extremo del mostrador—. Todo está así.

Pablo Armando se rio con su risa silente, silbante por entre sus labios rodeados de barba y bigote.

—De veras —dijo Lisandro—, todo se está cayendo pedazo a pedazo.

—Vamos a hablar de otra cosa —dijo él, cauto.

Del Club 21 se fue en un taxi, que consiguió milagrosamente, a casa de Rine, quien tenía los cien pesos listos y a quien le preguntó si estaría por la tarde en la casa. No, Rine iba a *Bohemia*. Él entonces le dijo que iba a usar el cuarto (así dijo) por esa tarde. De casa de Rine se fue al Diplomercado (cuyo nombre, en contraste con su aspecto, casi lo mataba de risa) y compró una botella de ron, regresó a casa de Rine, guardó la botella en la cocina y se fue caminando hasta El Carmelo. Silvia llegó puntual y él se alegró de que no lo hiciera esperar. Sin invitarla a tomar algo, se levantó para ir con ella hasta el numero 69 de la calle C. Hoy, cuando ella se quitó la ropa, parecía más hermosa que ayer. No, hermosa no es la palabra, ella no era mujer voluminosa ni grande, sino de mediana estatura para una cubana y muy delgada. Tenía lindos muslos pero las piernas un poco curvas, sin llegar a ser gambadas, y sus nalgas se escurrían un poco hacia abajo mientras su espalda se encorvaba arriba. No, no era hermosa pero le gustaba mucho –más que su cuerpo le gustaba su sensualidad y su inteligencia y, como Mefistófeles, podía decir que no quería su cuerpo sino su alma.

Dejó la ventana abierta por donde entraba una brisa agradable y continua. En la salita él había conectado el tocadiscos y puesto un disco propiedad de Rine, Dave Brubeck y su cuarteto, que asoció para siempre con el acto de hacer el amor en aquel apartamento prestado. Estuvieron allí toda la tarde y ya al caer la noche él la invitó a comer en El Carmelo, cosa que no había podido hacer antes por no tener dinero. Pero ella no estaba interesada en la comida y solamente pidió un bocadito de pierna. Él comió y comió bien. Decidieron quedarse en el restaurant hasta por la noche y, aunque ella había dicho el día anterior que no podía salir de noche, ella permaneció a su lado hasta las diez, en que se fue sola para su casa, no sin antes prometerle que se verían al día siguiente a la misma hora y en el mismo sitio.

Al día siguiente debía comer con su traductora al checo, Libuse Prokopová, y con Antón Arrufat. Libuse era ahora directora del Centro de Amistad Checo-Cubana y quería hablar con él y con Antón. Fueron al restaurant El Jardín, que él había frecuentado mucho durante un tiempo y que ahora estaba reconstruido y redecorado. Era un lugar agradable, aunque la comida no era tan buena como en El Carmelo o La Roca. Después de almorzar conversaron y Libuse le dejó ver que estaba alarmada por el estalinismo que se encimaba sobre Cuba. Esas fueron sus palabras y a él le hicieron impresión porque consideraba a Checoslovaquia como un país estalinista y ahora venía una checa a decirle precisamente cuán preocupada estaba porque Cuba devenía estalinista. Después del almuerzo, él y Antón se fueron hasta el parque cercano y comentaron a su vez los comentarios bienintencionados de Libuse Prokopová. Arrufat le decía a él qué te decía, queriendo decir que desde el principio, cuando conversó en su casa poco después de haber regresado él, Antón había estado en lo cierto, que a Cuba le esperaban días oscuros y que no quedaba más que protestar antes de que todo se hundiera en la tiranía más feroz. Él pensó en su viaje y le dijo a Arrufat que tenía razón pero que él no creía que se podía hacer nada, que había que aceptar el futuro como un destino inexorable. No fueron esas sus palabras, por supuesto, pero sí el contenido de lo que él estaba diciendo.

Antón se fue al poco rato y él se quedó porque ya eran casi las tres y a las tres vería a Silvia en El Carmelo. Desde el parque podía ver muy bien a la vez a El Carmelo y al edificio en que vivía Rine, a la precisa azotea donde estaba su pequeño apartamento, y pensó en la relación geométrica que había entre el parque y sus dos destinos inmediatos. Cuando vino Silvia se olvidó de todo, incluso de la conversación que acababa de tener con Arrufat, tan inmediata, y casi olvidó su viaje mediato.

Se había impacientado porque Silvia no llegaba y dejó El Carmelo para llegarse hasta la esquina donde paraba la guagua. Allí esperó un rato y, al no verla venir, pensó que tal vez ella había venido por la calle Calzada y regresó a El Carmelo para ver si ya estaba allí. Pero no estaba. Volvió a la parada y volvió a esperar. Venían pocas guaguas y ella no venía en las pocas que venían. Impaciente, comenzó a caminar entre El Carmelo y la parada. Vio que eran ya las tres y media y ella no venía y se preguntó si iría a venir hoy. Después se dijo que se estaba enamorando de Silvia y a la vez se dijo que eso no era posible porque él amaba a Miriam Gómez que estaba allá en Bélgica. Pero, se preguntó, ¿y si fuera cierto? ¿Si estuviera enamorado de Silvia, qué pasaría? ¿O podría amar a dos mujeres al mismo tiempo? Se dijo que cuando viniera Silvia le iba a decir que él regresaba a Europa, decidió que se lo diría antes de entrar en casa de Rine. Pero cuando ella vino finalmente en una guagua en que no la esperaba, cuando la vio bajar del vehículo con su cuerpo ondulante, cuando vio su sonrisa, se olvidó de todo y ya no pensó más que en llegar enseguida al apartamento de Rine, entrar en el cuarto, quitarse la ropa y meterse en la cama.

Después se sentó en la cama a ponerse las medias y cuando notó su vientre, trató de meterlo aguantando la respiración, pero oyó que ella le decía:

—Aunque metas la barriga se te ve todavía.

Ella se rio pero él no se rio: estaba disgustado con su barriguita de edad madura contra la cual no había nada que hacer. Pero fue ella quien reparó el mal que había hecho.

—Tú sabes —le dijo—, Sandor hace esquí acuático y tiene un cuerpo de atleta, pero tú me gustas más.

—Gracias —dijo él, medio en serio, medio en broma.

—No, en serio —dijo ella—. Ya casi me estoy olvidando de él.

—No te has olvidado mucho —dijo él—, cuando lo acabas de mencionar.

—Eso no era más que una comparación, idiota. Te quería decir que no me importaba tu barriga. Es más, me gusta tu barriguita. Te pareces más a mi papá.

—El que hace incesto hace un ciento —dijo él. Ella se rio.

—No, no es complejo de Electra ni nada de eso. ¿Tú sabes lo que se pasa la vida diciéndome mi madre?

—No. ¿Qué se pasa?

—Bueno, ella en realidad está celosa de lo que yo quiero a mi papá, que es bajito y prieto y fuma tabaco. Ella me dice: «Vas a acabar casándote con un hombre chiquito y prieto y que fuma tabaco». Eso me dice.

—Adivina la autora de tus días, porque yo fumo tabaco.

—Ya lo sé. Es por eso que te lo digo. ¿No te parece genial? «Vas a acabar casándote con un hombre chiquito y prieto y que fuma tabaco».

Movió la cabeza de un lado al otro, como acostumbraba a hacer, y se rio.

—Te lo juro por mi madre que mi madre está loca. Hoy mi padre le dijo que no me dejara salir por haber llegado tarde anoche y ella fue la primera que me dijo que por qué no salía.

—Querrá que se cumpla su profecía.

—*Vas a acabar casándote con un hombre chiquito y prieto y que fuma tabaco* —dijeron los dos a un tiempo y se rieron de veras. Ella cayó hacia atrás en la cama y él la vio con su cara de gitana egipcia —pensándolo se alegraba con la redundancia— y su color de tabaco maduro, de yodo, de piel tostada, y se le encimó. Volvieron a empezar.

Después se dieron una ducha juntos y salieron, ya de noche, rumbo a El Carmelo. Allí se encontraron con Walterio Carbonell y con Sarusky —la pareja que él llamaba, bromeando, «el negrito y el polaco». Estuvieron conversando naderías hasta que llegó Oscar Hurtado, al que no veía él desde hacía noches, que empezó a hablar de marcianos y agentes del espacio exterior. Él pensó que tal vez esta conversación no complacería a Marta Frayde, pero al menos era lo suficientemente inocente como para no atraer la atención obsesiva de los implacables agentes del G2 o de como se llamara esa agencia del espacio interior para detectar contrarrevolucionarios, ciertos o fabricados.

Cuando Oscar Hurtado llegó él le dijo, simplemente: «Ya tú conoces a Silvia», mitad declaración y mitad pregunta, y Oscar Hurtado dijo: «Mucho gusto» y se sentó. En realidad no tenía tal gusto pues detestaba la compañía de las mujeres y ni siquiera a su amante, Evorita, la quería tener cerca cuando peroraba sobre marcianos, venusinos y cía. Al recordar esto recordó cómo un comisario detectó un nido de agentes infiltrados en una maderera que anotaba los nombres de los propietarios y de seguidas decía Cia. «El letrero estaba diciendo clarito que eran de la CIA». Se preguntó dónde estarían, si presos o en libertad, todos aquellos infelices.

En la mitad de la velada, aprovechando un intersticio entre los anillos de Saturno, le pidió a Sarusky que llevaran a Silvia hasta su casa. Para su sorpresa Sarusky accedió, con la condición de que pasaran antes por San Lázaro casi esquina a Infanta donde había una cafetera piloto y tomar allí el café que no podía tomar en El Carmelo. Llevaron a Silvia hasta su casa y se despidieron. Luego regresaron por la vía de 12 y 23, donde Sarusky tomó otro café. Su barbilla se volvió temblona, casi como si estuviera a punto de llorar, haciendo los pucheros característicos: era que Sarusky se sentía con la presión a nivel normal por primera vez en la noche y después de cuatro cafés consecutivos. Se preguntó qué haría Sarusky el día –que irónicamente habría de venir no mucho más tarde– en que no hubiera café en Cuba. Tal vez emigraría, siendo el único exilado por causa del café. Pensó que la verdadera patria de Sarusky era Brasil –o tal vez Costa Rica o Colombia, o la Cuba prerrevolucionaria donde el café era el alimento del pueblo.

No volvió a El Carmelo, sino que le pidió a Sarusky que lo dejara cerca de su casa, cosa que hizo. Cuando llegó, fue al teléfono y llamó a Silvia. Pensó que saldría tal vez Elsa, pero por casualidad salió ella. Después supo que no era casualidad porque Silvia le dijo: «¡Qué casualidad! Esperaba tu llamada». No habían acordado llamarse pero él respondió a un impulso que conocía bien y sabía cómo se llamaba. Para no despertar a nadie en la casa, donde todos dormían, habló bien bajo y Silvia le dijo: «¡Ay, mi vida, sigue hablando así que me haces temblar toda por dentro!». Hablaron naderías que a ella le parecieron muy importantes y a él se lo parecerían en unos días. Cuando se dijeron hasta mañana, sabiendo que se verían y vendrían juntos a la casa de Rine, oyó que desde su cuartico su abuela decía: «Mi hijo, ahí tienes un dulce que hizo Hildelisa para las niñas. Te dejaron un pedazo». «Está bien, mamá», dijo él y ella respondió: «Que descanses, mi hijo». Fue al refrigerador y encontró la obra de repostería confeccionada por Hildelisa. No estaba mal y decidió que Hildelisa tenía posibilidades como dulcera. De pronto se asustó. ¿Era que comenzaba a pensar en quedarse en Cuba? No, eso no puede ser, se dijo y se fue a dormir convencido de que su voluntad de exilio era mayor que ninguna atracción posible.

Por la mañana decidió irse a cortar el pelo, que le había crecido mucho: deseaba pasar lo más inadvertido posible. Se llegó al Habana Libre y Pepe Pintado, el barbero que no sabía si le gustaba más por su profesionalismo que por su nombre, le cortó el pelo. Mientras lo pelaba, Pepe Pintado, en voz muy baja, se le quejaba de la situación, de su úlcera estomacal para la cual no podía conseguir leche, de la barbería, que ahora estaba nacionalizada y de la que él había pasado de ser el dueño a ser un empleado encargado de la misma. Le gustaba cómo hablaba Pepe Pintado, tan redicho, y aunque conversaba como un barbero no esperaba el diálogo, sino que sólo le interesaba mantener la conversación, que versaba o daba revoluciones sobre sí misma acerca de la iniquidad de la Revolución. Él se preguntaba cómo se arriesgaba Pepe Pintado a hablar así con él y se respondía diciendo que Pepe Pintado detectaba en él a un compañero si no de infortunios por lo menos de vehículo: el compañero de viaje contrarrevolucionario.

Cuando terminó y se miró en el espejo, vio que Pepe Pintado, conversando, le había cortado más pelo de lo que él hubiera querido, pero estaba bien así, ya que cuando se pelaba corto se veía mucho más joven y él ahora no quería tener edad suficiente para ser el padre de Silvia: al revés de uno de sus escritores admirados, detestaba tener que llamar hija a una mujer con quien tuviera relaciones.

Antes del almuerzo se apareció La Maga (había decidido llamarla así) y le dijo que había consultado su problema, pero no le dijo con quién. «Todo está listo», dijo. «Tú te vas como tú quieres. Nadie te se puede oponer». Luego le preguntó: «¿Hiciste lo del huevo?». No sabía qué contestar y solamente hizo una seña que podía significar lo mismo que lo había hecho como que no lo había hecho. Pero La Maga entendió bien: «Tienes que hacerlo», le dijo. «Por lo menos habrás rezado la oración». Le iba a decir que la había leído no que la había rezado, pero dijo que sí. «Está bien, eso te protege», dijo La Maga, entrecerrando sus ojos grandes y redondos y amarillos. «Tiene ojos de lechuza», pensó él. «Debes hacer lo del huevo cuanto antes», dijo ella. «No te olvides: en las cuatro esquinas menos concurridas». Él dijo que no lo olvidaría.

Cuando se fue La Maga, siguió un impulso súbito y se fue a casa de Carmela, la madre de Miriam Gómez. Allá pidió ver las fotos y las cosas de Miriam que todavía guardaba Carmela. Ella le entregó una vieja caja de lata que contuvo bombones una vez y que ahora estaba llena de papeles y recuerdos de Miriam. Estaba su carnet de la antigua asociación de actores, recibos indefinidos, una cinta azul y, en el fondo, fotografías, algunas de Miriam cuando niña, otras de más edad. Finalmente, y saliendo de entre las fotografías familiares, encontró dos fotos de carnet de Miriam Gómez. Debían ser de cuando ella tenía diecisiete o dieciocho años: lucía muy joven y tenía el pelo cortado muy corto. Pero estaba seguro de que servirían de fotos para el pasaporte de ella y cuando tuvo las fotos en la mano quedó convencido de que se iría.

Esa misma tarde vino con sus hijas a 12 y 23 (que era el único lugar donde hacían fotos en todo El Vedado: las demás fotografías habían sido cerradas) y se hicieron todos fotos de carnet: estarían dentro de cinco días. Al salir de la fotografía se encontró con Toto, que era el antiguo portero del cine Atlantic, ahora portero del 23 y 12. Estuvo hablando con él y se sorprendió de encontrar, en vez de su antiguo humor, un resentimiento nuevo, una amargura. Le contó que a su hermano le habían echado treinta años por contrarrevolucionario y que él, Toto, al primer chance que tuviera, así le dijo, se iría de Cuba. Cuando Toto le preguntó: «Y tú. ¿Qué?», no se atrevió a decirle que él también se iría: tenían la superstición de que decir las cosas por hacer las hacía difíciles sino imposibles.

No bien dejó a sus hijas en la casa (no sin antes comprarle a Anita el tocino del cielo número cien), cogió una guagua en la esquina y se dirigió a El Carmelo. Cuando llegó ya estaba Silvia esperándolo. Ella hizo un gesto apreciativo cuando lo vio con el pelo corto. «Nos rejuvenecemos», fue su comentario, pero no había maldad en su voz sino amor. Sin embargo fue entonces que decidió hablarle.

Esperó al final. Todavía el disco de Dave Brubeck sonaba por tercera o cuarta vez, cuando le dijo, acostado bocarriba en la cama, desnudo, sin mirarla:

–Tengo que decirte algo.

Ella respondió enseguida:

–¿Qué cosa?

Él sin embargo esperó unos cuantos segundos.

–Me voy.

–¿Cuándo? –preguntó ella con voz velada.

–No sé. Puede ser la semana que viene, el mes que viene, pero sé que me voy a ir.

Ella no dijo nada enseguida, fue solamente después que habló:

–Lo sabía. Por mi madre que lo sabía.

No había ni amargura ni dolor en su voz, pero él sabía que ella estaba dolida.

–Lo habíamos hablado, ¿no?

–Pero no así –dijo ella y luego–: ¿Tienes que irte?

—Sí.

—¿Quieres irte?

—Debo hacerlo.

—¿Tú sabes qué? Yo pensaba que, si regresaba Sandor, tendría que escoger entre tú y él. Ahora no tengo que hacer la elección porque la haces por mí.

No había ningún patetismo en su voz, solamente revelaba datos, pero agregó:

—Sin embargo me hubiera gustado que no fuera así.

Él se volvió y vio que ella no estaba llorando: simplemente miraba al techo.

—Vamos a olvidarnos de eso, ¿quieres?

Ella se volvió hacia él.

—Vamos.

La besó, primero en los labios, después en el cuello, en los senos, en el vientre: casi en todo el cuerpo.

Salieron cuando ya había anochecido y se fueron a El Carmelo.

Allí estaban, como casi siempre, Sarusky, Walterio Carbonell y Oscar Hurtado. Se saludaron. Él le dijo a Sarusky, fingiendo un contento que en realidad no sentía:

—¡Caramba, el único judío que se le escapó a Hitler!

Walterio y Hurtado y el propio Sarusky se rieron. Luego Walterio reparó en su pelo y le preguntó qué se había hecho que lo tenía tan bien. Silvia contestó por él con su sonrisa de labios perfectos:

—Es el amor.

Cuando se cortaba el pelo, Pepe Pintado, al afeitarle la nuca, le lastimó una verruga que tenía en el cuello. En realidad tenía varias, una particularmente negra. Una mañana decidió ir a ver a su amigo médico al Calixto García. Él se sentía aprensivo por las verrugas que crecían y cambiaban de aspecto y hasta llegó a pensar que una de ellas, que le molestaba siempre que se ponía cuello y corbata, debía ser cancerosa. «Son pólipos», le dijo su médico amigo después de examinarlo. «Vamos a llegarnos aquí, a Piel y Sífilis, para que te las extirpen». Fue con él hasta la sala llamada, extrañamente, Piel y Sífilis, como dos diosas, casi como Escila y Caribdis. Había mucha gente esperando, pero ellos entraron directamente al dispensario, donde había varios médicos muy jóvenes o estudiantes avanzados que examinaban pacientes, curaban heridas y hacían extirpaciones con unas pinzas eléctricas. El amigo médico le dijo a un colega que se desocupaba: «Mira acá a ver al compañero, que tiene unas verrugas en el cuello. Son pólipos, ¿no?». El otro médico examinó su cuello y dijo sin darle importancia: «Pólipos». Luego se acercó con las pinzas eléctricas y, después de un zumbido y un pellizco en el cuello, le dijo que se pasara la mano por la piel. Él lo hizo: la verruga más fea y protuberante había desaparecido del todo. Después repitió la operación con las otras verrugas del cuello y todas desaparecieron como por ensalmo. «¿Ves?», le dijo el médico que era su amigo. «¡Fuera catarro! Vámonos». «No, un momento», dijo el médico joven que le había extirpado las verrugas. «Acá el compañero –y señaló para él– se puede ir, pero tú no». Y se acercó a su amigo y examinó de cerca su cara poniendo el índice casi sobre una mancha gris, pequeña, que tenía su amigo cerca de la nariz. «¿Qué pasa, qué?». El médico joven retiró la mano, miró a su amigo, que había palidecido, y le dijo: «Nada, solamente que vamos a tener que darte un piquete ahí o radiaciones». «¿Y por qué, tú?». «Parece un sarcoma epitelial». Él vio cómo su amigo palidecía más aún, tanto que temió que se desmayaría: nunca pensó que un médico pudiera tener tanto terror a una enfermedad. Pero se recobró y dijo: «¿En serio?». «En serio». Allí mismo hicieron una cita para una eventual operación o una sesión de radiaciones y luego, al salir, él pensaba en la ironía impensada de la situación: el curador curándose.

De nuevo a El Carmelo por la tarde. Era casi un ritual pero sabía que, por ahora, no podía vivir sin él porque significaba la reunión posterior en la casa de Rine y el amor y el amor y el amor. No estaba todavía enamorado, creía él, pero el hecho de decirse todavía implicaba una posibilidad futura, una que tendría lugar en una fecha muy lejana –si la salida de Cuba no se le adelantaba. Por lo pronto, ahora sabía cuánto lo emocionaba verla llegar (como hoy) y sentirla a su lado y participar de sus besos.

Esa tarde (tarde en la tarde) decidieron no ir a El Carmelo, sino caminarla hasta la Avenida de los Presidentes y calle 23 y esperar que cogiera allí la guagua. Cuando salieron de casa de Rine ya era oscuro aunque era más temprano que de costumbre. Fue luego, después, cuando ya caminaban avenida arriba, que se le ocurrió mirar el cielo y vio las negras nubes acumuladas encima. Enseguida comenzó a llover torrencialmente. Al principio ellos corrieron calle arriba pero pronto vieron que era igual correr que caminar y que no había refugio posible y dejaron que toda el agua del cielo (así parecía) les cayera encima. Iban completamente empapados, encharcados los pies, caminando a veces por el río de agua lluvia que bajaba hacia el mar encontrándolos –y en ningún momento pensó en su madre muerta recibiendo toda esa agua, sola en el cementerio. Fue después que se sintió curado de este sentimiento que lo torturó antes tanto. Ahora caminaba con ella, del brazo (o bien su brazo sobre sus débiles hombros, tal vez protegiéndola de la inclemencia del tiempo que era una alegre clemencia divertida) rumbo a su casa, porque ya sabía que la llevaría a su casa aunque nunca antes pensó hacerlo.

Llegaron empapados de arriba abajo aunque ya había dejado de llover cuando alcanzaron la calle 23. No estaba su padre y se alegró, y sus hijas lo recibieron con asombro al ver su aspecto de pollo mojado y hubo (o creyó que hubo) una leve interrogación cuando la vieron a ella.

–Silvia –dijo–, esta es Anita y esta es Carolita. –Y a las niñas–: Pronto, traigan una toalla seca.

La ayudó a secarse los brazos, y la cara y la cabeza, antes de que saliera Hildelisa de la cocina, momentáneamente, como por casualidad, a ver lo que pasaba en la sala y luego regresándose con una leve sonrisa torcida en los labios. Vino su abuela de su cuarto y la presentó: –Mamá, esta es Silvia –y casi no oyó el «Mucho gusto» imperceptible de su abuela, pero vio la sonrisa amable de Silvia que estaba en medio de la sala, entre tímida y agradecida. (Luego él pensó que ella no tenía o no debía estar agradecida por nada, que él la había llevado a su casa de puro impulso pero que también podría haberla llevado cualquier otro día, ex profeso, y ella no tenía que agradecerle el gesto de presentarle a su familia: después de todo en Cuba no son nunca tan formales, pero esa misma informalidad crea extrañas formas de comportamiento social).

Él se fue al cuarto a cambiarse, pero, antes de dirigirse al fondo de la casa, pasó por la cocina y le dijo a Hildelisa, sin darle importancia a la cosa: «¿Tú crees que haya por ahí un vestido que le sirva a Silvia mientras se le seca la ropa?». Con la primera parte de la frase él quería decir, bien a las claras, uno de los vestidos que había dejado su madre y que hubiera quedado en la casa después de la repartición. Le agradeció a Hildelisa cuando fue adentro a buscarlo, lo encontró y él llamó a Silvia para que fuera al otro cuarto a cambiarse.

(Él se alegraba de haber ido ese día muy informal, con los pantalones de sport y la camisa de mangas cortas que había traído de Bruselas, en vez de su traje único, y que fueran aquellos los que se habían mojado en el aguacero, pero recuerda que se alegró más cuando salió del cuarto, ya vestido con los pantalones de su traje y una camisa de su padre, y vio a Silvia vistiendo un vestido viejo de su madre que le quedaba justo a la medida y fue entonces cuando comprobó lo que había imaginado: que ambas, Silvia viva y su madre muerta, tenían el mismo cuerpo).

Estuvieron en la casa una buena hora y él le ofreció a ella la comida que Hildelisa había puesto en la mesa, pero ella apenas la tocó, aunque, como siempre, no estaba tan apetitosa como para devorarla, aunque él comió con gusto después del aguacero y la carrera inicial y la última caminata bajo la lluvia. Luego estuvieron en la sala, sin conversar, mirándose solamente mientras las niñas veían televisión –y él cree que ahí fue, en ese momento, cuando estuvo seguro de que se había enamorado de ella como no creía posible hacerlo, como no lo había hecho desde que se enamoró de Miriam Gómez, como no debía hacerlo. Inmediatamente pensó que este era otro obstáculo para su viaje.

La acompañó hasta la esquina y esperó que ella cogiera la guagua para su casa, recordando la dulzura con que ella se había despedido de todos (incluso de Hildelisa), sobre todo de su abuela y de su hija Carolita, la que al parecer le había gustado mucho. Luego, cuando estuvo seguro de que ella había llegado a la casa, la llamó por teléfono y estuvieron conversando cosa de dos horas, él a veces oyendo su grata voz, otras hablando él en el susurro que la emocionaba a ella hasta casi hacerla derretirse emocionalmente al otro lado del aparato. Cuando se dieron los hasta mañana ya eran casi las doce de la noche.

Al otro día vio a Alberto. No había hablado con el presidente Dorticós todavía pero había vuelto a hablar con Carlos Rafael Rodríguez y le había comunicado la necesidad de que él se fuera de Cuba por un tiempo, para que aprovechara la salida de su libro en España –que era el pretexto que habían acordado. También le había dicho a su hermano Sabá que se ocupara de obtener una carta de su editor catalán que expresara la necesidad de su estancia en España para la salida de su libro, y había recibido una carta de Carlos Barral en que en los términos más claros hablaba de esta necesidad junto con la inescapable corrección de pruebas, que se le hizo una necesidad menor, ya que era obvio que podía corregir en cualquier parte –aun en la cárcel en Cuba.

Alberto estaba optimista y no habló de ninguna otra entrevista con Piñeiro ni de ningún obstáculo visible a su partida. Él recibió la noticia con suficiente alegría externa, pero algo dentro de él le decía que ese viaje debía ser pospuesto y era, simplemente, que ahora quería pasar más tiempo cerca de Silvia. De esa dulce modorra lo sacó una carta de su hermano.

Sabá le escribía a través de la valija diplomática del ministerio de Comercio Exterior y la carta se la trajo su cuñada Regla, de vuelta del trabajo un día. En la carta Sabá le decía que tenía hasta el próximo día 3 de octubre para embarcarse de regreso a Cuba, que ese era el último plazo que le había dado el ministerio y que él se preparaba para regresar. Vendría, decía, con todo un equipo de cine (cámaras de 16 mm y de 35 mm, grabadoras, boom, etc.) para ingresar en el ICAIC. Seguía la carta con un hiperbólico elogio de la Revolución y del ministerio: y de nuevo reiteraba que lo esperaran el día 4 de octubre en el aeropuerto.

No tuvo más que leer la carta una primera vez para darse cuenta de que era una señal y de que la carta significaba todo lo contrario de lo que decía; el día 3 de octubre Sabá no regresaría a Cuba y lo más probable es que pidiera asilo político en España. (Así fue en realidad, aunque el asilo político lo pidió en Estados Unidos). Mientras más leía la carta más se convencía de las intenciones de su hermano. Alarmado, llamó a Carlos Franqui y a Pablo Armando Fernández, que vinieron ese día por la tarde a su casa. Recuerda él muy bien la tarde y el momento en que le entregó la carta a Franqui en la sala de su casa. Después de leerla, Franqui hizo una mueca como que no le gustaba la carta.

–¿Qué quiere decir? –preguntó Franqui.

–Quiere decir que debo salir de aquí antes del 3 de octubre, que es la última fecha que le dan para salir de España. Es evidente que la carta quiere decir lo contrario de lo que dice.

–¡Pero eso no puede ser! –saltó Pablo Armando–. Si se queda en España tendrá que pedir asilo y, si pide asilo Sabá, tú nunca saldrás de Cuba.

–Eso es lo que yo digo –dijo él.

Franqui movía su cabeza de un lado a otro y se bamboleaba paseándose por la sala.

–Esto es una mierda de Sabá –dijo–, que siempre ha sido un egoísta.

Él no estaba de acuerdo con lo que Franqui opinaba de su hermano, pero no dijo nada.

–Si lo hace, si hace lo que tú dices que va a hacer, nos hunde a todos. Ni tú ni Pablo ni yo podremos salir de aquí más nunca.

–¿Por qué tú y Pablo? –preguntó él–. No entiendo. Entiendo, sí, que no me dejen salir a mí, por reflejo familiar o por venganza, pero ustedes no tienen nada que ver con él.

–Que sí, chico –dijo Pablo Armando–. ¿No ves que todos estamos unidos por lo mismo?

–¿Por qué mimo?

–¡Ay! –dijo Pablo Armando.

–Déjate de chistes ahora –dijo Franqui.

–No era un chiste, quería decir por qué mismo. No veo que ustedes estén unidos a Sabá por nadie. Fue Alberto Mora cuando era ministro quien lo mandó a España como agregado comercial, no tú, Franqui. Y es Marcelo Fernández, como ministro, quien lo autorizó a regresar, no tú, Pablo Armando.

–Sí, sí, mi amor –dijo Pablo Armando–, pero ¿no te das cuenta de que lo van a asociar contigo y a ti con nosotros?

–Eso es –dijo Franqui–. Hay que evitar que Sabá se asile.

–No sé cómo vamos a evitarlo estando a miles de kilómetros de él como estamos. Lo que hay que hacer, lo que yo tengo que hacer, es acelerar mi partida.

Lo que él hizo fue hablar de nuevo con Alberto Mora, explicándole, como le había explicado a Franqui y a Pablo Armando, lo que planeaba hacer Sabá. Alberto le prometió que volvería a hablar con Carlos Rafael y trataría de hablar de nuevo con el presidente Dorticós. Después que habló Alberto, él estuvo más tranquilo, pero así y todo se veía quedado en Cuba, tal vez para siempre. Lo desconsolaba, ahora, pensar en Miriam Gómez, sola en Bruselas y a quien no permitiría regresar a Cuba, pasara lo que pasara con él mismo. Solamente lo consolaba ahora o lo hacía olvidar la relación con Silvia, la cama compartida con ella, que se convertía en una verdadera tierra de comedores de loto.

Esa tarde no vio a Silvia, pero habló con ella por la noche, hasta muy tarde, conversando en susurros. Se vieron al día siguiente y él recuerda cómo, después de estar en la cama un rato, él volvió para tocar en el tocadiscos el disco de Dave Brubeck de nuevo y al colocar el disco en el plato y darle al botón de tocar de nuevo, volvió él la cabeza hacia el cuarto y vio a Silvia de pie en la puerta, recostada contra el marco, completamente desnuda, una pierna semioculta por la otra, un brazo levantado por encima de la cabeza, el otro extendido a lo largo del cuerpo, en una imitación de una pose de pin-up nada casta, en su boca una sonrisa burlona que indicaba que aquella posición era una parodia de una pose, una imitación para que él se riera –y él se rio. Mejor dicho, no llegó a reírse: solamente se sonrió, porque emanaba de ella tal atractivo sexual que olvidó pronto el humor para concentrarse en el amor, en la posesión más completa de aquella muchacha, una verdadera ninfa –en el sentido que le daba el lenguaje popular cubano pero también en sentido mitológico. Recuerda que regresó al cuarto y la amó, la poseyó, como no lo había hecho nunca antes, completa y totalmente.

Después se bañaron los dos en la ducha, él lavándose la cabeza al tiempo que tenía cuidado con el jabón casi gastado, haciendo nota mental de que al día siguiente debía ir al Diplomercado y conseguirle un jabón nuevo a Rine. Después fueron a comer a El Carmelo. Comió él –un bocadito de puerco y una cerveza– pero Silvia no quiso comer nada, solamente tomó café junto con él. Fue entonces que él pensó que realmente ella nunca comía con él y comenzó a preocuparle lo delgada que ella estaba y lo poco que comía, ya que estaba seguro de que cuando ella llegaba a su casa ya no quedaba comida para ella, sabiendo como sabía que ahora no había comida suficiente en ninguna casa y si alguien no estaba a la hora de la comida lo más probable es que no encontrara nada a su regreso –no todos tenían a su abuela, vigilante, como la tenía él, ni todos, realmente, dependían del arte culinario de Hildelisa, que siempre aseguraba la existencia de sobras.

Él sabía que estaba librando una carrera contra el tiempo, tratando de ganar espacio entre él y la realidad inmediata, pero también sentía que el amor –sí, estaba seguro ya de que era amor– introducía una nueva dimensión en la competencia entre el tiempo de que disponía para poderse ir de Cuba, sacando ventaja a sus enemigos, visibles o invisibles, empeñados en que él se quedara (como en una prisión para él: para expiar un crimen imaginario) para siempre en la isla, esa isla a la que debía haber regresado como a su propia casa, pero a la que no reconocía ya como suya, tan muerto el lugar en que vino al mundo como estaba la mujer de quien había salido a la vida. Pensaba en la posible eficacia de todos los conjuros –los ideados por la Maga y

313

los planeados por los pocos amigos que tenía con algún poder–, pero al mismo tiempo reconocía que los enemigos eran poderosos no tanto porque fueran, a veces, invisibles, sino porque se podían materializar, hacer visibles en cualquier momento. Él sabía que se había vigilado, que había obrado y obraba astutamente, con cautela, que no había descuidado un momento su misión, que era la de irse de Cuba, como había visto enseguida al regresar. Pero al mismo tiempo no ignoraba que a la vigilancia interior de su conducta se unía una vigilancia externa, llevada a cabo por terceros, eficaces en el rol de impedirle llevar a cabo lo que ahora se hacía más claro cada momento que era su única misión: hacerle caso a Francesco Guicciardini, ese contemporáneo de Maquiavelo, y huir tan lejos como fuera posible, tan rápido como se huye de la peste, del tirano. Fue por esos días que ocurrieron dos hechos distintos pero que se iban a reflejar en su situación inmediata.

Uno de ellos fue la autorización de la salida de Cuba hacia Estados Unidos de «todos los cubanos que quisieran hacerlo», como rezaba el decreto tácito que los autorizaba. Se permitirían los vuelos –pronto apodados «de la libertad»– de aviones americanos que vendrían a recoger a los emigrantes, ahora convertidos en asilados perpetuos. La resolución de permitir la emigración en masa fue adoptada después de que el Gobierno tomó medidas para contrarrestar el éxodo. Se hizo propaganda acerca de la «terrible vida» que esperaba a los emigrantes en los Estados Unidos, se llegó hasta a publicar un libro, con múltiples ediciones, en el que una exilada que había retornado a Cuba escribía sobre el exilio, especialmente el de la ciudad de Miami, como una versión del infierno: allí se veía a prestigiosos médicos, a abogados de nombre, a conocidos hombres públicos trabajando de camareros, de jardineros, en los oficios más bajos. El libro pintaba con los colores más negros la vida del exilado común. Pero ninguna de las formas de propaganda que tomó la iniciativa contraria del régimen pudo contrarrestar el creciente número de cubanos que, contra viento y marea –elementos que se hacían particularmente rigurosos en contra de los cubanos negros–, habían decidido dejar su país para siempre. Los «vuelos de la libertad» tomaron en principio la forma de un éxodo que más bien parecía una versión de Dunquerque, ya que se permitió a los familiares de los candidatos al exilio, que vivieran ya en los Estados Unidos y poseyeran medios de transporte marítimo, venir a tierras cubanas a recoger a sus parientes. Pronto hubo un intenso tráfico naval entre el puerto de Camarioca, cerca de La Habana, y los diferentes puertos del sur de la Florida. Tanto fue el flujo y reflujo de emigrantes y emigrados que el Gobierno prohibió esta forma de salida y adoptó la de vuelos por avión desde el pueblo-balneario de Varadero, a ciento treinta kilómetros de La Habana.

A los pocos días de anunciada la posible emigración en masa, estaba él en la terraza ocupado en su asunto de mirar a los viandantes con sus anteojos, cuando salió a su terraza Héctor Pedreira y le dijo:

–¡Que fenómeno, tú! Tú sabes que Remedios –de donde Héctor era oriundo– se suponía que era un bastión de la Revolución y es allí donde se han acabado los sellos de todas clases para ponerlos en las solicitudes de emigración.

–¿Sí? –fue todo lo que pudo decir él, usando de su cautela, ya que estaban al aire libre y Héctor Pedreira, al hablar, casi perifoneaba.

–Sí –dijo Héctor–, es un exilio en masa el que hay. Si sigue así se va a quedar el país sin fuerza de trabajo.

Esas fueron las palabras de Héctor, siempre usando los términos comunistas, que no dijo que el país se iba a quedar sin gente, como hubiera dicho otro cubano cualquiera. Había en Héctor una preocupación honesta por las posibles consecuencias de aquel éxodo para el país, pero al mismo tiempo por debajo de sus palabras había como una corriente de entusiasmo. Héctor tenía a su madre –que era su madre adoptiva pero a la que idolatraba– en el exilio, yéndose la pobre mujer, que era ya una viejecita, con el corazón destrozado por haberse dividido la familia y tenido ella que escoger entre unos hijos y otros. Héctor sabía que para él –un viejo comunista– no había exilio posible ni futura reunión con su madre, pero parecía que en el fondo se alegraba, vicariamente, de aquel éxodo masivo.

Siguieron hablando, Héctor contando casos individuales de gente de Remedios, que él conocía bien, que se iban en yates, en botes, en cualquier medio de locomoción marina. Le contó también un último chiste contrarrevolucionario en que se presentaba una hipotética entrevista entre Ramiro Valdés, el ministro del Interior, y Fidel Castro, ambos preocupados hasta la obsesión con el problema de qué hacer con los homosexuales, si internarlos en campos de trabajo –como se hizo finalmente en la realidad– o dejarlos sueltos en su mariconería. El comandante Ramiro Valdés le propuso entonces a Fidel Castro que la mejor solución sería deportar a los homosexuales convictos o confesos. A lo que respondió Fidel Castro: «Tú estás loco, Ramiro, ¡para que media Cuba se deje sodomizar!». Sólo que Fidel Castro no había dicho sodomizar sino una frase grosera.

Héctor y él se rieron mucho del chiste. Luego Héctor le pidió los anteojos para mirar a una mujer particularmente atractiva que iba por la acera del frente. Él se los prestó, pero inmediatamente salió Teresa como avisada y atrapó a su marido in fraganti: «¡Ah, sí!», dijo. «De manera que así es como tú coges aire en el balcón». Él se rio más con el incidente matrimonial que con el chiste anterior, y luego siguieron él y Teresa hablando, ella acusándolo a él de haberle corrompido a su marido con sus anteojos, en broma, y él contestándole, medio en serio, medio en broma, que dejara tranquilo al hombre, que el voyeurismo es la más tranquila de las prácticas sexuales –por supuesto que no habló así, sino que usó el lenguaje cubano corriente: «Deja a tu marido que se defienda rascabucheando, que eso no le hace daño a nadie».

El segundo de los hechos comenzó por una llamada de Carlos Franqui, seguida por otra de Pablo Armando. Franqui quería que ellos dos se reunieran urgentemente en su casa. Pablo Armando quería saber qué podía tener Franqui que comunicar con esa urgencia. Los dos acordaron que tal vez Franqui, alejado definitivamente de los circuitos de poder, se sentía solo. Decidieron ir juntos.

Cuando llegaron a su casa, Franqui estaba en el patio, esperándolos por supuesto. Se entretenía en cortar una alta caña que crecía en medio del patio y a comer los canutos con deleite de campesino. Inmediatamente y con su característico andar, que era un movimiento lento, casi de bamboleo, para llegar rápido a cualquier sitio, los hizo pasar al garage, donde estaba Castellanos, que era su chofer y guardaespaldas aunque en realidad era un pariente cercano. Franqui le pidió salir y ellos tres se quedaron en el garage, que, sin automóvil que guardar, parecía un hangar vacío. Después de una introducción de silencio, últimas cañas comidas y vaivén de la cabeza, Franqui les dijo:

–Ha ocurrido algo muy serio.

Ellos dos no dijeron nada, sino que esperaron a que continuara. Franqui se movió hacia la puerta del garage, miró a todos lados y regresó a su lado.

–Arcocha acaba de plantearle un ultimátum al Gobierno.

–¡Cómo! –dijeron los dos casi a dúo.

–Que Arcocha acaba de hacerle una carta a Fidel en que le plantea cosas que les conciernen a ustedes. Quiero decir, a nosotros.

Arcocha era Juan Arcocha, el agregado de prensa de la embajada cubana en París y amigo íntimo de ellos tres.

–¿Qué cosa hizo Juan? –preguntó Pablo Armando, que era el amigo más viejo de Arcocha entre los tres, todavía incrédulo.

–Le planteó su problema a Carrillo –Carrillo era el embajador en París– y le preguntó que qué pasaba con ustedes. Después exigió que se le dirigiera un informe no a Roa sino a Fidel Castro diciendo que él estaba dispuesto a venir acá cuando lo estimaran conveniente, pero al mismo tiempo anunció que estaba considerando renunciar y quedarse en París.

–¿Eso hizo? –preguntó Pablo.

–¡Ya tú sabes! –dijo él, copiando a su tío en su exclamación favorita: una que tomada fuera de contexto no significaba nada y en el momento era de lo más expresiva, sobre todo si se la oía decir.

–También dijo –continuó Franqui– que se le habían acercado agentes americanos para aconsejarle que pidiera asilo. Por supuesto que todo esto lo mandó Carrillo corriendo a Cuba, directamente a Celia, que fue quien habló conmigo.

Celia era Celia Sánchez, la secretaria, consejera, amanuense, ama de casa y amante de Fidel Castro. Era, en ese momento, el único contacto que tenía Franqui con el Gobierno, ya que hacía tiempo que no conseguía ver a Fidel Castro.

–¿Tú leíste el informe? –preguntó él.

–No –dijo Franqui–. Aparentemente lo tenía Fidel en su poder, pero Celia me habló extensamente. Parece que Fidel considera muy honesta la actitud de Arcocha, al mismo tiempo que está preocupado por las implicaciones que pudiera tener cualquier acto de Juan.

–Eso es candela –dijo él.

—Tremendo, tremendo, tremendo –dijo Pablo Armando.

—Bueno –dijo él–, ¿y que tú crees que pase, Franqui?

—Yo no sé. Por lo pronto se ha planteado el caso de ustedes a Fidel, que no creo que lo conociera antes.

—¿Tú crees que no? –preguntó él.

—No, esto es una cosa más bien al nivel de Piñeiro.

—Bueno –dijo él–, pero Roa estaba bien al tanto.

—¿Y tú te figuras que Roa iba a plantear tu caso en el consejo de ministros? –preguntó Franqui al tiempo que se respondía.

—No, yo nunca pensé tal cosa –dijo él–, pero me imagino que Roa debe haberle dicho algo a Dorticós. En todo caso es él el que quedaba en una posición desairada cuando me bajaron a mí del avión, después de haberme nombrado él mismo ministro en Bélgica.

—Eso es otra cosa –dijo Franqui–. Parece que Roa estaba encabronado con tu asunto y no hacía más que decir: «¡Y yo que mandé una corona y a mi hijo al entierro de su madre!», repitiéndolo todo el tiempo

—Ese es un impotente –dijo él.

—Cuidadito, cuidadito –dijo Pablo Armando, al tiempo que señalaba a su alrededor, a las paredes, como diciendo que ellas tienen oídos y boca.

—Bueno –preguntó él–, ¿y qué vamos a hacer ahora?

—Yo creo –dijo Franqui–, que tú te vas a poder ir y te vas a poder quedar en Europa. Claro que el exilio...

—¿El *exilio*? –preguntó él.

—Bueno –dijo Franqui–, es un decir. Vivir en Europa por tu cuenta es difícil, no creas.

—Más difícil me iba a ser vivir en Cuba –dijo él.

—Ya lo sé –dijo Franqui–, pero ahora se trata de que tú te quieres ir y al mismo tiempo no quieres pelearte con la Revolución. Esa es una posición difícil, aunque yo te recomiendo que la mantengas. Mira a Ehrenburg, cómo se quedó en París hasta que todo se le puso claro en Rusia. Ese es para ti un ejemplo a seguir.

Él iba a decir que consideraba a Ehrenburg un repugnante tipo para servir de ejemplo, pero no dijo nada.

–Lo importante –dijo Franqui– es que Fidel conoce el problema.

–Ya lo conocía Dorticós –dijo él.

–Pero no es lo mismo –dijo Franqui.

–No es lo mismo, no es lo mismo –dijo Pablo Armando, que tenía la manía de la repetición.

–Ahora hay que actuar con cautela –dijo Franqui–. ¿Has sabido algo más de Sabá?

–No –dijo él–. Lo que me confirma que él va a dar el salto alrededor del 3.

–¡Mierda! –dijo Franqui.

Hubo un alto en la conversación, luego Franqui dijo:

–De todas maneras, es muy bueno lo que ha hecho Arcocha. Ha llamado la atención al problema de ustedes y al mismo tiempo lo ha hecho bien. Ha conseguido portarse con lealtad para todos.

–Eso, eso –dijo Pablo Armando.

Los acontecimientos se encadenaban. Alberto Mora lo vino a ver al día siguiente. Había vuelto a hablar con Carlos Rafael Rodríguez y, aparentemente, también con Dorticós. Al menos así le dio a entender por teléfono.

–Hablé con Carlos Rafael y la cosa marcha bien. También hablé con Dorticós, pero por teléfono. Me dijo que ya Carlos Rafael le había hablado del problema y esto se va a resolver de un día al otro. Ahora, hay un problemita –dijo y se detuvo en esa frase. Él esperaba que siguiera y dijera cuál era el problemita, que a lo mejor se volvía un problemón. Pero Alberto siguió callado.

–¿Cuál es?

—Bueno —dijo Alberto y se rascó la sombra de su barba—, lo que te voy a decir es confidencial. Me han dicho de buena tinta que el Gallego —se refería al Comandante Piñeiro— está jodiendo en tu caso. Se le ha metido entre ceja y ceja que tú te quedes aquí.

—Me lo figuraba —dijo él.

—Pero no, espera. Se trata de saber si él va a tener más palanca que Dorticós.

—Yo no lo dudaría —dijo él.

—Pues dúdalo. Además de que tenemos al presidente de nuestra parte, está Carlos Rafael también. Y podemos llegar hasta Fidel si es necesario. Ojalá que no haya que llegar tan alto, que siempre trae problemas, pero yo creo, estoy convencido, de que ésta la ganamos. Pero hay otro problema...

—¿Cuál es el otro?

—Bueno, que te tienes que cuidar mucho desde ahora hasta que te vayas.

—¿Cuidar en qué sentido?

—Lo que hablas, lo que dices, con quien te reúnes. Todo eso. Tú lo sabes tan bien como yo.

—No, yo no lo sé —dijo él.

—Debías saberlo ya —dijo Alberto y se sonrió por primera vez, aunque sonreía con su sonrisa ladeada, que no era la suya cuando todo andaba bien.

—¿Qué tengo que hacer?

—Más bien qué no tienes que hacer. Ya te lo dije. Mira con quién andas...

—Y me dirás adiós —dijo él, sonriendo.

—No, no lo tires a chacota.

—Nunca he estado más serio.

—Tienes que estarlo, hasta exagerarlo, convertirte en el intelectual modelo.

—De manera que es un premio. Yo creía que era más bien un puente de plata.

–Tú no eres un enemigo importante. Ni siquiera eres un enemigo sin importancia.

Después la conversación derivó hacia los posibles modelos de comportamiento en el mundo comunista, pero él no oía a Alberto ya, sino que pasaba revista mentalmente a las áreas dónde pudiera saltar un problema escondido. Recordó que había visto a Pipo Carbonell dos veces en El Carmelo, mientras él esperaba a Silvia –y lo recordó más esa tarde cuando volvió a ver a Pipo sentado en una mesa con un teniente del ejército. «Pipo bien puede ser un agente del G2», se dijo y procuró, mientras esperaba, no mirar para su mesa. Le contestó el saludo, eso sí, y a la sonrisa de picardía de Pipo, que sabía qué esperaba él, respondió con otra sonrisa que parecía decirle que era cierto que él esperaba una mujer, pero que no era una aventura frívola. Él sabía que el otro sabía que él sabía y eso estaba expresado en su sonrisa. Luego vino Silvia y se fueron rumbo al 69.

Después, todavía en la cama, ella le dijo:

–Sabes, amor, tengo que decirte algo.

Él pensaba que se trataba de una cosa sin importancia y le dijo que se lo dijera. Pero ella dudaba.

–No sé cómo decírtelo. Debía habértelo dicho al principio

–¿Tiene que ver con el húngaro?

Eso había devenido Sandor.

Ella miró asombrada.

–No, te juro que no.

–¿Qué es entonces?

–Es algo importante. Quiero decir, que a lo mejor tú lo consideras importante –y se calló.

–Pero, ¿qué es?

–Bueno, te dije una mentira.

–¿Una mentira?

–Sí. Una mentira grande. De lo que soy.

De pronto le pasó por la cabeza la advertencia de Alberto Mora y una columna fría se estableció entre la boca del estomago y el escroto.

—¿De lo que tú eres? ¿Qué tú eres?

Recordó a la inocente, virginal, casi etérea novia de Rolando Escardó, que venía por la redacción de *Lunes* después de la muerte de Escardó y la vio el día en que le enseñó un reloj de muñeca que era el micrófono de una grabadora guardada en su cartera y lo que le dijo: «Me la regaló Ramiro», queriendo decir que se la había dado nada menos que el ministro del Interior, y la volvió a ver en un instante otra tarde en que subía por La Rampa, acompañada de otra muchacha con quien andaba siempre y dos extranjeros, que se hicieron evidentes sudamericanos cuando él se acercó para oír que ella le decía: «Ahora trabajamos —se refería a ella y a su amiga— para el Instituto de Amistad con los Pueblos». Y pensó ahora, esa tarde en que Silvia quería contarle un secreto, que ese secreto era que ella era una agente también, probablemente asignada a vigilarlo a él, tal vez dedicada a grabarle sus conversaciones —y en un instante pensó en todas las entrevistas que habían tenido y en las posibles conversaciones y en los secretos desvelados y en los momentos grabados, y todo eso se reflejó en su cara, porque ella le dijo, con susto en la voz y en la mirada:

—¿Qué te pasa?.

—Nada. Estoy esperando. ¿Qué tú eres?

—Bueno, no soy tu hija. No puedo ser tu hija, porque no tengo dieciocho años sino veintiuno. Ya lo sabes, carajo.

—¿Y ese es tu secreto? —preguntó él, incrédulo.

—Sí, ese era mi secreto. Me jode no ser tu hija.

Y él se rio como no se había reído en mucho tiempo, con la alegría con que no se había reído desde la muerte de su madre. Se rio no alto sino bajo pero alegremente, aliviado, devuelta la confianza en el género humano en general, y en particular en las mujeres –y más aún, más cerca, en esta muchacha mejor dicho: esta mujer.

–¿Qué te pasa ahora? –preguntó ella–. ¿Por qué esa risa?

–Me alegra.

–Sí, te alegra, pero a mí me jode.

–Estoy alegre. ¿Qué quieres?

Y la besó como no lo había hecho nunca, besando todo su cuerpo empezando por la boca bien dibujada que le había dicho lo que había dicho y terminando por el oscuro pubis pequeño, casi infantil. Volvió a reírse.

–De manera que veintiún años –dijo.

–Sí, ya sé –dijo ella–. Hice mal en decirte otra edad. Yo que te había dicho toda la verdad, cometí ese error. ¿Me perdonas?

–Claro que te perdono que no puedas ser mi hija.

–¿Te sientes más joven?

–No me siento: ahora soy más joven.

–Y yo más vieja. ¡Mierda!

A él, que detestaba a las mujeres diciendo malas palabras, le encantaba que ella las dijera y ahora más que antes. Casi estuvo tentado de pedirle que dijera más malas palabras, que repitiera las menudas obscenidades que le había dicho en todos esos días juntos, todas ellas juntas, para oírlas. Pero eso sería perder el tiempo y ahora se trataba de ganarlo. Encima de ella ahora, volvió a besarla de arriba abajo.

Él vio el hecho de que ella no fuera una agente un triunfo sobre Piñeiro, sobre el G2, sobre todo el aparato represivo del régimen: un triunfo de la carne sobre la Revolución –y lo consideró un buen augurio. Más que los cálculos de Franqui, más que las acciones de Alberto Mora, esta victoria de esa tarde lo convenció de que se iría, de que se le escaparía al enemigo –y esto lo llenó de una tristeza especial: tendría que dejar a Silvia detrás. Pero al mismo tiempo lo alegró, ya que siempre había pensado que un amor trunco es más grande que un amor completo, que su irrealización le confiere otra dimensión, que junto al amor está el recuerdo del amor. Y aunque ahora se sentía lo suficientemente adulto como para no pensar que el recuerdo de las cosas era mejor que las cosas mismas, sabía que atesoraría el recuerdo de Silvia más allá de lo que durara el amor por ella y que el amor trunco duraría más que un amor realizado, que esta misma escritura del amor y un amor lo probaba.

Por fin se había muerto el padre de Virgilio Piñera. Ciego y muy viejo, la familia y sobre todo Virgilio esperaba que se muriera para descansar todos de una carga que se hacía día a día más pesada. Por supuesto que Virgilio no dijo esto, ni siquiera lo admitiría, ya que odiaba a la muerte más que a nada, él, Virgilio Piñera, un hombre sin odios. Pero el alivio que significó la muerte del viejo se vio en el velorio. Asistieron mucha menos gente que al velorio de su madre, de la madre de él, de Zoila Infante, pero todos los que estaban en la funeraria modesta habían estado en la otra funeraria el día que él volvió. Ahora, en vez de la pesada carga del dolor, había en este velorio mucho de lo que recordaba de los velorios del pueblo, de los legendarios velorios cubanos, aunque faltara el café y faltara el chocolate y faltaran las galletas –sobraba la conversación.

Él estuvo un momento en la capilla de arriba y enseguida bajó con Virgilio al portal, donde se sentaban todos los amigos y se hacía una tertulia literaria como en los buenos tiempos de *Lunes*. Pablo Armando, que seguramente habría llorado en el otro velorio, el de su madre, ahora hacía cuentos de Londres que eran más amenos y más cómicos que si hiciera chistes. Franqui se veía alegre (luego supe que él tenía otras razones: de eso se hablará más tarde). Antón Arrufat conversaba sobre literatura con su pericia de siempre. Calvert Casey perdía su tartamudez pública y compartía con todos la risa y la conversadera. Fue un buen velorio.

Fue a ver a Carmela. Se sentía un poco culpable con ella, como se sentía muy culpable con Miriam Gómez, pensando que estaba ahora por la mañana hablando con su madre y luego, por la tarde, estaría encerrado con Silvia en el apartamento de Rine. Sin embargo eran unas culpas leves, comparadas con otras culpas de antes, porque sabía que su relación con Silvia estaba condenada a tener un fin y aun si Miriam Gómez se enterara de todo –lo más probable es que él de regreso de Cuba se lo dijera todo: eso fue lo que hizo– no sería lo mismo porque había sido un amor confinado. Pero él no le podía explicar esto a Carmela, pues la madre de Miriam era muy simple y directa para comprenderlo. Ahora, conversando con ella, tenía la impresión de que ella lo sabía, pero no estaba seguro: lo más probable es que su sentimiento fuera otra expresión de la culpa.

Carmela, aquel día, había insistido mucho en que hiciera regresar a Miriam, que tenía ganas de verla, que necesitaba tenerla cerca: era su hija más joven. Él luchaba por erradicar este sentimiento de la mente de Carmela explicándole que Miriam no podía volver a Cuba, que, aun si él quisiera, hacerla volver sería matarla, que Miriam Gómez no resistiría un día, una hora del día, un minuto, la situación que había en Cuba, pero Carmela no parecía darse cuenta de esto y solamente pedía que regresara, insistía en su regreso, le rogaba que la hiciera regresar. Esta conversación duró casi toda la mañana y cuando salió llevaba la impresión de que la madre de Miriam no estaba bien, que de alguna manera Carmela había perdido toda noción de la realidad, que su petición no resultaba absurda para ella porque simplemente Carmela había enloquecido un poco. Se fue para su casa triste ante esta revelación: siempre lo entristecía la locura como entristece un destino.

Alberto Mora lo esperaba con una noticia.

–Hablé con Dorticós –dijo.

–¿Y qué?

–Todo está arreglado. Para evitar problemas me fui a ver a Ramirito. Hablé con él sobre tu permiso de salida. Me dijo que te lo darían enseguida. Te va a llamar Varona de Inmigración para tomarte las generales. ¿Qué te parece?

–Me parece muy bien. Si no se interpone Piñeiro.

–No se meterá en esto. Tú sabes que le pregunté a Ramirito que si quería tu número de teléfono y me dijo: «No hace falta. Nosotros lo tenemos. ¿Tú crees que somos el ministerio del Interior por gusto?». Eso fue lo que me dijo.

Alberto se sonrió con su sonrisa ladeada. Él también se sonrió, pero todavía pensaba en Moyzisch.

Enseguida llamó a Carlos Franqui para decirle su conversación con Alberto Mora. Franqui le aconsejó que fuera enseguida al ministerio de Relaciones Exteriores, a apresurar la emisión de sus pasaportes. Él dijo que iría al día siguiente y como había olvidado preguntarle a Alberto lo llamó a su casa para saber si sabía algo acerca de los pasaportes. Alberto le dijo que Dorticós personalmente iba a comunicárselo a Roa. Entonces decidió posponer el viaje al ministerio para el día siguiente. Antes, hoy, tenía que hacer algo apremiante: hablar con Silvia.

Esperó esa tarde a estar en la cama. Mientras en la sala sonaba el único disco una vez más, se volvió hacia ella y le dijo:

–Me voy.

–¿Cómo?

–Que me voy. Regreso a Europa.

Por un momento ella trató de bromear:

–¡Coño, yo creía que te ibas de aquí!

–No de aquí. De Cuba.

–Silvia –dijo Silvia–, no te casarás con un hombre chiquito, prieto y que fume tabacos.

–En serio, me voy.

327

Ella no dijo nada. Ni siquiera se mordió el labio inferior como hacía a veces. Después habló.

–¿Cuándo te vas?

–No lo sé todavía. Puede ser la semana que viene. O la otra más arriba. O tal vez antes. No sé.

–Bueno, no me hables más de eso –dijo ella y lo besó.

Pero luego, para lograr su orgasmo, ella le rogó:

–¡Por favor, dime que yo soy tu hija! ¡Dime que yo soy tu hija! Adóptame, llévame contigo, por favor.

Fue la primera vez que tuvo pena de ella. La segunda vez fue cuando decidieron ir al cine. Ella quería ver *Algunos prefieren quemarse*, que no lo había visto. Quería sobre todo ver a Marilyn Monroe. Así salieron temprano de casa de Rine y subieron por la Avenida de los Presidentes hasta el cine Riviera. Pero no pudieron ver la película: ella sintió tal tristeza ante la imagen de Marilyn Monroe, viva entonces en la pantalla pero en realidad muerta, que comenzó a llorar, primero silenciosamente, luego un llanto desconsolado y sonoro. Salieron del cine, ella con los ojos rojos, enjugándose las lágrimas mientras a sus espaldas el público se reía con Jack Lemmon y Tony Curtis. Ella dijo que la perdonara, que no sabía lo que le había pasado. Pero él sabía por qué lloraba ella.

Fueron a El Carmelo, en parte porque él quería comer algo, en parte porque tenía ganas de reunirse con sus amigos y anunciarles su viaje. No debía hacerlo todavía, pero algo lo impulsaba a dar la noticia: no sabía qué. Luego, unos días más tarde, comprendió que una parte suya no quería dejar Cuba.

En El Carmelo estaba Virgilio Piñera en su primera salida después de la muerte de su padre. Le presentó a Silvia y Virgilio, sonriendo, dijo:

–Who is Silvia? What is she?

Y Silvia le respondió:

–Silvia is she and she is in love.

Virgilio sonrió más aún, fumando de su cigarro mientras hacía gestos como de aplaudir.

–Muy bien, querida –dijo.

Ella estaba aceptada.

Después se reunió el grupo de siempre: Sarusky, Walterio Carbonell, Arrufat y Oscar Hurtado. Cuando él dijo que regresaba a Europa, que posiblemente se establecería en España hasta la salida de su libro y tal vez viviría allí un año o dos, Hurtado le dijo: «Me parece muy bien. Procura irte a vivir a Salamanca». Lo conmovió la ingenuidad de Hurtado, no sólo porque hubiera puesto a Salamanca como su destino, pensando con una cabeza contemporánea de Unamuno, sino porque sentía que los engañaba a todos: ya él sabía que de irse no regresaría jamás a Cuba. A todos, es decir, menos a Silvia: ella sabía y fue tal vez por lo que esa noche estuvo más alegre que nunca. Decidió que mientras pudiera no se separaría de ella.

Al día siguiente fue con ella a casa de Franqui, que no estaba ahí sino en casa del pintor Mariano. Caminaron hasta su casa, que estaba a unas pocas cuadras de la casa de Franqui, y desde que entró se dio cuenta de que Celeste resentía su visita con Silvia. Era curioso estas esposas de bohemios y revolucionarios que reaccionaban como buenas burguesas. Silvia se dio cuenta porque enseguida Celeste empezó a hablar de pintura y en un momento mencionó el nombre de Picasso y se volvió a Silvia, diciéndole: «Tú sabes, Picasso», casi deletreando el nombre. Luego Silvia, por la noche, recordaba el incidente y decía: «Casi me dieron ganas de decirle: ¡no me jodas!».

Había ido al ministerio por la mañana y ya Arnold sabía de la orden venida de arriba que se le concedieran pasaportes y pasajes hasta Bélgica, para él y sus dos hijas, como habían sido los originales pasajes del mes de junio. Arnold sin embar-

go añadió: «Tú sabes, no van a ser pasaportes diplomáticos».
A lo que él casi respondió que nada podía alegrarlo más.

Al otro día volvió al ministerio con las fotos propias, de
sus hijas y las dos pequeñas fotos de Miriam Gómez cuando
tenía diecisiete años, que sentía en sus manos como un ta-
lismán.

Tuvo una revelación de Silvia. Tuvo dos más, que lo dejaron pensando, sobre todo la última, irónicamente en cómo
la vida se empeña en imitar al arte, si es que se puede llamar
arte a un relato. En todo caso en cómo la vida copia a la literatura.

Estaban en El Carmelo, de pie, a la entrada de la calle D,
a punto de irse para casa de Rine, cuando pasó un muchacho o un hombre muy joven y Silvia lo saludó cariñosamente. Después se volvió hacia él y dijo: «Mira, este es mi primo». Él lo saludó brevemente y el otro se fue. No hubo más
nada, pero pasó que el muchacho era un evidente mulato,
más bien casi un negro, y entonces él se dijo: «De manera
que ella tiene sangre negra». Lo que no lo parecía: sí era
cierto que ella era muy trigueña, casi morena, con sus labios
oscuros y sus ojos negros, pero su hermana era muy blanca,
y no fue hasta que ella le presentó a su primo que pensó que
ella era en realidad una mulata –aunque muy diferente de
Cecilia Valdés. Este conocimiento no le molestó en absoluto,
pero fue como saber que no tenía dieciocho sino veintiún
años: una revelación.

La otra pasó dos días después o tal vez tres. Fue cuando
ella se rio particularmente alto, a carcajadas, que le vio los
dientes por primera vez. Ella tenía, como él, el labio superior
muy largo y siempre se sonreía en vez de reírse o reía con el
labio ocultándole la dentadura. Pero la vio y vio que le faltaban varias muelas, tal vez dos, y que los dientes superiores
los tenía manchados de amarillo, no manchas de nicotina,
sino de un amarillo enfermo, como si los dientes hubieran

perdido el esmalte. Él cometió la torpeza incalificable de decírselo y de decirle que fuera al dentista, que eso se arreglaba. Pero a ella pareció no gustarle, no sólo que él la mandara al dentista, sino que se hubiera dado cuenta de que sus dientes no correspondían con sus bien dibujados labios, que la suya no era boca perfecta.

Pero estas revelaciones no afectaron para nada su relación.

Alberto vino a buscarlo para ir a ver a Enrique Oltusky, que acababa de salir de la prisión –ellos, los revolucionarios, lo llamaban el castigo, pero un castigo que se parecía demasiado a una condena sin juicio: estuvo cuatro meses en Isla de Pinos, haciendo trabajos forzados y al principio junto con los presos. Fueron en el VW de Alberto (que no era de él sino del ministerio del Azúcar) hasta una casa en el Nuevo Vedado. Parecía como si Oltusky acabara de mudarse, pero en realidad hacía tiempo que vivía allí. Cuando entró lo sorprendió la casi total ausencia de muebles, las cajas de madera regadas por aquí y por allá que debían contener el mobiliario o baterías de cocina y que más bien parecían no contener nada. Además, a la casa le faltaban los cristales en muchas ventanas, pero no parecía que se hubieran roto sino que nunca hubieran sido puestos.

Oltusky estaba en un cuarto que explicó –o por lo menos él creyó oír que había explicado– que sería su estudio. Pero a este también le faltaban los cristales de las ventanas y, si la memoria no lo engaña, recuerda que las ventanas estaban tapadas con tablas. Pero esto no es lo importante, lo importante es que Oltusky los recibió sonriendo con su sonrisa de siempre, sin aparentar el más mínimo rencor por haber estado preso todo ese tiempo, sin haber tenido ninguna culpa. (De hecho se decía que Oltusky estaba preso por rencor de Fidel Castro, a quien le había predicho un desastre en un plan agrícola que Oltusky dirigía, predicción que se cumplió, pero fue Oltusky quien cargó con la culpa del desastre. En realidad, Oltusky, como Alberto Mora, como el mismo ministro del Azúcar, Borrego, eran hombres que estaban condenados a tener en ese tiempo trabajos subalternos y dificultades en Cuba tan sólo por haber pertenecido al grupo gobernante que dirigía el Che Guevara). Oltusky mostraba ahora la misma disposición optimista, la misma bondad y la misma sencillez que había mostrado cuando fue nombrado, en 1959, ministro de Comunicaciones a la edad de veinticuatro años. También Oltusky se mostraba tan adaptado a los vaivenes revolucionarios, como se había aplatanado, cubanizado a pesar de haber nacido en Polonia o en Rusia y de ser judío.

Ahora charlaban en su cuarto, sin hacer referencia ninguna a su próximo castigo. Alberto era quien hablaba más, con Oltusky siempre sonriente y él permaneciendo callado. Alberto revelaba que él también se iba a Europa, después de decir que acá, él, se iría primero, dentro de unos días, pero que él, Alberto, lo seguiría en muy poco tiempo, ya que iba a París a estudiar economía enviado directamente por el presidente Dorticós. Era la primera vez que él oía esto y casi se sorprendió en alta voz, pero estaba tan interesado en observar la reacción de Oltusky que no hizo ningún comentario.

—¿Así que te vas? Quiero decir, se van.

—Bueno —dijo él, hablando por primera vez—, yo tengo que regresar a Europa. Allá esta mi mujer, Miriam Gómez.

Oltusky no entendió el argumento y parecía que iba a decir que Miriam Gómez bien podía regresar a Cuba, más fácilmente que él ir hasta Europa. Pero no dijo nada. Fue Alberto el que habló, casi corrigiéndolo a él:

—Él también se va porque su libro va a salir ahora en España.

—Ah sí —dijo Oltusky, más por cortesía que por interés.

—Sí –dijo él–, va a salir en Barcelona dentro de unos días.

—Me alegro mucho –dijo Oltusky.

—Bueno –dijo Alberto–, lo importante es que esté allá para cuando salga.

—Sí, claro –dijo Oltusky y no dijo nada más.

—¿Y qué te parece mi viaje? –preguntó Alberto, quien parecía o no muy decidido a viajar o jugar con una idea nueva.

—A mí me parece bien –dijo Oltusky–, ahora que yo creo que tú eres más necesario acá.

—¿Necesario? ¿Qué estoy haciendo yo ahora? ¡Nada! Mejor me voy por un tiempo.

Hubo un silencio casi penoso, que Alberto se encargó de romper enseguida.

—¿Por qué no te vas tú también? –le preguntó a Oltusky.

—¿Yo? No, qué va –dijo Oltusky sonriendo–. Yo estoy sembrado aquí.

A él le sorprendió que en tan poco tiempo Oltusky hubiera cogido no sólo los dichos guajiros sino que hasta su entonación era campesina. Después recordó que Oltusky era de Las Villas. Debía haber regresado al campo con el castigo.

—¿Y qué vas a hacer ahora? –le preguntó Alberto.

—Yo no sé –dijo Oltusky–. Tal vez vaya a trabajar con Faustino –Faustino era Faustino Pérez, el ministro de Recursos Hidráulicos, otro miembro, como Enrique Oltusky, del primitivo Movimiento 26 de Julio, ambos acusados, junto con Marcelo Fernández, el nuevo ministro de Comercio Exterior, y Armando Hart, el ministro de Educación, de ser miembros del ala derecha del Movimiento 26 de Julio. Pero si Faustino Pérez y Marcelo Fernández ocupaban de nuevo cargos en el Gobierno, sus antiguos pecados olvidados, aquellos miembros del 26 de Julio o del Directorio Revolucionario que pertenecieron al grupo del Che Guevara, como Alberto Mora y Enrique Oltusky, estaban definitivamente caídos en desgracia–, hace falta gente en los asuntos hidráulicos –continuó Oltusky y entonces él recordó que Oltusky era ingeniero de profesión–. Pero todavía no sé –terminó de decir, sonriendo con su sonrisa bonachona de siempre y mirando con sus curiosos ojos miopes detrás de los gruesos espejuelos claros.

–Pues yo me voy a estudiar –dijo Alberto.

–El que se aleja de Cuba se aleja de la Revolución –dijo Oltusky sin darse cuenta de que había hecho un aforismo.

–No es verdad –dijo Alberto enseguida–. Mira, acá se nos va bien pronto y eso no lo hace contrarrevolucionario y Adrián García Hernández vive en Madrid hace ya dos años y no es un contrarrevolucionario.

–Yo no dije que el que se fuera era contrarrevolucionario –respondió Oltusky y él entendió que aquella aclaración era en beneficio suyo–. Lo que dije es que el que se va de aquí se aleja de la Revolución y esto es verdad.

–No necesariamente, no necesariamente –dijo Alberto, sonriendo. Entonces él se dio cuenta que repetir una frase no era privilegio exclusivo de Pablo Armando Fernández, sino algo muy cubano.

–A no ser que estés de diplomático –dijo Oltusky–. Y así y todo –agregó y no concluyó la frase.

–Los diplomáticos viven extraterritorialmente –dijo él por intervenir en la conversación y no acatar la acusación con su silencio–. Quiero decir que aun viviendo en el extranjero están en territorio cubano.

–Más a mi favor –dijo Oltusky y esta frase le reveló a él el carácter esencialmente infantil de la conversación entre Oltusky y Alberto. Es más, pensó, los cubanos todos somos bastante infantiles. ¿Una falla en el carácter?

–Al menos, eso creo yo –agregó finalmente Oltusky, casi disculpando, como si creer en su aforismo no significara insultar a los presentes.

—Pues yo no lo creo —dijo Alberto, siempre pugnaz—. No lo creo en absoluto.

—Yo tampoco —dijo él y sintió que Oltusky, con sus ojos miopes, podía ver a través de él y ver que él decía mentira, que ya, aun antes de salir de Cuba, se sentía contrarrevolucionario.

—Bueno, tal vez en el caso de ustedes —dijo Oltusky, conciliador— no sea así. Pero yo siento que no me puedo ir de aquí ni por cinco minutos. No me iría por todo el oro del mundo. Ahora mismo, que he estado alejado por un tiempo de La Habana —era la primera vez que aludía a su prisión—, siento que me he perdido un poco de lo que está pasando. Y eso que alejarme fue adentrarme en otros problemas revolucionarios, los del campo y la agricultura práctica. Pero, con todo, siento que no me puedo alejar de aquí porque pierdo mi centro.

Alberto movía la cabeza de arriba abajo y sonreía: parecía que él, que había combatido tanto por el cambio por tanto tiempo, estaba ahora en entredicho. Se veía que no respondía acremente a las palabras de Oltusky simplemente porque era este quien las pronunciaba.

—Bueno, caballeros —dijo Oltusky, cambiando la conversación—, no les brindo café porque no hay. Pero si quieren tomar un vaso de agua —añadió y se sonrió. Era evidente que agua era lo único que había en casa de Oltusky en abundancia.

«Tienes suerte», iba a añadir él. «Hay muchas casas en La Habana donde también escasea el agua». Pero no dijo nada.

Fue a ver a Gustavo Arcos para decirle que parecía que al fin se iba. No quería regar mucho la noticia en ciertos sitios, aunque en otros creía él que convenía. En cuanto a Gustavo tenía que decírselo antes de que se enterara por otros medios.

—¡Vaya, me alegro! Bueno, Caoba, así que te vas.

Gustavo lo llamaba Caoba cuando estaba de muy buen humor. Había cogido el nombre de una novela americana del siglo pasado con tema sobre las guerras de independencia cubanas y llamada *Caoba, the Guerrilla Chief*. La novela, una primera edición de ella, había venido a parar a las manos de Gustavo en Bélgica, enviada por un amigo de la embajada. Finalmente, Gustavo la hizo llegar a la Biblioteca Nacional, pero el título se le había quedado como un apodo amistoso para él.

–Ajá –dijo él, entendiendo la frase de Gustavo como una pregunta.

–Por cierto, estaba por llamarte. El domingo vamos a comernos un lechón asado en puya en Santa María del Mar. Lo asan Universo Sánchez –que era un conocido comandante del 26 de Julio– y otros amigos –Gustavo siempre decía amigos y no compañeros, lo que le gustaba a él–. ¿Quieres venir con nosotros?

Él no lo pensó sino que dijo:

–No, lo siento, pero no puedo. El domingo tengo que visitar a unos parientes –había elaborado enseguida esta mentira porque no quería ir con Gustavo a la comelona: creía que estas reuniones perjudicaban a Gustavo, aunque no se atrevía a decírselo para no dar lugar a malentendidos. Y así fue en efecto: entre las acusaciones dirigidas contra Gustavo Arcos meses después, estaba la de dolcevitismo, que quería decir que los así acusados se entregaban a la dulce vida en medio de las dificultades de la Revolución.

–Qué lástima, cará –dijo Gustavo–. La ibas a pasar muy bien.

–¿Tan bien como con Rebellón?

Gustavo se rio, comprendiendo la alusión.

–No, qué va. Eso fue una lata.

–Y esto es una comelata –terminó de decir él. Gustavo se rio con ganas, como siempre se reía de sus chistes sin echárselos jamás en cara.

–No, en serio: no puedo ir.

—Bueno —dijo Gustavo—, tú te lo pierdes.

—¿Quieres algo para Bélgica?

—Bueno, supongo que nos vamos a ver antes de que te vayas.

—Sí, claro. Por supuesto que sí.

No notó ningún cambio en la actitud de Silvia, excepto por el llanto en el cine —y eso bien podía ser amor por Marilyn Monroe o tal vez odio a la muerte. Ella siguió yendo a sus encuentros como siempre. Una o dos veces se retrasó y él dio vueltas intranquilo entre El Carmelo y la parada de ómnibus. Pero, como le dijo ella, la culpa era siempre de la guagua, que no venía.

Pero ahora ella parecía preocupada.

—Tengo que decirte algo —le dijo al llegar.

—¿Qué, otra revelación?

—Bueno, el que ha hecho revelaciones últimamente eres tú, no yo.

—Está bien. Tienes razón. ¿Qué pasa?

Todavía caminaban por el parque rumbo al edificio donde vivía Rine.

—Nada.

—No, dime qué pasa.

—No tiene importancia.

—Sí la tiene. Lo veo en tu cara.

Ella dio algunos pasos sin hablar.

—Bueno —dijo finalmente—, la regla no me ha bajado. Estoy atrasada ya tres días.

Él sintió la gravedad de su revelación. Si ella estaba en estado, era una complicación seria. No grave, como al principio de la Revolución, que perseguían a los médicos que hacían abortos, pero sí era serio porque todavía era difícil hacer abortar. Él sabía que si todo iba bien no tendría tiempo de ocuparse de ella como era debido. Además de que por naturaleza siempre le hurtaba a estas complicaciones.

–¿Tú estás segura?

–Claro que estoy segura –dijo ella y añadió–: pero no te preocupes.

–¿Cómo no me voy a preocupar?

–No, no te preocupes que esto lo arreglo yo sola.

–¿Tú has estado en estado antes?

–No, jamás, y ni siquiera sé si estoy en estado. Estoy solamente atrasada.

–Vaya, qué casualidad.

–¿Por qué casualidad?

–No, por nada.

–No es una casualidad sino una consecuencia.

–Bien dicho –dijo él y la besó.

Dos días después la alarma se probó falsa y él quiso celebrarlo a su modo: bañándose, literalmente, en su sangre. Con la sangre saliéndole de la boca, goteándole por los labios, él le sonrió a ella, que exclamó:

–¡Qué horror!

A lo que él respondió:

–Soy el Conde Drácula y tú eres mi Transilvita.

Ella se rio aunque él no creía que ella conociera la Transilvania. Iba ya a explicárselo cuando se acordó que su Transilvania quedaba en Hungría.

Ella le dijo algo revelador al fin de la tarde, esa noche, después de haberse bañado, cuando él se ponía la ropa, mientras ella se maquillaba los ojos. (Él había observado cómo le cambiaban los ojos cuando ella perdía el negro que se ponía alrededor de los parpados, mientras hacían el amor, que sus ojos perdían su definida calidad de ojos de hurí y en vez de ser una ninfa era una niña: tal vez era por eso que lo único que ella se maquillaba eran los ojos. Otra vez, cuando los estaba maquillando, él le preguntó que dónde conseguía el maquillaje ahora y ella se sonrió un momento. Fue por esta sonrisa que no creyó en su explicación: «Se lo traen a mi hermana –le dijo–, gente en el ministerio que viaja». Pero a él le pareció que más bien se lo había conseguido ella a través de alguna embajada donde tenía amigos: fue por esto que no insistió en la explicación). Ahora se maquillaba con cuidado los ojos y él pasó por detrás de ella rumbo a la ducha –a lavarse las manos, tal vez, o a mojarse el pelo: no recuerda. Recuerda sí que tenía que moverse entre ella frente al espejo y el bidet y la taza al otro lado, por lo que pasó rozándola y, como ella estaba de pie, inclinada la cabeza hacia delante y el cuerpo hacia atrás, tal vez para evitar el roce del vestido con el lavabo, él tuvo que rozarla mucho, frotando su bragueta contra el trasero de ella, y para pasar con cuidado la tomó por la cintura mientras pasaba. Ella entonces se volvió y le dijo: –Así mismo, tú sabes, me rozó mi padre el otro día. ¿Qué te parece?

Él no pudo menos que tirarlo a broma:

–Incestuoso anciano –dijo.

–No, él no es ningún anciano –dijo ella.

–Es un decir, es un decir –dijo él, recordando a Pablo Armando y a Alberto Mora. Pero no dijo más sino que pensó en sus palabras y no supo si considerar incestuoso al padre –o a la hija.

Hacía días que por la ciudad corría un rumor: Walterio Carbonell tenía problemas. («Tener problemas» significaba tener problemas políticos y estos, a su vez, se traducían en tener problemas con la policía: no con la ley ni con la justicia, ya que ambas no existían más, sino con la policía y esta policía era la única policía posible: la policía política. Walterio Carbonell tenía problemas con la policía política). El rumor se precisó cuando le dijeron qué había hecho o dicho Walterio Carbonell.

Sucedió que el Instituto de Amistad con los Pueblos (o tal vez otro organismo similar) invitó a un grupo de industriales –industriales no intelectuales– franceses a visitar a

Cuba. En el programa de visita estarían viajes a granjas colectivas, a centros de educación, a organismos científicos y, tal vez, una que otra incursión a los posibles predios industriales, exiguos pero existentes. Pero también (y no causaba sorpresas o las causaba apenas) una reunión en la Casa de las Américas. Nadie sabía qué hacían los industriales franceses en la Casa de las Américas y mucho menos se sabe cómo supo Walterio Carbonell de esta ocasión. Lo que se sabe es que Walterio estaba entre el público –aparentemente la visita tomó carácter teatral– y que pidió la palabra. (La visita se convirtió en asamblea o tal vez la forma de asamblea estaba incluida en el programa). Walterio procedió a explicar a los industriales franceses (siguiendo, al parecer, el modelo adoptado) que en Cuba no todo era rosado –como evidentemente le habían hecho ver o dicho sus predecesores. Había problemas y uno de estos problemas, tal vez el más grave, era el de la libertad de expresión. En este momento, cuando Walterio pronunció la frase «libertad de expresión», el intérprete cubano se negó a seguir interpretando a Carbonell para los franceses. Pero Walterio –que no por gusto había pasado su exilio antibatistiano en París– ni corto ni perezoso procedió a proseguir hablando en francés pero diciendo las mismas cosas que había dicho en español –o mejor dicho, continuando lo que había dicho antes. Habló del viejo secuestro de *PM* hacía cuatro años como punto de partida de la clausura de *Lunes de Revolución*, de la supresión del grupo El Puente y de otros escollos parecidos que la Revolución se había encargado de eliminar en vez de navegar alrededor de ellos, como fácilmente podía haber hecho. Walterio habló más y mejor, entre las llamadas al orden de Harold Gramatges, que presidía el acto (no, como pudiera pensarse, como músico, sino como ex embajador de Cuba en Francia), y las amenazas (ambas en español, según parece) de Retamar, que le anunciaba a Walterio inevitables consecuencias. El acto

terminó de alguna manera y la alharaca de Harold y de Roberto (Retamar) llegaron a la dirección de la Casa de las
Américas, donde Ada Santamaría (hermana de Haydée: los
hermanos de Haydée Santamaría tienen todos nombres que
comienzan con A –Aldo, Abel, etc.– excepto Haydée y es
porque sus padres pensaron que Haydée se escribía, naturalmente, Aidé) amenazó con llevarle el G2 a casa de Walterio
o llevar a Walterio al G2, que de ambas maneras puede ser.
No se sabe lo que dijo Haydée Santamaría, pero todo el
mundo sabía que Walterio Carbonell tenía problemas. Así
lo supo él.

No vio a Walterio en muchos días: ya hacía muchas
noches que no iba por El Carmelo. Pero un día apareció y
caminaron él y Walterio unas cuantas cuadras por la calle
Línea y el resto por la Avenida de los Presidentes. Iban
acompañados por Antón Arrufat, Oscar Hurtado y Jaime
Soriano. (Él cree que Hurtado y Soriano lo acompañaban
pero no está seguro, está seguro, sí, de que iba Antón Arrufat). Recuerda que se sentaron a conversar en la avenida –no
frente a su casa sino más arriba: en el paseo que comienza en
la calle 25, frente al edificio Palace y el albergue estudiantil,
pero no frente a su casa: no cree que haya habido un desig-
nio expreso en sentarse un poco lejos de su casa, pues lo
habrían hecho mucho más lejos, pero de alguna manera él
recuerda esta separación como auxiliar de la conversación
que sostuvo con Walterio Carbonell.

Durante el trayecto (no recuerda por qué no lo hicieron
en El Carmelo), Walterio le contó lo que ya sabía: su extraña
aventura en la Casa de las Américas y las posibles consecuencias, que todavía no conocía. (Walterio Carbonell no
iría a parar a la cárcel en esa ocasión sino tres años más tarde
y por otras razones: acusado de tratar de organizar en Cuba
una versión del Poder Negro. Sí lo llevaron a juicio en la
Unión de Escritores, de donde fue expulsado finalmente).

Él dijo que aunque estaba de acuerdo con Walterio no estaba de acuerdo con su método: él creía que de estar en Cuba había que estar lo más callado y quieto, lo más quedo posible. Había que presentar el más bajo de los perfiles y, si no se podía soportar la situación, irse. Walterio dijo que él estaba más o menos de acuerdo él, pero que no se podía ir a ninguna parte. ¿Por qué no París?, preguntó él. A lo que respondió Walterio: ¿Qué voy a hacer yo en París? Queriendo decir de qué iba a vivir o cómo iba a vivir o cuánto iba a vivir en París. Él respondió que no lo sabía, pero si él, Walterio, había vivido antes en París no veía por qué no lo podía hacer ahora. Las circunstancias eran otras, respondió Walterio. Él recomendaba la mayor cautela posible, ya que presentía que se presentarían problemas terribles para todos y recomendaba hacer lo que había recomendado mucho antes, cuatrocientos años antes, Francesco Guicciardini (él no recuerda si mencionó a Guicciardini entonces: tal vez lo conoció o conoció lo que este dijo, después, pero recuerda haber dicho algo parecido: en todo caso habló de ser cauto y de no enfrentarse al aparato represivo de la Revolución, sino callarse y huir en la mejor ocasión posible: de esa noche recuerda que Antón Arrufat parecía no estar de acuerdo, pero Soriano, en silencio, mostraba su acuerdo absoluto).

Hablaban bajo para que el eco que producen los edificios altos en esa parte de la avenida no aumentara las palabras, pero no hablaban muy bajo no fueran a hacerse sospechosos. Recuerda él la tristeza de la conversación, el desamparo que mostraba Arrufat y la clase de estoicismo que hacía, en ese momento, un héroe de Walterio Carbonell.

(Hay que relatar aquí, aunque no ocurrió entonces, la odisea que enfrentó Walterio Carbonell días más tarde. Ya él no estaba en Cuba o estaba en esa zona de los preparativos de un viaje largo en que se está más allá del viaje aun antes de emprenderlo. Walterio fue convocado a la Unión de

Escritores para ser sometido a juicio, aparentemente por sus pares, en realidad por un tribunal que colocaba la condena antes del veredicto. Lo salvó, momentáneamente, la presencia casi irónica de Lezama Lima en el tribunal, en el que aparecía por su condición de vice-presidente de la Unión y en el que se encontraba en minoría en relación con gente, como Lisandro Otero, que de amigos de Walterio habían pasado a ser acusadores sin tregua. Lezama comenzó diciendo, momentos antes de que se dictara condena, que no habían venido allí a hacer rodar la cabeza de Walterio Carbonell, sino a oír lo que él tenía que decir acerca de lo que había hecho. «Pero no se puede echar en saco roto –había dicho Lezama, más o menos– que Carbonell ha pasado años en París, donde se acostumbran las discusiones literarias más vivas, en plazas y cafés, en ruas y en avenidas. Esto es seguramente lo que Walterio Carbonell ha querido perpetuar en la Casa de las Américas». Esta honrosa intervención de Lezama, que nunca había sido amigo de Walterio, le salvó de la expulsión inmediata –y tal vez de la cárcel. El tribunal de la UNEAC decretó que Walterio Carbonell debía escribir una retractación que sería insertada en la *Gaceta de Cuba*. Walterio efectivamente escribió lo que le pedían, pero en vez de una retractación produjo un documento que afirmaba todo lo dicho en la *petite* asamblea de la Casa de las Américas. Enfrentados ante este documento, la Unión de Escritores decretó la expulsión de Walterio Carbonell, expulsión que fue publicada en la *Gaceta de Cuba*, ironías comunistas, ¡cuando esta revista estaba dirigida por Jaime Sarusky!)

Recuerda la última vez que vio a Walterio, que fue en circunstancias casi lastimosas. Estaba con Oscar Hurtado y Antón Arrufat en El Carmelo de 23, tarde en la noche, cuando se apareció Walterio. Conversaban Hurtado, Arrufat y él en el interior del restaurant (por una razón oculta, siempre se sentaban en la terraza de El Carmelo de Calzada, pero, desdeñando la terraza de El Carmelo de 23, se sentaban siempre en el interior). Él había tomado un helado, un mantecado que recordaba más a un vomitivo que a los deliciosos helados de antes, mientras Arrufat tomaba un té con limón. No recuerda qué había tomado Hurtado, pero sí recuerda que estaban en la mesa los usuales vasos de agua fría, la consabida azucarera y que Arrufat no había usado más que una mitad de su limón. Walterio, mientras conversaba, cogió un vaso de agua, le echó azúcar y, preguntando a Arrufat si quería su tapa de limón y al ser contestado que no, la exprimió dentro del vaso, confeccionándose una limonada instantánea. Pero hubo en ese acto de Walterio una intimación de la picardía de la Revolución que hacía casi imposible la vida a los antiguos miembros del grupo El Puente y al mismo tiempo indicaba que Walterio tenía hambre pero no tenía dinero siquiera para comprarse una limonada y, por otra parte, tenía el suficiente orgullo de sus días diplomáticos (cuando su vida bajo la Revolución pareció alcanzar su clímax) para no pedirle a cualquiera de sus tres amigos reunidos allí que le pagaran un refresco o un helado. Esta fue una de las últimas veces, si no la última, que vio a Walterio Carbonell.

Se citaron él y Pablo Armando en la Casa de las Américas, tarde en la mañana: iban a salir a almorzar con Marcia Leiseca, que los había invitado. No se encontró con nadie y él se alegró: no quería encontrarse con Retamar después del incidente con Walterio. Los tres se dirigieron a La Habana Vieja, no a la parte que él había visitado antes (y que había jurado que no volvería a visitar, esa Habana Vieja que había recorrido como se recorre un pueblo fantasma, poblado por ruinas y el polvo del recuerdo) sino a la zona aledaña a la terminal de trenes. Iban a almorzar en el bodegón español que estaba detrás de la terminal. Ya la llegada fue un desencanto: el bodegón, en lugar de los chorizos, jamones, butifarras, morcillas y mortadelas que colgaban del techo, delante de los anaqueles colmados de botellas de vino, estaba vacío, pelado, y del antiguo esplendor culinario español no quedaban ni huellas. Comieron lo que había: un potaje de lentejas, que era un salcocho parecido al chocolate, y pan. Tampoco había postres ni cerveza y bebieron agua tibia, ya que la refrigeración del bodegón estaba rota.

Salieron de allí con el alma por el suelo y Marcia era la que se sentía peor. Para disiparle la tristeza, decidió que caminaran por las calles de aquella parte de La Habana, calurosa y llena de polvo, hasta encontrar el Prado frente al Capitolio, que era una perspectiva que siempre le alegraba. Marcia iba entre ellos dos, cogida de sus brazos y dejó su tristeza en las calles de atrás, y cuando caminaron junto al Hotel Saratoga y desembocaron de pronto ante el Teatro Martí (uno de los pocos lugares de La Habana Vieja que no se estaba cayendo, pues lo habían reconstruido recientemente, devolviendo el cine actual a su antiguo papel de teatro y restaurando la fachada y el interior al aspecto que tenía en el siglo pasado), que ellos dos insistieron en visitar. El teatro estaba abierto y contemplaron la restauración que lo acercaba, con sus lámparas de imitación de gas, al salón de un *steamboat* del Mississippi. Estuvieron allí dentro un rato contemplando lo que era el orgullo (y única obra) del nuevo Director de Cultura, Carlo Lechuga, a quien creían tan enamorado de esta restitución que había instalado sus oficinas en el teatro. Al salir, Marcia exclamó: «¡Qué bien me siento con ustedes! Siempre me hacen sentir como una turista», y esta exclamación lo llenó de amor por esta muchacha que se deseaba revolucionaria a ultranza y para quien la realidad cubana era tan terrible que cuando mejor estaba en ella era cuando se sentía una visitante. No recuerda si apretó más el cálido brazo blanco que llevaba junto al suyo, pero sí recuerda que lo hizo al menos metafóricamente y, usando el vocabulario de Silvia, pensó que Marcia Leiseca era también amable.

Alberto Mora organizó un almuerzo en el restaurant del Barlovento: fueron cerca de catorce personas. Él llevó a sus dos hijas y a Silvia y durante el almuerzo tuvo que vigilarlas como si fueran tres hijas, ya que Silvia, al igual que las niñas, se negaba a comer. No estaba furioso pero sí molesto de tenerle que rogar a ella que comiera: tal vez influyera en su molestia el hecho de que ella no tuviera dieciocho años sino veintiuno, pero ahora realmente se comportaba como si tuviera doce y él se sentía viejo y cansado. Verdad era que la comida era muy buena –el usual arroz con marisco: la paella cubana– y la disfrutó, excepto por el tiempo que se pasó vigilando las maneras de Anita en la mesa y el que empleó en rogarle a Carolita que comiera mientras casi le dictaba a Silvia que por lo menos probara la comida. No sabía por qué se negaba a comer: ella decía que no tenía apetito, que nunca comía mucho, que ya había comido bastante. Por su parte a él le molestaba también lo divertidos que estaban Alberto y Marian con sus cuidados y en un momento Alberto exclamó: «¡La prole, la prole!» y se sonrió con su sonrisa torcida. Después del almuerzo caminaron por la explanada del muelle junto al restaurante y él vio una vez más a La Habana distante, brillando como el espejismo de una ciudad.

Silvia se quedó con él todo el día y, después de devolver a las niñas a la casa (donde los dejó Alberto en su maquinita atiborrada), cogieron una guagua y fueron a la casa de Rine. Él pensó que su desgano en la mesa se balanceaba con su voracidad en la cama y pensó decírselo, pero finalmente no dijo nada.

Vino el cumpleaños de Anita y su madre le organizó una pequeña fiesta en su apartamento del Retiro Médico. Fue con Silvia y Carolita y Anita. Antes de ir estuvieron oyendo discos en la casa, o mejor, oyendo muchas veces el único

disco que no había vendido: *Lady in Satin* por Billie Holiday. Era un disco que le había sorprendido y gustado desde
el día que lo compró en 1958 y ahora le gustó que Silvia
–que tenía muy buen oído musical y cantaba más que bien–
apreciara el arte sufrido de Billie Holiday. Después caminaron por la calle 23 hasta La Rampa y bajaron por ella hasta
el Retiro Médico. Cuando se acercaba al edificio –no había
venido por La Rampa en muchos días– sintió la sensación
de que se aproximaba a su casa de antes y como el día de
septiembre era fresco y sin nubes, con un cielo alto y azul no
blanco como el cielo de verano, se sentía bien, porque siempre era bueno regresar.

La fiesta fue una simple reunión de niños, sin *cake* –ya no
se hacían *cakes* de cumpleaños en Cuba– y con Coca-Cola
blanca. Bajaron hasta la terraza del edificio en el piso sexto
y allí en el parque infantil se reunieron todos los niños y jugaron bien hasta que uno de ellos descubrió un nuevo juego:
tirar a la calle puñados de grava del jardín sin flores. La fiesta terminó más o menos allí, pero sus niñas se quedaron con
la madre y él y Silvia se fueron a casa de Rine. Antes de irse,
Ramón, el marido de Marta, quien como actual marido de
su ex mujer tenía con él una relación si no ambigua por lo
menos extraña, lo llamó aparte y le dijo que quería hablar
con él hace tiempo pero que solamente ahora había podido:
quería decirle que confiara en él, que si tenía que dejar a las
niñas en Cuba podía dejarlas con la madre y que él las cui-
daría como si fueran sus propias hijas. Él le respondió que
no hacía falta, que las niñas se iban con él, las dos, pero
que de todas maneras muchas gracias. Durante toda la
reunión comprobó que Marta sentía celos –¿cómo eran, futuros? no se los llamaría ni actuales ni retrospectivos– de
Silvia, lo que no dejó de parecerle perversamente divertido:
de alguna manera Marta Calvo usurpaba en ese momento el
rol de Miriam Gómez.

———————— ———————— dio una fiesta en su casa y lo llamó para invitarlo, también le dijo que podía traer a quien
quisiera y que invitara por favor a Pablo Armando. Los dos
decidieron ir y él invitó a su vez a Silvia y a Elsa su hermana,
que acompañaría a Pablo Armando. Pablo y él se reunieron
en su casa y acordaron esperar a Silvia y Elsa en El Carmelo
de 23. Allí estaban tomando: él un ron y Pablo un whiskey
escocés hecho en Cuba (que según él sabía a desinfectante,
mientras el ron tenía el distintivo sabor de luz brillante),
cuando llegaron Elsa y Silvia. Hay que nombrarlas en ese
orden porque así llegaron o al menos así fue como él las vio.
Elsa venía vestida muy elegante, con un vestido que era (es el
color que tiene en el recuerdo) como casi todos los suyos
rosados. Pero Silvia era quien venía más elegante: ella que
no vestía particularmente bien (nadie vestía ya particularmente bien en Cuba), llevaba un vestido que no le había
visto nunca antes: gris con unas grandes flores negras, que le
quedaba estupendamente bien a su cuerpo delgado, y se había peinado y cortado el pelo y maquillado bastante (mucho
más que su habitual maquillaje alrededor de los ojos) y lucía
realmente bella. Se alegró de verla, se alegró de que viniera,
se alegró de que él fuera con ella.

Llegaron a la casa de ———————— ———————— ni tarde ni
temprano, lo que le alegró. Él les presentó a Silvia y a Elsa y
ella a su vez presentó a su madre, que vino a la puerta. La
sala de la casa (estaba en la parte vieja de El Vedado) era
amplia y alta y pintada de blanco, con unos muebles que los
visitantes no dejaban ver pero que él creyó que eran levemente coloniales. Conocía a muchos de los visitantes (entre
ellos estaban Porro y su mujer y esta vez no habló cómo
hablaba en la embajada belga: luego supo por qué) y le presentaron a los que no conocía, entre ellos a una francesa
llamada Yvonne Berthier, que trabajaba para el Consejo de
Cultura: eso llegó a oír en la presentación.

Comenzaron a beber él y Pablo Armando, ya que había mucha bebida en casa de ———— ————, lo que no le sorprendió dada su ortodoxia militante. Silvia también bebió aunque le rogaba a él que bebiera menos. No sabía por qué bebía, pero sí sabía que no eran las mismas razones que en Bruselas: para soportar las ocasiones sociales. Había bebido aquí en otras ocasiones, como en el *party* de Harold Gramatges, pero no tuvo que beber en la recepción belga. Ahora, en esta fiesta, bebía tal vez porque se sentía bien, no feliz pero si lo suficientemente bien como para celebrarlo.

A mediados de la fiesta, cuando él estaba bien bebido, lo llamaron del sofá donde estaba sentada Yvonne Berthier y cuando llegó vio que la persona que lo llamaba, a quien reconoció como no conocida, se levantaba y le dejaba el lugar junto a la francesa. Esta se dio media vuelta hacia él y sonriendo le preguntó en español: «Quiero que me cuentes de lunes». En medio de la borrachera él se dio cuenta de que ella lo tuteaba, lo que no había hecho cuando los presentaron. Así, respondió: «Es un día de la semana». Ella se rio pero era una risa falsa –o tal vez fuera su risa verdadera y sus dientes falsos. «Yo quiero decir *Lunes de Revolución*», dijo ella. Bien sabía él lo que ella quería decir, tanto como sabía que no debía decirle nada, que era evidente que ella se aprovechaba de su estado para sacarle no información (el caso de *Lunes* era ya hacía tiempo opinión más o menos pública) sino opiniones. «Lo siento –dijo él–, pero no tengo ganas de hablar de eso» y se levantó sin decir más. No miró atrás y así no vio la cara de la francesa.

Luego, tarde en la noche, se encontró junto a Silvia, en medio del salón y tuvo unas ganas incoercibles de besarla. «Ven», le dijo y la llevó hasta otra habitación que estaba oscura y separada del salón por una puerta enrejada en hierro. Se sentaron en una especie de sofá (aunque era más duro mueble que un sofá) y comenzaron a besarse. Él recuerda que sus besos tenían la pasión liberada que tenían siempre en casa de Rine, pero no recuerda cuánto tiempo estuvieron besándose: recuerda, sí, que de pronto se encendieron las luces y vio en la puerta, de pie junto a la reja a la madre de ——————— ——————— que los miraba con rabia en los ojos pero sin decir nada. No recuerda haberse levantado inmediatamente, pero, como las luces estaban encendidas y así se quedaron, sí recuerda que finalmente se pusieron de pie y regresaron al salón. En un extremo la dueña de la casa hablaba con su hija en términos rudos, casi de pelea y de vez en cuando se dirigían hacia ellos. No recuerda más: ni siquiera supo cuándo salieron de la fiesta. Pero a las tres de la mañana estaban en Las Playitas, en la playa de Marianao, en una pizzería, comiendo al aire libre unas pizzas que eran más bien galletas duras con jamón y queso encima. Luego Pablo Armando le dijo que en una mesa próxima estaba sentado Rivero Arocha, el Pollo Rivero, a quien no había visto desde su regreso, a quien no quería ver, a quien no vio. Rivero fue, de acuerdo con Alberto Mora, quien practicó la autopsia de su madre: era una ironía del destino o de la historia que él hubiera conocido al Pollo cuando era agregado comercial en Bélgica, donde conoció a su madre, y que poco antes de regresar Rivero a Cuba se hubieran peleado por problemas de la embajada que no tenían que ver ni con él ni con Rivero: la ironía era que el Pollo, patólogo de profesión, hubiera ayudado a la destrucción de su madre, a quien conoció viva en Bruselas. No pudo terminar de comer su pizza y por supuesto no pudo obligar a Silvia a comerse la suya.

Ahora el tiempo se apresura y se llena de despedidas y gestiones para irse, a cada despedida una nueva complicación que parece que no le permitirá irse nunca. Las gestiones complicadas son de día, las despedidas sucesivas por las noches.

Los pasaportes están listos, según le dice Arnold, pero él mismo le confiesa que le faltan las visas: mandará a visar por su cuenta a la embajada española, donde obvian todas las peticiones del ministerio, pero eso tomará tal vez un día o dos, ahora cuando lo que le separa del día de la partida –la última oportunidad para irse que le da su hermano Sabá desde España– son horas con minutos contados.

Una buena noticia: de lejos ve pasar a Franqui por la esquina de la avenida y 23, viajero en un automóvil grande que debe ser un Chevrolet de hace menos de tres años: un auto oficial sin duda. Una llamada por teléfono se lo confirma: Franqui está de nuevo en gracia con el poder: le han dado auto y chofer y un puesto extraño: se ha hecho cargo de los documentos históricos de la Revolución. Es evidente que el ultimátum de Arcocha ha servido para que Franqui se acerque a Fidel Castro –y nada más. Aunque él nunca pensó que sirviera para otra cosa que el regreso definitivo de Arcocha: cosa que sucederá apenas seis meses después, pero ahora, por lo pronto, Franqui estará en posesión, si no de adelantar, por lo menos de que su salida pueda hacerse a tiempo. (No sabe, nunca supo, qué pudo hacer Franqui estos últimos días, excepto decirle que no dejara de ir por el ministerio y «caerle arriba a Arnold», cosa que él no iba a dejar de hacer. Hay, sin embargo, un resultado: los pasajes están ya listos y en sus manos y sabe que tiene tres puestos en el avión que sale el domingo 3).

De pronto recibe una llamada de Inmigración, que pertenece al ministerio del Interior. Lo llama Varona. (Ya él sabía por su padre que este Varona era sobrino-primo de su padre y que era un revolucionario inequívoco: es decir, un fanático). La llamada comenzó con un tono raro, equívoco: Varona no le dijo compañero, como era usual, pero tampoco lo llamó ciudadano, que es en lo que se convierten los compañeros cuando abandonan el paraíso: solamente le preguntó su nombre. Luego le preguntó si él había solicitado un permiso oficial (él se ríe al recordarlo: todos los permisos son oficiales en

Cuba), pero no se rio entonces sino que respondió que sí. ¿Por cuánto tiempo? Él dudó un momento. Bueno, por un año o dos. Pero del otro lado del teléfono viene lo que en Cuba se conoce como la precisa: «¿Un año o dos años? ¿Cuántos?». «Bueno –dijo él–, por dos años». Bueno, muy bien, dijo la voz, estará listo para cuando usted se vaya –y en ningún momento ninguno de los dos reconoció el parentesco. Era evidente que entre las cosas que destruyó la Revolución en Cuba, una de ellas fueron los lazos familiares.

Decidió vender el tocadiscos: era la única reliquia que le quedaba de los buenos días de 1961, a principios del año, cuando Miriam Gómez fue a vivir con él. Podría pedir ahora hasta quinientos pesos por él, a pesar de lo usado que estaba y de la total carencia de agujas. Dejó que su padre lo vendiera a un amigo, quien le dio doscientos pesos adelantados y el resto en los próximos meses. Con este dinero pagó la deuda con Rine, quien, extrañamente, no quería cobrarla *ahora*. ¿Cuándo iba a cobrarla? Estuvo a punto de decirle que si no la cobraba ahora no la cobraría jamás, pero no lo dijo: ni siquiera a los amigos más íntimos les decía sus intenciones de no regresar más a Cuba. Tal vez íntimamente él no admitía todavía esta posibilidad. Finalmente, Rine cobró sus cien pesos.

Con Rine ocurrió un incidente que terminó el idilio en su apartamento. No recuerda él bien si esta fue la última vez que estuvieron él y Silvia haciendo el amor allí, pero para él este recuerdo es como un punto final, aunque el verdadero punto final, el punto final subjetivo, ocurrió poco después. Ese día tal vez ellos estuvieron demasiado tiempo ocupando el apartamento o llegaron tarde (a menudo llegaban tarde, ahora por su culpa) o tal vez estuvieron como siempre: con demasiados orgasmos. Recuerda que la luz era crepuscular y él estaba sobre Silvia, perdido, sin oír, sin ver, solamente sintiendo y oliendo, cuando Silvia se sobresaltó y dijo: «¡Ahí está Rine!». Le sorprendió que ella dijera esa frase y no otra, que fuera tan precisa, tanta fue su sorpresa que no entendió en un principio y pensó que era una de las minuciosas obscenidades que ella decía durante la cohabitación. Pero ella lo volvió a repetir y esta vez lo oyó claro y aguzó el oído y pudo oír que efectivamente alguien andaba en la cocina, por la casa, que era extremadamente pequeña, de manera que alguien andaba ahí al lado: era obvio que era Rine, y él tuvo que terminar entre la incomodidad y la rabia de saber que no estaban solos haciendo el amor, cosa que le importaba mucho cuando le importaba: no le hubiera importado con otra mujer, como no le importó con Lido la noche que se fueron juntos con Alberto Mora a casa de Ingrid González: pero ahora sí le importaba y recordó que su clímax fue un fiasco: o mejor, casi un anticlímax, pero todavía un momento importante para compartirlo con alguien, aun con el amigo más íntimo. Después, mientras Silvia se cambiaba en el cuarto de baño (no vieron a nadie cuando terminaron y se levantaron), él salió vestido solamente con el pantalón y encontró a Rine al fondo de la azotea, con un pie en el muro y mirando para la calle. No dijo nada, no se dijeron nada: solamente cambiaron saludos, pero Rine miraba para el suelo, con algo que era como la sombra de una sonrisa, como alguien que ha hecho una travesura. Pero él no compartió la maldad, y no cambiaron sonrisas porque él pensaba, creía, que Rine no tenía derecho a irrumpir en su intimidad: en ese tiempo prestado el apartamento era de ellos. Ahora no quedaba más que devolverle la llave, cosa que hizo. Así, sexualmente, no hubo una despedida entre él y Silvia: sí hubo, cosa curiosa, una despedida del amor. Pero eso ocurrió dos noches después.

Una de las despedidas sociales tuvo lugar en casa de Raúl Martínez, donde él no había estado. Raúl vivía ahora en una casa del viejo Vedado, calle 25 o 27 arriba. Era una casa antigua, pero no demasiado antigua, que tenía varios cuartos y una cocina enorme donde colgaban cacerolas artísticas. La sala era también grande y allí estaban muchos de los cuadros de Raúl, aunque no había ninguna señal en la casa de Pepe Estorino, que era el amigo de Raúl, tan gris en la casa como en la calle. Se reunieron los amigos que eran amigos de Raúl: Virgilio Piñera, Antón Arrufat, Calvert Casey, Jaime Soriano y después vino Luis Agüero.

Él no hubiera querido ver a Luis Agüero esa noche, ya que sabía que Luis se había permitido decir (tal vez en casa de Felito Ayón) que Silvia era una mujer –él dijo quizás una muchacha– fácil y que, tan pronto como él se fuera, él, Luis Agüero (con su estatura de jockey, añadía ahora él en su rabia) la conquistaría así –y aquí presumiblemente hubo un gesto con la mano, chasqueando el pulgar y el dedo del medio. Lo supo, claro está, enseguida y fue un correos tan efectivo que no recuerda el mensajero, solamente el mensaje. En cuanto llegó Luis, lo llevó a un extremo del salón, donde había una puerta que daba a un pasillo exterior, y allí, en el pasillo, recostados los dos a la baranda que protegía al pasillo del vacío, le dijo a Luis Agüero que sabía lo que había dicho de Silvia y que él era un mierda por decir semejante cosa. Lo dijo muy bajito y obligó así a Luis Agüero a responder por lo bajo. Luis no se defendió del cargo sino que explicó que él estaba borracho y que era una cosa que no debía haber dicho. «¿Pero tú la creías?», preguntó él y Luis se quedó callado. Él no esperó su respuesta porque acababan de entrar Alberto Mora y Marian, que no eran muy amigos de Raúl Martínez, y Silvia venía a buscarlo a él al pasillo.

De esa noche recuerda el incidente con Luis Agüero y los discos oídos, especialmente uno de Miriam Makeba que tenía Raúl Martínez (o bien lo había traído Alberto, en cuyo caso el disco había sido suyo y él se lo regaló a Alberto desde Bruselas). Estuvieron oyendo en silencio la voz de la Makeba y sus cantos africanos que tanto debían a la música cubana (había inclusive un número cantado en español), y solamente interrumpió el momento musical un comentario que hizo Marian sobre Miriam Makeba, diciendo que esa melodía le recordaba una pradera extensa. Después, al otro día, Silvia decía que la mataría por haber hablado y haber dicho la cursilería, el picuísmo, que había dicho –y era cierto: era para matarla, pero nadie lo hizo y ni siquiera Alberto, que era el más interesado, se dio cuenta de la *gaffe*.

Fueron a Varadero con Lisandro y Marcia, en su máquina. Iban Sara y Luis Agüero, él y Silvia y Lisandro y Marcia nada más. Hacía años que no veía Varadero y le gustaba la idea de despedirse de Cuba viendo esta playa que había visitado siempre con un sentido de aventura –que venía dado por mucho más que los 250 kilómetros que había que recorrer para encontrarla. En el viaje ocurrieron las cosas previsibles –como pedir alguien que no se hiciera el mismo chiste de siempre al pasar frente a la planta de azufre en Matanzas, que siempre convocaba a alguno a preguntar quién se había peado con los eufemismos más tímidos frente al poderoso hedor sulfúrico. Eso ocurrió antes de llegar a la ciudad. A la salida se vio bien la bahía y unos veleros que la recorrían, vibrando el blanco de las velas sobre el azul añil del puerto. Le emocionó la visión de las velas y el azul y llamó la atención de Silvia, que iba cantando una canción de Paul Anka para Luis Agüero (no había ningún rencor de ella hacia Luis, a quien él por otra parte había decidido perdonar la misma noche anterior: Luis era demasiado joven para entender el amor que él sentía por Silvia), en perfecto inglés y con entonación impecable y ella no hizo ningún caso de su llamada y siguió cantando, por lo que él se sintió decepcionado y ligeramente triste. Después, cuando todavía el automóvil recorría la carretera alrededor de la bahía y él estaba ensimismado en su contemplación, y al mismo tiempo levemente abrumado por su rechazo, Silvia le acercó la boca al oído y después de besarle una oreja le dijo: «Sí, amor, ya las vi», refiriéndose por supuesto a las barcas y a las olas, añadiendo: «Pero ¿para qué iba a decir nada?», añadidura que fue una lección para él.

Llegaron a Varadero a tiempo para el almuerzo que hicieron en un restaurant cerca de la casa de Lisandro (en realidad, la casa de unas tías de Lisandro que le dejaron a este al emigrar aquellas) y después fueron a la playa. Nadie se bañó: ya era casi octubre y en octubre en Cuba nadie se baña en en el mar. Simplemente caminaron por la playa. Él se había puesto el pañuelo de gasa verde que siempre tenía Silvia en el cuello, a manera de bufanda, y Marcia y Sara se lo celebraron: estaba disfrazado de productor de cine en el exilio –aunque ellas no sabían bien que su exilio estaba más cerca de lo que todos pensaban. Después, al caer la tarde, Silvia y él recorrieron de nuevo la playa desierta. Se ponía el sol a un lado del mar y entre las olas púrpura apareció un solitario delfín que se perdió en el horizonte saltando incansable. Ellos dos lo siguieron con la vista y había en esa aparición un evidente símbolo que ninguno de los dos identificó pero sintieron la tristeza de ese nadador solitario en el crepúsculo. Temprano en la noche regresaron a La Habana. Lisandro y Marcia querían quedarse hasta el día siguiente, pero Silvia no podía pasar la noche fuera de casa y Sara tenía que volver a ocuparse de sus hijos. El regreso, como siempre, fue triste y nadie cantó en la máquina. Pero ya entrando en La Habana y para disipar una discusión que provocó Sara acerca de la poca leche que le permitían comprar, y que él cortó con la declaración hipócrita (sólo él podía medir lo insondablemente hipócrita que era) de que no lo fastidiara Sara con la leche, que estaba harto con la preocupación cubana por la comida, que quería que le hablaran de otra cosa, de razones más profundas para estar descontento –y él cuando supo que sus palabras se convertían en cita no se asombró, ya que las estaba pronunciando para una galería que quería oír exactamente eso, para quien él hablaba en ese momento, auditorio que necesitaba para irse definitivamente esta vez. Luego, esa misma noche, y en el tiempo, sintió haber hablado así a Sara, que después de todo era la única persona sincera que había en esa máquina cuando lloró por la leche como se llora por una madre perdida.

El chiste que se encargó de producir (todavía con el pañuelo de Silvia al cuello) lo hizo al doblar de la calle 25 por B, buscando la calle 23, para dejar a Luis y a Sara en su casa primero, cuando él señaló para un hombre que atravesaba la calle y exclamó: «¡Pero ese hombre está todavía aquí», y Lisandro preguntó: «¿Quién, quién es, tú?» para darle pie a su respuesta: «No, yo no sé quién es, pero es evidente que está todavía aquí», que era un chiste que acababa de fabricar y que era lo suficientemente contrarrevolucionario para llamar la atención y lo bastante inocuo como para no hacer daño a nadie, ni siquiera a los oyentes –y, mucho menos, al chistoso.

Hay una noche, tal vez la noche en que Rine irrumpió en el amor o tal vez otra noche, pero es una de las últimas noches que él recuerda, en que se ve caminando con Silvia por el parque de Neptuno (no, ese no es el nombre del parque, pero en realidad nunca lo supo a ciencia cierta) y de pronto se detienen porque ella está llorando o llorosa y él piensa que es por su partida, pero en realidad al mismo tiempo que caminaban oían a Fidel Castro pronunciando un discurso desde los altavoces de El Carmelo (el restaurant, como todos los sitios públicos de Cuba, se dedica a perifonear la propaganda asiduamente). Es el discurso en que Fidel Castro desveló el espeso misterio de la desaparición del Che Guevara leyendo su carta-testamento-despedida-adiós a Cuba-hola a la Revolución mundial. Él oyó las palabras in-

357

creíbles que Silvia pronunció apenas, distintamente oídas, que decían; «¡Del carajo lo que dice ese hombre!», ella admirada, admirando el fervor revolucionario con algo que es más que simpatía, es empatía, acuerdo absoluto –y él no puede menos que recordar cuando temió que ella se le revelara como un agente del servicio secreto porque ahora la vio casi llorando, llorando ante las palabras dejadas escritas por el Che Guevara, leídas por Fidel Castro, y él se pregunta cómo esta muchacha que ha recibido del régimen solamente empellones y patadas y puertas en la cara puede todavía sentir algún fervor, todo ese fervor, por esta causa que para él se revela, aun en ese discurso, precisamente por ese discurso, como una abominación: él que, comparado con ella, ha recibido solamente atenciones. No lo comprende, pero comprende a aquel que dijo que las mujeres suelen ser más fanáticas que los hombres y piensa que las casi lágrimas o las lágrimas ciertas de Silvia son la estela de su fanatismo y no, como podría creer, su paranoia, la señal de que ella, después de todo, quizá resulte una agente.

Fue al ministerio a buscar los pasaportes y se llevó el susto de su vida. «Oye –le dijo Arnold con la misma entonación que lo llamó al aeropuerto una noche parece que hace años– hay problemas con la visa belga». Él no dijo nada y dejó que Arnold continuara. «Aquí tienes los pasaportes con la visa española, pero la visa belga no te la quieren dar». Por supuesto que él podía decir que se iba sin la visa belga, que resolvería su entrada en Bélgica desde España, pero eso demostraría un ansia por salir de Cuba que quizá revelara sus planes. Así, no dijo más que «Deja, yo lo voy a resolver con Gustavo», que era justamente lo que estaba pensando como alternativa. «Bueno –dijo Arnold–, si tú lo puedes resolver, resuélvelo. Aquí tienes los pasaportes. ¿Ya tienes los pasajes?». «Ya, sí, gracias». «Bueno. Buen viaje y buena suerte».

Encontró a Gustavo en su casa, lo que era un buen indicio. Le explicó lo que pasaba y Gustavo exclamó, riéndose: «¡Ya está hecho!» y se levantó para llamar por teléfono al embajador belga. Habló con él y concertó una entrevista, no para ese día, desgraciadamente, sino para el día siguiente, sábado, por la mañana. «Gustavo –dijo él–, queda muy poco tiempo. Debías haber tratado de verlo hoy». «Ah, no te preocupes. Todo se arregla mañana por la mañana. ¿Sales el domingo, no? Hay tiempo de sobra». Salió animado por la confianza ilimitada de Gustavo, pero estaba realmente preocupado por el poco tiempo que le quedaba para conseguir la visa belga. Si no la conseguía se iría con la visa española y trataría de ir a rescatar (él mismo se sonreía de este verbo, pero pensaba en esos términos) a Miriam Gómez de Bruselas –o en todo caso, Miriam Gómez podía reunirse con él en Madrid. Lo esencial era salir de Cuba cuanto antes.

Le hubiera gustado despedirse de Silvia en la cama, pero con lo que había pasado la última vez le había cogido cierta prevención al número 69 de la calle C. Además le había devuelto la llave a Rine ese mismo día, en un gesto que él creyó una protesta muda por su comportamiento, pero que Rine había aceptado muy naturalmente. Rine era en realidad un Cándido cubano: todo estaba muy bien, siempre, en el mejor de los mundos posibles. No dudaba de que Rine no tendría problemas jamás en Cuba, con su capacidad de aceptarlo todo. Además, ¿no había dicho él, en una conversación memorable en que aceptaba el futuro cubano, fuese el que fuese, como bueno, aduciendo que después de Stalin había venido Khruschov, que hasta Hitler era capaz de mejorar con el tiempo? Por supuesto que su amistad no terminó con la entrega de la llave, que había sido en verdad y durante un tiempo la llave a la felicidad dentro de la miseria, y quedaron tan amigos como siempre –pero de alguna manera él no le perdonaba la falta de tacto (Rine, siempre, en el mejor de sus actos, cometía una chapucería) que significó su presencia a destiempo en su casa, aunque fuera su propia casa: desde el momento en que se la prestaba él la consideraba como suya, por el espacio de tiempo en que le era prestada y no más la casa de Rine. Había, por encima de todo, una absoluta falta de elegancia y era todo eso lo que representaba para él ahora la casa de la calle C número 69. (Aunque sabía –se conocía– que en el futuro recordaría las caricias, el amor, la primera ocasión que se acostó con Silvia, las sucesivas veces que hicieron el amor en aquel cuarto pequeño y caluroso y milagrosamente refrescado por la única ventana que daba sobre la cama, donde se habían bañado tantas veces juntos –para él una forma de comunión– y donde habían oído aquella música repetida que él quiso conservar, que había querido que por lo menos Silvia conservara, pero que no se atrevió a pedírsela a Rine ni siquiera a sugerir un cambio con uno de sus discos: el apartamento que era para él una suerte de monumento perdurable al amor que pasa, monumento que él se encargaría de hacer perdurable al menos en el recuerdo si no podía perdurar de alguna otra forma.

Después de todo, pensó, era mejor que su relación sexual con Silvia quedara trunca, como quedó, y no que tuviera un final neto: así era una acción inconclusa, que no había terminado, que no podía terminar, sin fin –es decir, sinfín.

Pero se reunió con Silvia como todas las tardes desde que se reunieron por primera vez una tarde de septiembre y ahora ya era octubre. Ella vino a la casa y estuvieron sentados en la sala, oyendo a Billie Holiday una de las últimas veces que lo harían, ya que el tocadiscos vendrían a buscarlo de un momento a otro, y que él se iba, sin duda, el domingo. (Para él no había duda de que se iría, no podía haberla: todos los augurios lo indicaban, aun La Maga había venido a decirle que se iría, que había consultado a los santos y todos decían lo mismo: viajaría, viajaría). Las niñas vinieron a la sala y conversaron con Silvia, y Carolita cogió su pañuelo verde, el mismo que él se había atado al cuello en Varadero, y empezó a bailar, moviendo el pañuelo en el aire, agitando los brazos, bailando al compás de una música que ella sola oía (habían dejado de oír a Billie Holiday cuando llegaron las niñas para que Silvia conversara con ellas), diciendo: «Soy una princesa encantada», lo que encantó (sí, esa era la palabra) a Silvia, quien no pudo menos que levantarse, ir a donde estaba Carolita bailando –o tal vez lo hizo cuando ella terminó de bailar su danza inventada– y cogerla en sus brazos y abrazarla y besarla, y decirle: «Te regalo mi pañuelo, vaya», lo que era una muestra de una generosidad grande, regalar una prenda de vestir a la que se da importancia (sin duda Silvia se la daba: siempre traía el pañuelo entre las manos, sobre la frente, alrededor del pelo: tal vez fuera –ironías del amor– un regalo del húngaro) no era común en Cuba entonces, donde no había nada que comprar en las tiendas para vestirse y donde la única posibilidad de comprar algún vestido ocurría, si ocurría, dos veces al año, tiempo en que había que comprar lo que vendieran que era, casi siempre, las más horrendas telas, nada parecidas al pañuelo que era evidentemente fino, evidentemente escaso.

Silvia se quedó un rato en la casa por la tarde y después se fue a cambiar para volver y luego ir juntos a la casa de Lisandro y Marcia, donde tendría lugar la última fiesta fiesta –mejor reunión– de despedida que le harían sus amigos.

Ella volvió a prima noche. Llevaba el mismo vestido que llevó a la fiesta de ———— ———— el otro día. Sintió una dulce pena por ella y fue hasta el armario donde se guardaban las pocas cosas que quedaban de las cosas de su madre. Allí había, lo recordaba él, unos cortes de tela que no se había llevado nadie no sabía él por qué. Se los daría a Silvia, pero enseguida decidió que mejor se los daba otro día y no esta noche. Salieron, él llevando el disco de Billie Holliday para oír en casa de Lisandro: no supo qué lo impulsó a ello y luego lo lamentó. Después de mucho esperar consiguieron un taxi que quiso llevarlos a La Puntilla, al otro lado del río Almendares por Miramar, donde vivían Lisandro y Marcia. A la entrada del barrio había la misma posta de siempre desde el principio de la Revolución, que detenía todos los autos que pasaban pues había un emplazamiento antiaéreo en la punta de La Puntilla. Él tuvo que decirle al chofer el nombre de la casa a que iban y los dejaron pasar. Se alegró de no tener que caminar todas las cuadras que faltaban en la oscuridad, expuesto a ser detenido por un centinela o tal vez a que le dispararan sin aviso: esas cosas sucedían y no sería el primero que había muerto acribillado por una guardia celosa o temerosa. Afortunadamente llegaron sin tropiezo.

Allí estaba la misma casa de Lisandro y Marcia que conocía tan bien de antes de irse a Europa, con su gran salón con divisiones invisibles en que estaban la sala, la biblioteca y el comedor y al fondo la enorme terraza que se abría con sus grandes ventanales sobre la boca del río convirtiendo al Almendares allí en una laguna veneciana. Mostró todo a Silvia y, cuando entró Marcia (los había hecho entrar la criada), fue que lo recordó: «¡El disco!», dijo al ver vacías las manos de Silvia que se tendían hacia Marcia: lo habían dejado en el taxi. «Lo dejamos en la máquina», explicó Silvia, aunque un poco tarde. Él había pagado al taxista y antes recordaba haberle encargado el disco a Silvia en silencio sin decirle nada pero dándole a entender que ella debía cuidarlo. No dijo nada ahora y solamente respondió a las instancias de Marcia con un «Ya es muy tarde». Volvió a mirar a Silvia y él vio que ella entendía: había una señal muy marcada en la pérdida del disco y ya la noche, la ocasión, su misma relación no sería la misma.

Con la llegada de Lisandro y sus elogios a la belleza de Silvia se olvidaron un poco de la pérdida. Luego fueron llegando la otra gente: hasta vino Fornet con un cheque que le dio secretamente, como hacía todo. Él no comprendía. «Es por tu colaboración en la antología», dijo. Lo miró él y vio que era un cheque por cien pesos: no esperaba cobrar tanto por su cuento, es más, no esperaba cobrar nada y le dio las gracias a Fornet. Con el mismo misterio este dijo: «De nada, viejito, de nada».

La reunión se pareció mucho a la reunión que le dieron a él Lisandro y Marcia cuando se fue a Bélgica por primera vez: solamente faltaba Miriam Gómez y la comida: esta vez no habría más que unos pocos tragos en casa de los Otero y nadie habló de la comida. Un momento que fue él a la cocina a pedir a la criada-cocinera-manejadora un poco de agua, vio como abría ella el refrigerador y pudo ver que dentro no había nada: solamente los pomos llenos de agua para ser enfriada. A él le pareció que era una reunión triste por todas estas cosas, pero también porque él sabía lo que ellos no sabían: tal vez no volvería a ver en la vida a sus amigos reunidos allí y esto incluía a Silvia, sobre todo a Silvia. Pero no dejó siquiera entreverlo y la noche pasó rápida entre cuentos y chistes y planes que tenía todo el mundo para visitar a Europa en una fecha próxima. Todos lo verían allá, todos con la excepción de Silvia –pero de todos, lo supo con el tiempo, ninguno pudo llevar a cabo sus planes, ni siquiera Lisandro, que era quien estaba mejor colocado, desde el punto de vista burocrático, para hacer viajes al extranjero. Hubo, sí, la misericordia del tiempo, que pasa pronto, y la reunión terminó poco antes de medianoche, momento en que salió acompañado por Sarusky, que lo llevaría, como otros días (pero esta vez por última vez, esperaba y desesperaba él) hasta casa de Silvia.

El sábado por la mañana –después de leer la oración que le había conseguido su tía Felisa– fue a casa de Gustavo para ir juntos a la embajada belga. No fueron en la máquina de Suárez, que ya no estaba a disposición de Gustavo, sino que cogieron una máquina de alquiler en la misma esquina de la Avenida de los Presidentes y la calle 17 y se dirigieron hacia Miramar.

Cuando llegaron no fueron admitidos por la parte de la embajada como las dos veces que había estado allí antes, sino que entraron por la cancillería. Después de hacerlos esperar unos minutos, entró el embajador belga. El saludo fue más bien frío de su parte: seguramente que este ya sabía que ni Gustavo ni él tenían nada más que ver con la embajada de Cuba en Bruselas –o tal vez tuviera otras razones. Gustavo le explicó lo que pasaba, más o menos: le dijo que él regresaba a Europa, esta vez con pasaporte ordinario, y necesitaba una visa para Bélgica. Inmediatamente el funcionario belga dijo que esto no era posible pues él no podía dar visas automáticamente: era necesario hacer una solicitud al ministerio de Relaciones Exteriores en Bruselas y esperar su respuesta, que demoraba unos quince días. En su tono había una implicación de que esta visa no sería otorgada. Él sintió que todo se desmoronaba instantáneamente: aunque tenía otra opción, contaba con la visa belga para salir del país. Tal vez podía irse con la visa española solamente, pero ¿y si se enteraban en el ministerio antes de que cogiera el avión? Fue entonces que se le ocurrió una solución desesperada y habló él mismo al embajador. «¿No hay otro tipo de visa?». Casi de mala gana el embajador asintió: «Hay una visa de tránsito, que le permite al tenedor estar un tiempo mínimo en Bélgica, pero...». «¡Esa misma me sirve a mí!». Gustavo intervino: «El amigo no va a estar mucho tiempo en Bruselas, estará solamente el tiempo para recoger sus cosas y venir a España». El funcionario, a regañadientes, aceptó concederle un visado de tránsito. Todo estaba resuelto. No queda más que el obstáculo de la policía de seguridad en el aeropuerto –¡y qué obstáculo!

Por la tarde lo llamaron Pablo Armando (a ver si había olvidado el coctel que había esa noche en la UNEAC) y Alberto Mora (para que recordara que por la noche iban a ver a Carlos Rafael Rodríguez, a darle las gracias por sus gestiones y a despedirse). Él le explicó a Alberto lo que pasaba: tenía que ir al coctel de la Unión de Escritores. Alberto le explicó a él lo que pasaba: tenía que irse a despedir y dar las gracias a Carlos Rafael. Llegaron a un acuerdo: él iría al coctel y Alberto lo iría a buscar allá a media fiesta. Era un buen acuerdo, pues el coctel tal vez estuviera tan aburrido como las otras ocasiones de la UNEAC (sin la alternativa de la última vez que estuvo en una de estas reuniones: ya no habría Lido con quien pasar mejor la noche) y los funcionarios del Gobierno tenían por costumbre recibir visitas de noche: Alberto estaría en la Unión a eso de las diez.

El coctel de la UNEAC, en celebración de su concurso literario anual, estuvo tan aburrido como había previsto. Lo único imprevisto ocurrió cuando Pablo Armando bebió más de la cuenta y comenzó a hablar de las condiciones de la poesía «en la actual situación» (esas fueron sus palabras), monólogo que pronto pasó de charla amable a invectiva cruel. Pablo Armando hablaba mal de la poesía de Guillén, con Guillén a sólo unos cuerpos bebientes de donde estaba él: era la técnica de Harold Gramatges, quien en sus buenos tiempos (no ahora, por supuesto) era capaz de conversar con una persona y hablar mal con su amigo al lado de su interlocutor enfrente. Pero Pablo Armando no dominaba esta técnica y él temía que terminara por desbocarse (una o dos veces aludió al Minrex: pronunciando esas siglas despectivamente). Así, se pasó casi toda la noche toreando a Pablo Armando para que no pasara de la terraza a los salones donde su monólogo podía convertirse en un diálogo peligroso con cualquiera de los funcionarios de la UNEAC (que no había pocos) y los seguros agentes de seguridad (que debía haber muchos) que se codeaban en aquella ocasión aparentemente inofensiva.

Fue así que no pudo prestarle mucha atención al capitán Juan Nuiry, de quien Juan Arcocha hablaba tan bien y el que le había producido una renovada curiosidad después de los sufrimientos que, aparentemente, le producía a Elsa y el regocijo que, evidentemente, lograba en Silvia. Notó que en Nuiry había también una curiosidad por hablar con él, que comenzó cuando fueron presentados y continuó durante parte de la noche.

Cuando vino Alberto finalmente, tuvo que dejar a Pablo Armando a su riesgo y ventura, aunque antes le recomendó a Miriam Acevedo que no lo dejara beber más y lo cuidara de lo que estaba diciendo –o estaba a punto de decir, que sería peor. Por esta recomendación se perdió el intercambio que hubo entre Alberto Mora y Juan Nuiry, asombrados ambos de encontrarse en los salones literarios de la Unión de Escritores: dos evidentes militares renuentes del régimen alternando con los escritores de Cuba Revolucionaria pero no por ello menos dados a la suma de defectos que en el alma de todo criollo eran mariconerías –así las había clasificado para siempre un capitán de la policía de tiempos de Carlos Prío Socarrás y así se habían quedado para siempre bautizadas tales actividades: que ahora la Revolución las acogiera como propias (y apropiadas) no les quitaba su etiqueta de frivolidades peligrosas. De ahí la sonrisa que cambiaron Alberto y Nuiry cuando se encontraron uno frente al otro. Ahora no quedaba más que hablar con Alberto –pero no sería lo mismo.

No fue, claro, lo mismo. Alberto corría en su Volkswagen rumbo al edificio del viejo *Diario de la Marina*, ahora feudo del misterioso ministerio regenteado por Carlos Rafael Rodríguez –y no hubo mucha oportunidad de conversación, ya que Alberto iba más que preocupado con la impresión que él, el viajero, produciría en su interlocutor.

El edificio estaba impenetrablemente custodiado y tuvieron que atravesar varias postas (algunas burocratizadas frente a mesas o escritorios) hasta llegar a la antesala del sancta sanctórum. Carlos Rafael los recibió enseguida; estaba encantado de encontrarse con el viajero, con quien había tenido tantos diferentes intercambios a lo largo de sus vidas, desde 1957, en la clandestinidad contra Batista, hasta ahora que era una eminencia rosa (era evidente que gris no era su color) del Gobierno Revolucionario.

–¿Así que te nos vas? –comenzó Carlos Rafael, usando el chiqueo de su nombre que a él le disgustaba que usaran mucho, pero que no le disgustó tanto que lo usara su interlocutor.

–Pero no por mucho tiempo, Carlos.

Él también había usado el nombre cortado que no usaba todo el mundo: a ello le autorizaba el uso que hizo el otro de su diminutivo, que venía además del hecho de que Carlos Rafael había conocido a su padre hacía muchos años en el viejo periódico *Hoy*, del que eran los dos redactores.

–¿Y dónde vas?

–Primero a Bruselas, a buscar a mi mujer, después regreso a España, donde va a salir mi libro dentro de poco.

–Ah, sí, tu novela premiada.

–¿Qué clase de cosa será esa? –intercedió Alberto, tratando de suavizar la conversación que presentía de antemano peligrosa, no sabía él bien por qué.

–Estoy seguro que será muy interesante –dijo Carlos Rafael–, y que además será muy útil al país. Por lo menos el título es ya promisorio –y repitió el título, el mismo nombre que él ya estaba desde hace rato dispuesto a cambiarle por otro que había tenido el mismo libro (o tal vez otro parecido) mucho antes. Lo pensó y al mismo tiempo pensó que no debía vérsele en la cara tal pensamiento: siempre se sabía de cristal en cuanto a sus pensamientos.

–Eso es bueno –dijo Alberto.

–Bueno –dijo Carlos Rafael–, ¿estás escribiendo algo ahora?

–No –mintió él–, no he tenido tiempo. Es decir, el tiempo libre que he tenido se lo he dedicado a la lectura.

–Y al amor –dijo Alberto, riéndose, esperando que Carlos Rafael se riera con la mención de una actividad presumiblemente tan cubana. Pero Carlos Rafael no se rio: esa sería una ocupación cubana en otro tiempo, ahora el amor había que apellidarlo y dedicarlo bien a la Patria o a la Revolución, las dos con mayúsculas. ¿No estaba la vida revolucionaria cotidiana llena de estos ejemplos, de casos de buenos revolucionarios que anteponían el amor conyugal y hasta el amor filial a los deberes de la Revolución y de la Patria?

Pero Carlos Rafael no habló de esto, sino que tuvo el tacto suficiente de decir:

–Estoy seguro de que ahora encontrarás más tiempo. En Europa, digo. ¿Dónde te vas a radicar, París?

–No, primero tengo que ir a Barcelona, que es donde va a salir mi libro. Después tengo que encontrar un lugar donde vivir barato.

–Bueno –dijo Carlos Rafael–, no importa donde sea, lo importante es que no te olvides de tus raíces.

Él debía haber dicho: «Eso nunca», pero se limitó a sonreír su aquiesciencia.

–¿Cómo has encontrado el panorama nacional? –preguntó Carlos Rafael.

–Muy interesante –dijo él, sin decir más.

–La obra de la Revolución –comenzó Alberto. Pero Carlos Rafael lo interrumpió:

–No, eso no. Eso es de lo que hablamos todos los días. Yo me refiero al panorama cultural. Después de tantos años.

–Tres –dijo él.

–Afuera. ¿Tres años ya? ¡Cómo pasa el tiempo! Parece que el Congreso Cultural hubiera pasado ayer.

–Y ya hace cuatro años de eso –dijo él.

–¿Cómo has encontrado la Unión?

–Bien, bastante bien. De allá vengo ahora.

–Ya lo sé.

–Tuve que sacarlo de un coctel –dijo Alberto.

–A mí me siguen invitando todavía, pero no tengo tiempo para eso. No tengo tiempo para nada. Aunque trato de mantenerme al día en lo que se escribe. ¿Has leído algo nuevo que valga la pena? Cubano, quiero decir.

–No realmente. Aunque parece que Carpentier tiene mucho éxito, inclusive oficialmente.

–Sí, su *Siglo de las luces* es ahora texto oficial del Ejército Rebelde.

Él iba a añadir: «Para pesar de Guillén, con quien lo comparan. Desfavorablemente para Guillén, según parece», pero recordó la vieja amistad, y el compañerismo entre Guillén y Carlos Rafael y no dijo nada.

–Parece que a Raúl le ha gustado mucho –dijo Alberto.

–Sí, es cierto. Aunque aquí entre nosotros a mí me preocupa el libro que está escribiendo ahora.

–¿*El año 59*? –preguntó él.

–Sí, no vayan a citarme, pero los primeros capítulos que ha publicado me alarman un poco. Más que alarmarme, me preocupan bastante. No creo que Carpentier entienda bien el periodo de la lucha contra Batista y los primeros tiempos de la Revolución.

–Bueno –dijo Alberto–, él no estaba aquí cuando la lucha clandestina.

–No –dijo Carlos Rafael–, y del primer tiempo de la Revolución en el poder no parece conocer mucho. Yo no quiero anticiparme pero me parece que tal vez haya problemas con el libro completo. Claro que no queremos tener nosotros un *Doctor Zhivago*, pero hay que evitar que el libro vaya a convertirse en eso de antemano, sin que por otra parte vayamos a censurarlo por adelantado. De todas maneras no es más que una impresión mía.

Él pensó: «Si Carpentier se enterara se moriría de miedo». Luego hubo un silencio cuando nadie dijo nada por más de medio minuto. Él miró su reloj y dijo:

−Bueno, Carlos, no quiero robarte más tiempo. Solamente vine a darte las gracias por lo que hiciste por mí.

−No hay de qué. Ahora hay que ver lo que tú haces por ti mismo.

No comprendió lo que quería decir Carlos Rafael, cuando intervino Alberto.

−Descuida, que yo le voy a echar un ojo.

−Ah, es verdad, que tú también te vas a Europa. ¿Cuándo?

−Bueno −dijo Alberto−, espero que pronto. Está en manos de Dorticós ahora.

−Yo voy a dártele un empujoncito pronto.

−Me vendría bien. Gracias.

Los dos se levantaron. Carlos Rafael le tendió la mano y él se la estrechó.

−Hasta luego. Que te vaya bien.

−Hasta luego. Gracias.

Salieron a través de pasillos y particiones de plywood. Él se sentía muy aliviado. No dijeron nada hasta estar en la calle, pero Alberto se iba sonriendo.

Volvieron a la Unión, más que nada porque Alberto quería darse unos tragos. Pero cuando llegaron había muy poca gente −Pablo Armando y Miriam Acevedo y Arrufat y Virgilio habían desaparecido− y ninguna bebida. Después de una breve parada allí, Alberto lo llevó a su casa.

Esa noche apenas si durmió pensando en lo que traería el día siguiente −su último día en Cuba, si todo iba bien.

Por la mañana se fue temprano a despedirse de Carmela, quien todavía insistió en que Miriam debía venir un tiempo a Cuba para ella verla. Ahora no le dijo que Miriam Gómez no debía volver a Cuba, sino que dejó una esperanza abierta a Carmela, diciéndole que tal vez vendrían juntos pronto. Richard se comportó muy adulto esta vez, tal vez porque era la despedida y porque él quizá pensara que no se verían más –o simplemente porque crecía por dentro tanto como había crecido en estatura.

Volvió a su casa a preparar temprano las maletas, más que nada a empacar cosas de las niñas, de lo que se encargó Hildelisa. Sin que él pudiera hacer nada, ella metió dentro de la gran maleta los cortes de tela que él había pensado regalarle a Silvia. Más tarde él los sacó sin que nadie lo viera, pero cuando abrió la maleta en Bruselas se encontró con los dos cortes de tela de nuevo: seguramente empacados por Hildelisa una vez más. O tal vez lo habría hecho su abuela, que no dejaba de tener un ojo vigilante en todo lo que pasaba en la casa.

Esta, Mamá, se había pasado todo el día metida en su cuarto, sin salir ni decir nada, y a él le daba mucha pena saberla metida en su cuartico por el sentimiento que la embargaba ante la ida de las niñas, a las que sabía (de ello podía estar segura) que no iba a volver a ver más.

Cerca del mediodía oyó un claxon insistente y se asomó al balcón. Por la ventanilla de un auto se veía la cabeza de Gustavo Arcos, que lo llamaba. Bajó y vio que alguien a quien conocía pero que no podía identificar manejaba el carro.

–Te vine a ver para despedirte. Me voy ahora para la playa.

–Yo iba a pasar más tarde por tu casa para decirle adiós también a Doña Rosina.

–Yo se lo digo de tu parte –y volviéndose un poco hacia su chofer:–: ya tú conoces a Paco Chabarry.

Era Francisco Chabarry, antiguamente muy influyente en el Minrex y desde hace un tiempo amigo íntimo de Gustavo. A él por su parte nunca le había gustado nada, ni antes de conocerlo ni ahora.

–Sí. ¿Qué tal?

–Quiay, chico.

–¿Cómo va todo? –preguntó Gustavo.

–Muy bien. Esta noche a las diez es la cosa. Ahora sí parece que va de veras.

–Bueno, buen viaje y que te vaya bien.

–Gracias. Nos vemos en Europa.

–Je je. Eso espero –dijo Gustavo, transformando su risa en una sonrisa.

Se fueron. A él le hubiera gustado hablar a solas con Gustavo, insistir una vez más en que tenía que irse de Cuba, hacérselo ver, pero ahora había sido imposible. Deseó que las otras veces que había hablado con él tuvieran algún efecto.

Por la tarde la casa se animó. Vinieron el Niño su tío y Fina, y Silvia vino temprano. También entraron Héctor y Teresa. Faltaban muchos de sus amigos: algunos no sabían que hoy era el día en que se iba definitivamente, otros tal vez lo habían olvidado y él se alegró de que no hubiera una comitiva muy grande para ir al aeropuerto como la otra vez. Franqui vendría a buscarlo y no sabía si vendría tal vez Harold, aunque no lo había visto mucho últimamente y, desde el incidente con Walterio en la Casa de las Américas, se alegraba de no verlo.

Las niñas comieron una última comida hecha por Hildelisa, pero él no pudo comer y se alegró de tener sus nervios como pretexto. Hacia el atardecer el canario comenzó a cantar y esto le hizo recordarlo. Trajo a Silvia hasta la jaula y le dijo que era suyo, que había sido de su madre pero ahora se lo regalaba para que lo tuviera como recuerdo. Ella dijo que vendría a buscarlo, aunque él nunca supo si en realidad lo hizo. Allí, en el rincón del canario, le entregó el cheque que le había dado Fornet, debidamente endosado. Lo había metido en un sobre blanco.

—¿Qué carajo es esto? —dijo Silvia sacándolo del sobre.

Él hubiera querido que lo hubiera sacado en su casa, cuando no hubiera nadie presente y no pudiera ocurrírsele devolverlo.

Ella miró el cheque por los dos lados.

—Es para ti —dijo él.

—¿Es un pago o un adelanto? No, mejor un atraso.

Él se sonrió.

—Quiero que te compres algo que te guste.

—¿Qué carajo puedo comprarme? ¿Tú no sabes que no hay nada que comprar en las tiendas?

—Bueno, úsalo como mejor te sea.

—Yo no lo quiero.

—Hazme el favor de aceptarlo. Como ves, no es un pago de nada. Es muy poca cosa para pagar tanto como te debo. Aun en el peor sentido es un mal pago. Pero yo no lo voy a gastar. ¿Quién mejor que tú lo puede heredar?

—Cien pesos y un canario, cuando yo quería un hombre chiquito, prieto y que fume tabacos.

Ella decidió tirarlo a broma y él se alegró: lo había aceptado.

Llegó Franqui con su chofer. También vino Elsa en su máquina. Había decidido —aconsejado además por Franqui— no cometer el error de la otra vez y aparecerse tan temprano en el aeropuerto. Según Franqui esto le dio tiempo a Seguridad para actuar. Pero él sabía que si Seguridad (o quienquiera que fuese) quería evitar su salida de Cuba lo detendrían en el aeropuerto aunque llegara cinco minutos antes de la salida del vuelo. Por último decidieron irse ni muy temprano ni muy tarde.

Como la otra vez, su padre se desapareció a la hora de despedirse: odiaba las despedidas. Mamá, la abuela, salió del cuarto para besar a sus biznietas y a su nieto.

—¡Ay, mi hijo, cuanto me alegro de que por fin te vayas! Ya sé que no los veré más pero es mejor así para ustedes y lo que es bueno para ustedes es lo mejor para mí.

Hildelisa lo abrazó y estaba llorando en silencio cuando lo hizo. Finalmente se fueron, no sin antes darle un fuerte apretón de manos a Héctor Pedreira. Fina y Niño irían hasta el aeropuerto en su carro. Abajo hubo una leve confusión al momento de entrar en los automóviles, decidió ir con Elsa y con Silvia.

Las niñas iban con Niño y Fina, Franqui y Margot iban en su carro con chofer. En ese momento apareció Pablo Armando, a quien no había visto desde su borrachera en la UNEAC. Se fue en la máquina de Franqui.

Llegaron al aeropuerto y él entró solo a la sala de despedida de todos los pasajeros no oficiales –la que llamaban, con metáfora mezclada, «la pecera de los gusanos» queriendo decir que era el salón de despedida, rodeado de cristales, de los viajeros que se iban como exilados. Él, aunque se iba como exilado secreto, saldría por los salones de protocolo, los que usa el ministerio de Relaciones Exteriores para sus funcionarios y los demás organismos como sala de despedida de los invitados a Cuba.

Temía este momento –cuando tenía que presentar su permiso de salida al oficial de turno, que esta vez, por no variar, tenía la cara y los gestos de un perro de presa– más que a nada en el mundo. El policía cogió los documentos y los miró con recelo, como desconfiando de su autenticidad de antemano. Los miró y revisó una y otra vez.

—¿Dónde están los otros viajeros?

Como otros funcionarios, este no le había distinguido ni con el apelativo de compañero o su opuesto de ciudadano.

374

—Son esas dos niñas que están ahí afuera –dijo él, y señaló al pasillo donde estaban Anita y Carolita junto a Niño y Fina.

—Ah, está bien.

El policía volvió a mirar los permisos de salida y finalmente les estampó un cuño. Se los devolvió. Él le dio las gracias, pero el otro no respondió: era evidente que detestaba a los que se iban de Cuba, no importa en qué forma. Él recogió sus documentos y regresó a buscar el *attaché case* y la bolsa de mano donde los había dejado. No se fijó entonces, pero al llegar a Madrid comprobó que le faltaba una caja de tabacos: era la cajita casi estuche de margaritas que le había regalado Felito Ayón después de buscarlo por media Habana. No los echó de menos entonces y al llegar a Madrid estaba demasiado alborozado, azorado casi, como para ocuparse de ello. Pero nunca supo quién se los robó.

Ahora, en vez de dirigirse al salón de protocolo, se dirigieron al bar. Él no había querido mirar, pero, antes de bajarse de la máquina de Elsa, le pareció que los ojos de Silvia brillaban demasiado. Ahora, al sentarse en el bar, vio que casi lloraba ella. Hasta este momento no había visto ni oído nada, pero cuando se sentó junto a la barra pudo oír que los altoparlantes difundían un discurso de Fidel Castro a toda voz: no era una repetición del discurso del otro día sino uno nuevo, tan interminable como el anterior, con ocasión de un aniversario más de la creación de los Comités de Defensa de la Revolución. Sin entender una palabra, oía el discurso como una música apropiada para su partida. Pidió un ron y comenzó a beber. Sabía que tenía que hacerlo para no pensar en el probable policía que lo detendría seguro a la salida, enviado especialmente por *Barbarroja* Piñeiro. Tampoco quería pensar en Silvia, a quien ahora veía llorar en silencio.

Franqui hablaba de algo que él no atendía, aunque le decía que sí con la cabeza mientras sorbía su ron con Coca-

Cola blanca. Ni siquiera la despedida le quitaba el sabor a petróleo que tenía el ron, nada aminorado por el no sabor de la gaseosa. Silvia frente a él bebía otro coctel de ron con Coca-Cola blanca y ahora lo miraba a los ojos. Ya no había en su cara la sonrisa arcaica con que plegaba sus labios perfectamente egipcios: no le quedaba una gota de distanciación y sus ojos lloraban y borraban el lápiz negro con que dibujaba su párpado inferior. Él le cogía una mano, pero no había nada que pudiera hacer para evitar que llorara en silencio. Todo estaba dicho ya y aunque en su actitud toda hubiera la misma súplica que le dirigió hace noches –«¡por favor, no te vayas!»– una sola vez, ella no tenía nada que decir y él no tenía nada que añadir. Sólo quedaba esperar.

El tiempo pasó a su tiempo: por un lado, él quería apresurarlo para acabarse de ir, de salir por la puerta hacia la pista de aterrizaje, y por otro lado quería demorar el momento en que dijera adiós para siempre a Silvia. Fatalmente, como viene siempre, la hora llegó: había que entrar al salón del protocolo –vagamente creía que se debía a Franqui esa última distinción, aunque bien pudiera ser usada por todos los que se iban de Cuba como amigos– y disponerse a partir. No besó a Silvia y ella no se inclinó para besarlo, sino que sollozó, una sola vez pero muy fuerte: estaba llorando realmente. Le dio la mano a Elsa y se despidió de Niño y de Fina y de Pablo Armando, con un abrazo, que tuvo mucho cuidado en hacer casi casual. No había que exagerar la despedida: sus papeles decían que él volvería y no había por qué demostrar al enemigo que no sería así. Oyó una vez más la voz delgada y apagada y machacona de Fidel Castro por un intersticio de despedidas y finalmente entró en el salón del protocolo acompañado por Franqui. Allí no había nadie conocido y se alegró una vez más: nada de la aglomeración de amigos de la vez pasada. Unos momentos más y anunciaron el vuelo a viva voz, ya que todos los altoparlantes estaban ocupados por el discurso de Fidel Castro, que le acompañaba allí todavía. Le dio la mano a Franqui, entregó la bolsa de viaje a Anita y cogió a Carolita con la mano que tenía libre.

Al salir del aire acondicionado del salón a la pista lo envolvió un vaho cálido, demasiado caliente para la noche de octubre. Hacía un tiempo perfecto y arriba se podían ver las estrellas. Caminó rápido hacia el avión y ya adentro la aeromoza le mostró dónde tenía que sentarse: frente a unos viejos muy viejos que por su ropa vieja y estrujada y sus caras anhelantes se veía que eran viajeros no rumbo a un aeropuerto extranjero sino hacia el exilio. «Como yo», se atrevió a pensar, aunque se había jurado que ni siquiera pensaría en destino, que no haría la menor revelación de él hasta que el avión estuviera lejos de Cuba.

Le pareció que estuvieron horas esperando en la pista para despegar, aunque en realidad fueron unos pocos minutos: en ese tiempo esperó que vinieran a buscarlo sus enemigos. (Él sabía de casos en que se había bajado a viajeros –es decir, a exilados– ya en el avión para darle su puesto a un funcionario convertido en pasajero de último momento). Pero no ocurrió nada más que el viaje de la aeromoza por el pasillo comprobando si los cinturones de seguridad estaban bien amarrados. Luego el avión se puso en movimiento, primero rodando lentamente, luego deteniéndose, haciendo un ruido más fuerte con sus motores y finalmente avanzando cada vez a mayor velocidad. Despegaban.

Estuvo contando el tiempo en su reloj. Él sabía que cuatro horas de vuelo más tarde llegarían al punto sin regreso: de ahí nadie podía hacer volver el avión a Cuba. Lo esperó pacientemente, mirando cómo sus hijas dormían a su lado, sintiendo como poco a poco se le iba el efecto del alcohol, que le volvió una vez que despegaron –pero no pensaba en Silvia ni en Miriam Gómez ni en los familiares que dejaba detrás ni en los amigos de dentro ni en los de fuera: simplemente esperaba. Cuando llegó la hora de vuelo que esperaba, ese *point of no return* que conocía por las películas, abrió su *attaché case*, buscó debajo de unas fotos y algunos papeles en blanco unas hojas escritas, las abrió para leerlas y leyó lo que había escrito: «Cabrera Infante acostumbraba a sentarse, por un falso sentido democrático, al lado del chofer. Pero esa tarde del primero de junio de 1965, Jacqueline Lewy le pidió si la podían dejar cerca de su casa y él decidió sentarse detrás junto a la secretaria. Eso le salvó la vida».

FIN

Guía de nombres

A continuación el lector encontrará un breve apunte biográfico de algunos de los personajes más significativos que aparecen en el libro, y en algunos casos su vinculación con el autor antes o después del momento en que transcurre la trama de *Mapa dibujado por un espía*.

Acevedo, Miriam (1938-2013)
Actriz. En 1968 salió de Cuba con un permiso de trabajo para Italia y ya no regresó. Murió en Roma, en el exilio.

Agüero, Luis (1937)
Escritor y crítico de cine. Esposo de Sara Calvo. Vive actualmente en Miami.

Alonso, Alberto (1917-2007)
Fue bailarín y coreógrafo. Murió en el exilio.

Alonso, Luis Ricardo (1929)
Nacido en Asturias, de padre español y madre cubana. Escritor, embajador de Cuba en Londres en los años 60. En 1965 rompió con el régimen y se exilió a los Estados Unidos.

Alonso, Maritza
Española que vivía en Cuba. Organizadora de actos cultura-

les y agente artística que representaba, entre otros, a Sara Montiel. Invitó a Guillermo Cabrera Infante (GCI) a dictar en el Palacio de Bellas Artes las conferencias que luego serían *Arcadia todas las noches*.

Álvarez Ríos, René
Profesor universitario.

Andreu, Olga (1930-1988)
Vieja amiga de GCI, por un tiempo primera esposa de Tomás Gutiérrez Alea. Se suicidó.

Arcocha, Juan (1927-2010)
Escritor y periodista. Amigo de GCI. Fue el intérprete de Sartre y Beauvoir cuando estos visitaron Cuba. Fue agregado cultural de la embajada cubana en París. En 1971 rompió con el régimen cubano. Murió en París en el exilio.

Arcos, Gustavo (1926-2006)
Embajador cubano en Bruselas. Héroe del Moncada. Sufrió cárcel después de la Revolución. Murió en Cuba.

Arenal, Humberto (1926-2012)
Escritor y director teatral. Exiliado durante el primer gobierno de Fulgencio Batista, antes de la Revolución vivía en Nueva York, ciudad desde la que regresó a Cuba protegido por GCI. Discrepó de la política del régimen, fue relegado a trabajos secundarios y se le prohibió publicar.

Arrufat, Antón (1935)
Escritor y dramaturgo cubano. Marginado por su condición de homosexual durante mucho tiempo. Vive en Cuba.

Ayón, Felito
Activista cultural y dueño del club El gato tuerto. Amigo de intelectuales y artistas.

Barral, Carlos (1928-1989)
Editor de Seix Barral cuando GCI ganó el premio Biblioteca Breve.

Batista, Fulgencio (1901-1973)
Dictador cubano. Fue presidente de Cuba entre 1940 y 1944, y entre 1952 y 1959.

Blanco, Juan (1919-2008)
Excuñado de GCI, casado con una hermana de su exmujer, de la que se divorció. Compositor de música clásica y abogado. Fue la persona que sacó de la cárcel a GCI cuando lo detuvieron por obscenidad.

Bola de Nieve (véase Villa, Ignacio)

Borrego, Orlando (1936)
Escritor, participó en la guerrilla al lado del Che Guevara. En la época del libro era ministro del Azúcar.

Boumedienne, Houari (1932-1978)
Presidente argelino entre 1965 y 1978.

Cabrera, Maricusa (1937)
Bailarina de música popular, casada con Silvano Suárez, amigo de GCI. Murió en Cuba.

Cabrera, Alberto (Sabá) (1933-2002)
Hermano de GCI. Cineasta, coautor, con Orlando Jiménez Leal, del cortometraje *PM*. En 1965 pidió asilo político en

Roma y en 1966 se trasladó a Nueva York. Muere en los Estados Unidos unos años antes que GCI.

Camejo, hermanos Carucha y Pepe
Hermanos que fueron unos titiriteros muy célebres. Creadores del movimiento de titiriteros en Cuba.

Carbonell «el viejo»
Padre de Pipo Carbonell. Sindicalista de antes y después de la Revolución.

Carbonell, Luis (1920)
Recitador de lo que él llamaba «la poesía antillana».

Carbonell, Pipo
Funcionario cubano, tercer secretario de la embajada cubana en Bélgica, a la que llegó por mediación de Gustavo Arcos. Casado con Mariposa.

Carbonell, Walterio (1920-2008)
Periodista e intelectual. Compañero y amigo de GCI. Estudió con Fidel Castro en la Universidad. Miembro del partido comunista del que fue expulsado por felicitar a Fidel Castro el día del asalto al Moncada. Creador de un movimiento que fue una especie de «poder negro» en Cuba.

Carpentier, Alejo (1904-1980)
Uno de los grandes narradores y novelistas cubanos de todos los tiempos.

Casey, Calvert (1924-1069)
Escritor, trabajó en *Lunes*. Murió en el exilio en Roma.

Castro, Fidel (1926)
Líder máximo de la Revolución cubana. Fue primer ministro entre 1956 y 1976, y presidente entre 1976 y 2008.

Castro, Raúl (1931)
Militar y político cubano, hermano menor de Fidel. Presidente de Cuba desde 2008.

Chino Lope (Guillermo Fernández López Junqué) (1932)
Fotógrafo. Trabajó en *Carteles*, donde conoció a GCI. Tuvo una gran relación con José Lezama Lima, a quien fotografió muchas veces.

Cubela, Rolando
Miembro del Directorio Estudiantil. Con el triunfo de la Revolución se le concedió el grado de Comandante de las fuerzas armadas cubanas. En 1966 se le relacionó con el complot para asesinar a Fidel Castro y fue condenado a 30 años de prisión. Liberado en 1979 se radicó en España.

Desnoes, Edmundo (1930)
Escritor. En 1979 se instaló en Nueva York. Estuvo casado con Maria Rosa Almendros, hermana de Néstor Almendros. Es el autor de la novela *Memorias del subdesarrollo*, que dio lugar a la película del mismo título de Tomás Gutiérrez Alea.

Díaz del Real, Juan José
Diplomático. Agregado del embajador Arcos.

Dorticós, Osvaldo (1919-1983)
Presidente de Cuba entre 1959 y 1976. En *Mea Cuba*, GCI dijo de él: «Se creía que era de veras presidente. Pobre pelele».

Echeverría, José Antonio, «Manzanita» (1932-1957)
Líder estudiantil y miembro del Directorio, tuvo una participación muy activa en la lucha contra la dictadura de Batista. Participó en la toma de Radio Reloj y murió, tras el encuentro con una perseguidora, cuando se dirigía a la Universidad de La Habana.

Emilio, Frank (1921-2001)
Compositor y pianista ciego, uno de los clásicos del jazz latino o afrocubano.

Enríquez, Carlos (1900-1957)
Pintor, uno de los artistas de la Primera Vanguardia Cubana.

Ernesto (Ernesto Fernández Nogueras) (1930)
Destacado fotógrafo cubano. Empezó trabajando en *Carteles*.

Escardó, Rolando (1925-1960)
Poeta cubano. Fue designado teniente del Ejército rebelde. Murió en un accidente automovilístico.

Estorino, Pepe (1925)
Dramaturgo y director teatral cubano.

Feijoo, Samuel (1914-1992)
Escritor y artista autodidacta cubano.

Fernández, Marcelo
Ministro de Comercio Exterior entre 1965 y 1980.

Fernández, Pablo Armando (1929)
Poeta y narrador. Antiguo amigo de GCI, fue vicedirector de *Lunes*, secretario de redacción de la Casa de las Américas.

En 1965 era agregado cultural en la embajada cubana en-Londres. Se distanciaron a partir de las declaraciones de GCI a *Primera plana*.

Fernández Retamar, Roberto (1930)
Poeta, ensayista y crítico literario. Formó parte de la nomenclatura y ostentó muchos cargos en la política cultural del régimen. En 1965 era director de la revista *Casa de las Américas*. Fue Premio Nacional de Literatura en 1989.

Fernández Vila, Ángel, «Horacio»
Médico y escritor.

Figueredo, Carlos, «el Chino Figueredo» (1927-2009)
Miembro del Director Revolucionario Estudiantil. Durante la dictadura de Batista participó en los asaltos a Radio Reloj y al Palacio Presidencial, pero consiguió escapar. Tras el triunfo de la Revolución, estuvo involucrado en la creación de los órganos de la Seguridad del Estado. Se suicidó.

Fornet, Ambrosio, (1930)
Crítico literario, ensayista, editor y guionista de cine. Fue editor del Ministerio de Educación, la Editorial Nacional y el Instituto Cubano del Libro.

Franqui, Carlos (1921-2010)
Escritor, poeta, periodista, crítico y activista político. Una de las personas más influyentes en la vida de GCI, con quien ya en el exilio tuvo múltiples desencuentros.

Frayde, Marta (1921)
Médico. Hizo la revolución contra Batista y participó activamente en los comienzos de la Revolución. Fue diplomática en la Unesco. Crítica y disidente, denunció los abusos del sistema

y en 1976 fue encarcelada y condenada a 29 años de prisión, pero en 1979 fue indultada y partió al exilio. Vive en Madrid.

García, Héctor
Miembro del Instituto del Cine.

García Buchaca, Edith (1916)
Dirigente comunista histórica. Estuvo casada en primeras nupcias con Carlos Rafael Rodríguez. Fue procesada por la masacre de Humboldt 7.

García Hernández, Adrián
Descendiente de una familia de educadores de Cuba y miembro del partido comunista. Muy amigo de GCI, se fue al exilio vía Madrid. Terminó de profesor en los Estados Unidos.

González, Ingrid
Actriz. Mujer de Rine Leal.

Gramatges, Harold (1918-2008)
Compositor, miembro del partido comunista y activista del régimen.

Guevara, Alfredo (1925-2013)
Fundador del ICAIC. Persona que acumuló todo el poder cultural, enemigo frontal de GCI y de *Lunes*.

Guevara, Ernesto, «Che» (1928-1967)
Político, guerrillero, escritor y médico argentino-cubano. Uno de los líderes históricos de la Revolución.

Guillén, Nicolás (1902-1989)
Poeta cubano. En 1961 fue nombrado presidente de la Unión Nacional de Escritores y Artistas de Cuba.

Desde sus altos cargos culturales y políticos, y por su prestigio en toda América y Europa, representó a intelectuales cubanos y participó en innumerables actos de significación política y cultural.

Gutiérrez Alea, Tomás, «Titón» (1928-1996)
Director cinematográfico. Viejo amigo desde la juventud. Estudió en el Centro Sperimentale di Cinematografia de Roma. Estuvo casado con Olga Andreu. Fue uno de los fundadores del ICAIC.

Hart, Armando (1930)
Dirigente del Movimiento 26 de Julio, fue ministro de Educación entre 1959 y 1965, y ministro de Cultura desde 1976 y 1997.

Hurtado, Oscar
Poeta y gran conocedor del mundo de la ciencia-ficción. Estuvo casado con la actriz Miriam Acevedo y, más tarde, con Evorita Tamayo. Colaboró en *Lunes de Revolución*. Murió en Cuba tras haber sufrido la enfermedad de Alzheimer.

Iglesias, Aracelio (1901-1948)
Líder portuario comunista.

Jamis, Fayad (1930)
Escritor y artista plástico.

Jiménez Leal, Orlando (1941)
Cineasta cubano. Codirector, con Sabá Cabrera Infante, del cortometraje *PM*.

Leal, Rine (1930-1996)
Amigo de GCI desde el bachillerato, crítico teatral y profesor

de teatro. Periodista, miembro de *Lunes*. Antes había trabajado en *Carteles*. Murió en Venezuela.

Leante, César (1928)
Escritor, militante de las Juventudes Socialistas y dirigente estudiantil. Fue secretario de Relaciones Públicas de la UEAC. En 1981 pidió asilo político en España.

Leiseca, Marcia
Joven de familia acomodada, participó activamente en la Revolución. Fue esposa de Lisandro Otero y de Osmani Cienfuegos. Es vicepresidenta de la Casa de las Américas.

Lewy, Jacqueline
Secretaria de la embajada cubana en Bélgica. Su familia, de origen judío, había huido a Argentina.

Lezama Lima, José (1910-1976)
Escritor y poeta cubano, una de las grandes figuras universales de la literatura en lengua española.

Linares, Ernestina (1928-1973)
Una de las grandes actrices cubanas. Integrante del grupo Prometeo y fundadora de Teatro Estudio.

Mario, José (1940-2002)
Poeta del grupo El Puente. Murió en Madrid, en el exilio.

Martínez, Norma
Actriz, casada con el realizador Faustino Canel.

Martínez, Raúl (1927-1995)
Pintor e ilustrador de *Lunes de Revolución*, de la que también fue diseñador.

Mayito (Mario García-Joya) (1939)
Fotógrafo.

Millás Hernández, José Carlos (1889-1965)
Capitán de corbeta. Fue director del observatorio meteorológico y el «hombre del tiempo» oficial.

Montenegro, Rogelio (1933)
Combatiente clandestino del Movimiento 26 de Julio y diplomático cubano.

Mora, Alberto (1929-1972)
Revolucionario e hijo de otro revolucionario, Menelao Mora. Bajó del Escambray con grado de comandante. Amigo de GCI, estuvo escondido un tiempo en su casa. Por su relación con el Che Guevara cayó en desgracia. Se quedó en la isla y acabó suicidándose.

Norka (Natalia Menéndez)
Una de las más famosas modelos cubanas. Estuvo casada con el fotógrafo Alberto Korda.

Nuiry, Juan
Capitán del Ejército cubano.

O'Farrill, Ela (1930)
Cantante y compositora cubana.

Oliva, Tomás (1930-1996)
Pintor y escultor cubano.

Oltuski, Enrique (1930-2012)
Tras el triunfo de la Revolución, fue ministro de Comunicaciones en el primer gabinete de Manuel Urrutia. Más tarde, bajo las órdenes del Che Guevara, fue vicepresidente de la Junta Central de Planificación.

Otero, Lisandro (1932-2008)
Escritor, periodista y diplomático. GCI lo conoció en la escuela de periodismo y mantuvo una buena amistad con él y con su esposa Marcia Leiseca. A raíz del «caso Padilla», que utilizó la obra de Cabrera Infante para contraponerla a la de Lisandro Otero, se enemistaron, y este utilizó toda la maquinaria política del régimen para criticar al autor de *Tres tristes tigres*. Fue director de la Academia Cubana de la Lengua.

Padilla, Heberto (1932-2000)
Poeta y escritor cubano. Amigo de GCI y colaborador de *Lunes*. Tras el cierre del magazine fue corresponsal de Prensa Latina en Moscú. En 1968 su libro *Fuera del juego* fue considerado «ideológicamente contrario» a la Revolución. La defensa que hizo de la obra literaria de GCI y sus posiciones críticas le ocasionaron la detención en 1971, y la posterior «retractación», en lo que se conoce como «el caso Padilla». Consiguió salir al exilio en 1980. Murió en los Estados Unidos.

Palazuelos, Raúl
Casado con Ivonne Calvo. Fue ayudante en *Lunes en televisión*. Terminó siendo director de *Bohemia*. Murió en el exilio.

Pedreira, Héctor
Militante del partido comunista y amigo de la familia. Trabajaba de camarero en grandes hoteles. Gran aficionado al cine, del que le gustaba discutir con GCI.

Pérez, Faustino (1920-1992)
Fue ministro de Recuperación de Bienes Malversados y presidente del Instituto Nacional de Recursos Hidráulicos.

Pérez Farfante, Alfonso (1921- 2005)
Pediatra cubano.

Piñeiro, Manuel, «Barbarroja» (1933-1998)
Uno de los fundadores del Movimiento 26 de Julio y uno de los creadores de los organismos de inteligencia y seguridad del régimen de Castro. En 1965 era viceministro de Ramiro Valdés. Estuvo casado con la marxista chilena Marta Harnecker. En 1998 murió a causa de un accidente de coche, y se especuló si fue un atentado o un suicidio.

Piñera, Virgilio (1925-1979)
Uno de los grandes escritores de Cuba, poeta, narrador y dramaturgo. Colaboró en *Lunes* y siempre fue muy admirado y querido por GCI. En 1968 ganó el premio Casa de las Américas, pero, a partir de 1971, por su condición de homosexual, sufrió un fuerte ostracismo hasta la fecha de su muerte.

Porro, Ricardo (1925)
Arquitecto cubano. Cursó grados superiores en la Sorbona de París y, tras el triunfo de la Revolución, regresó a Cuba. Fidel Castro le encargó la Escuela Nacional de Arte. Más tarde, en 1966, decepcionado, se exilió en Francia, donde aún reside.

Prio Socarrás, Carlos (1903-1977)
El último presidente de Cuba elegido democráticamente. Lo fue desde 1948 hasta 1952, en que fue derrocado por el golpe militar de Fulgencio Batista.

Ramírez Corría, Carlos (1903-1977)
Padre de la neurocirugía cubana.

Rebellón, José
Capitán. Presidente de la Asociación de Estudiantes de Ingeniería. Fundador del sistema de becas cubano. Plan de Ayuda para la Formación de Técnicos Universitarios.

Revuelta, Vicente (1929-2012)
Director de teatro y pedagogo. Fundador de Teatro Estudio y viejo amigo de GCI.

Ríos, Nidia
Actriz y modelo, una de las preferidas por Korda.

Rivero Arocha, «el Pollo Rivero»
Attaché comercial de Cuba en Bruselas, médico forense, casado durante un tiempo con la cantante Elena Burke, y gran aficionado al jazz.

Roa, Raúl (1907-1982)
Intelectual, político y diplomático. Fue ministro de Relaciones Exteriores y más adelante embajador ante la ONU. Desarrolló una extensa obra literaria y periodística.

Rodríguez, Arnold (1931-2011)
Viceministro de Relaciones Exteriores. Famoso por su participación en el secuestro del piloto argentino Fangio.

Rodríguez, Carlos Rafael (1913-1997)
Militó desde muy joven en el partido comunista. Economista e intelectual. GCI lo conoció desde niño. Muy amigo de Fidel Castro, ocupó cargos importantes en la jerarquía

cubana. Falleció tras sufrir la enfermedad de Parkinson. Estuvo casado con Edith García Buchaca.

Rodríguez, Fructuoso (1933-1957)
Uno de los líderes del Directorio Revolucionario Estudiantil. En 1957 participó en el asalto al Palacio Presidencial y fue uno de los asesinados en la masacre de Humboldt.

Rodríguez, Mariano (1912-1990)
Pintor cubano, conocido por sus pinturas de gallos de corte surrealista y fauvista. Tras el triunfo de la Revolución fue agregado cultural en la embajada de Cuba en la India, y a su regreso presidió la Sección de Artes Plásticas de la Unión de Escritores y Artistas.

Rodríguez Feo, José (1920-1973)
Mecenas intelectual, amigo personal de José Lezama Lima, con quien fundó la revista *Orígenes* y, más tarde, con Virgilio Piñera, la revista *Ciclón*.

Rodríguez Loeches, Enrique (1924-1978)
Revolucionario cubano que consagró su vida a la lucha contra el dictador Batista. Tras el triunfo de la Revolución cubana el 1 de enero de 1959, fue ministro consejero de Embajada. Al fallecer trabajaba en el Instituto de Ciencias Sociales de la Academia de Ciencias.

Romay, Eric (1941-1980)
Actor de color célebre por sus apariciones en programas de televisión. Participó en el montaje de la versión definitiva de *Cecilia Valdés*, interpretada por primera vez por actores negros. También intervino en algunas producciones del nuevo cine cubano.

Sánchez, Celia (1920-1980)
Participante activa en la Revolución cubana, estuvo en la Sierra con Fidel Castro. En 1965 era secretaria de la Presidencia.

Sánchez, René
Actor cubano. Se exilió en Estados Unidos.

Sánchez, Universo (1919-2012)
Comandante del Movimiento 26 de Julio, compañero de Fidel.

Sánchez-Arango, Aureliano (1907-1976)
Abogado, político y profesor universitario. Fue ministro de Educación y de Relaciones Exteriores.

Santamaría, Haydée (1923-1980)
Fue la única mujer que participó en el asalto al Moncada, en el que murió su hermano. Estuvo casada con Armando Hart. Dirigió la Casa de las Américas y fue una persona políticamente muy influyente. En 1980 se suicidó.

Santos, Eloy
Militante comunista, muy amigo de la familia de GCI.

Sarusky, Jaime (1931-2013)
Escritor y periodista, colaboró en *Lunes*. Recibió el Premio Nacional de Literatura en 2004.

Sifonte, Beba
Compañera de Marta Frayde.

Soriano, Jaime
Crítico cinematográfico y guionista. Conoció a GCI en la

Cinemateca y trabajó con él en *Carteles* y en *Lunes*. Se exilió a Puerto Rico.

Suárez, Ramón, «Ramoncito» (1930)
Cineasta, amigo de GCI desde muy jóvenes. Vive en el exilio en París.

Suárez, Silvano (1930-2013)
Dramaturgo y director de televisión. Amigo de GCI desde los años de instituto, fue un personaje asiduo en todos sus libros. Estuvo casado una temporada con Maricuza Cabrera. Falleció en La Habana.

Tamayo, Evorita
Fue esposa de Oscar Hurtado.

Teixidor, Joaquín
Crítico de arte.

Titón (véase Gutiérrez Alea, Tomás)

Triana, Pepe (1931)
Dramaturgo. Publicó en *Lunes*. Vive en el exilio en París.

Urfé, Odilio (1921-1988)
Pianista y musicólogo.

Valdés, Ramiro (1932)
Militar y político cubano. En el tiempo de la narración era ministro del Interior.

Vázquez Candela, Euclides
Periodista. Fue subdirector de *Lunes*. Aparece en varios libros de GCI.

Vergara, Teté (1914-1981)
Actriz cubana.

Vergara, Violeta
Actriz cubana, hermana de la anterior. Se suicidó.

Villa, Ignacio, «Bola de Nieve» (1911-1971)
Músico, cantante y compositor, de renombre internacional.
GCI escribió sobre él en numerosas ocasiones.

Índice

Edición al cuidado de Antoni Munné

Publicado por:
Galaxia Gutenberg, S.L.
Av. Diagonal, 361, 1.º 1.ª A
08037-Barcelona
info@galaxiagutenberg.com
www.galaxiagutenberg.com
Círculo de Lectores, S.A.
Travessera de Gràcia, 47-49, 08021 Barcelona
www.circulo.es

Primera edición: noviembre 2013

Preimpresión: Maria Garcia
Impresión y encuadernación: Liberdúplex
Depósito legal: B. 15339-2013
ISBN Galaxia Gutenberg: 978-84-15472-76-6
ISBN Círculo de Lectores: 978-84-672-5597-3
N.º 34322